Vertrauen führt

Dr. Reinhard K. Sprenger, promovierter Philosoph, gilt als der profilierteste Managementberater und Führungsexperte Deutschlands. Zu seinen Kunden zählen nahezu alle großen Dax-Unternehmen; er lebt in Zürich und Santa Fe, New Mexico.

Sprenger ist bekannt als Querdenker, der nachdrücklich dazu auffordert, neues Denken und Handeln zu wagen. Mit seinen mittlerweile zu Klassikern avancierten Büchern *Das Prinzip Selbstverantwortung* und *Mythos Motivation* veränderte er die Managementwelt.

www.sprenger.com

Reinhard K. Sprenger

VERTRAUEN FÜHRT

Worauf es im Unternehmen
wirklich ankommt

Campus Verlag
Frankfurt/New York

ISBN 978-3-593-38502-0 Print
ISBN 978-3-593-40402-8 E-Book (EPUB)
ISBN 978-3-593-41583-3 Ebook (PDF)

3., durchgesehene Auflage 2007

Das Werk einschließlich aller seiner Teile ist urheberrechtlich geschützt. Jede Verwertung ist ohne Zustimmung des Verlags unzulässig. Das gilt insbesondere für Vervielfältigungen, Übersetzungen, Mikroverfilmungen und die Einspeicherung und Verarbeitung in elektronischen Systemen. Die Beltz Verlagsgruppe behält sich die Nutzung ihrer Inhalte für Text und Data Mining im Sinne von § 44b UrhG ausdrücklich vor.
Trotz sorgfältiger inhaltlicher Kontrolle übernehmen wir keine Haftung für die Inhalte externer Links. Für den Inhalt der verlinkten Seiten sind ausschließlich deren Betreiber verantwortlich.
© 2002/2007. Alle Rechte im Campus Verlag in der Beltz Verlagsgruppe GmbH & Co. KG, Werderstr. 10, 69469 Weinheim, info@campus.de.
Umschlaggestaltung: H, H, Hamburg
Satz: Fotosatz L. Huhn, Linsengericht
Druck und Bindung: Beltz Grafische Betriebe GmbH, Bad Langensalza
Beltz Grafische Betriebe ist ein Unternehmen mit finanziellem Klimabeitrag
(ID 15985-2104-1001)
Printed in Germany

Campus Verlag® / www.campus.de

INHALT

EINLEITUNG 7

WARUM VERTRAUEN? 15

... weil es fehlt: eine Bestandsaufnahme 16
... weil es flexible Organisationen ermöglicht 25
... weil es Reorganisation ermöglicht 29
... weil es Kunden bindet 31
... weil es Unternehmen schnell macht 34
... weil es Wissenstransfer und Unternehmertum
ermöglicht 39
... weil es Kreativität und Innovation ermöglicht 40
... weil es Kosten spart 43
... weil es Mitarbeiter bindet und die intrinsische
Motivation schützt 46
... weil es Führung erfolgreich macht 47

WAS IST VERTRAUEN? 55

Wo wir Vertrauen begegnen 55
Grenzen des Vertrauens 66
Vertrauenskitsch 78

WIE PRAKTIZIERE ICH VERTRAUEN? 85

Mythos »vertrauensbildende Maßnahmen« 85
Abschied vom Trostpreis-Vertrauen 94
Vertrauen starten 99
Aktive Wahrhaftigkeit 114
Wie Sie Vertrauen zerstören 121
Vertrauensprothesen 132
Was uns daran hindert zu vertrauen 141
Dennoch-Vertrauen 157

LITERATUR 189

Einleitung

»Ich lege jetzt meine Waffe weg.
Dann können wir miteinander reden.«

Derrick

Vertrauen Sie Ihren Mitarbeitern? Vertrauen Ihre Mitarbeiter *Ihnen*? Woher wissen Sie das? (Sie sehen, mein Vertrauen ist begrenzt...) Und vertrauen Sie Ihrem Chef? In welcher Hinsicht? Was haben Sie gemeint, als Sie bei der letzten Vorgesetztenbeurteilung die Frage: »Erleben Sie die Zusammenarbeit mit Ihrem Chef als vertrauensvoll?« mit »Ja« beantworteten? Dass er sie informiert? Dass er Ihnen nicht ständig über die Schulter schaut? Dass er Sie nicht feuert? Alles zugleich?

In diesem Buch setze ich mich ein für Vertrauen. Für mehr Vertrauen zwischen Vorgesetzten und Mitarbeitern, zwischen Kollegen und Partnern. Ich werbe dafür, dem Vertrauen zu vertrauen und dem Misstrauen zu misstrauen. Dabei sehe ich die Schwierigkeiten, die dem Thema innewohnen, aber ich sehe auch, dass die Vorteile einer Kultur des Vertrauens die Nachteile überwiegen. Vertrauen ist sicherer als jede Sicherungsmaßnahme. Vertrauen kontrolliert effektiver als jedes Kontrollsystem. Vertrauen schafft mehr Werte als jedes wertsteigernde Managementkonzept.

Bevor ich aber mit der Werbung beginne, will ich kurz die Vorgeschichte dieses Buches erzählen: Es bildet in gewisser Weise den Schlusspunkt eines Denk- und Schreibweges.

Einige von Ihnen werden sich erinnern: In *Mythos Motivation* (1991) beschrieb ich die Mechanik der Bonussysteme, Incentives und Prämien als institutionalisiertes Misstrauen. »Ich glaube nicht an deine Leistungsbereitschaft!«, »Du bist kein vereinbarungsfähiger Partner!« – das sind die Botschaften, die die Motivierung den Menschen entgegenschleudert, wie sehr sich diese Irrlehre auch kostümieren mag. Deshalb scheitern so viele Managementsysteme: Weil sie das »Ich vertraue dir nicht!« immer mitkommunizieren. Ich empfahl, sich mehr um die demotivierenden Einflüsse zu kümmern – und sich als Führungskraft davon nicht auszunehmen.

Das Prinzip Selbstverantwortung (1995) legte eine weitere »konstruktive« Alternative vor. Der Mitarbeiter selbst, die Qualität seines Bewusstseins, mit dem er morgens zur Arbeit geht, Selbstmotivation und Commitment – das stand hier im Fokus. Was braucht es tatsächlich, um engagiert und eigeninitiativ zu arbeiten? Ich entwickelte die Selbststeuerung als innere Einstellung, die dauerhaft hohe Leistung ermöglicht. Das Schlusskapitel dieses Buches beschrieb mit einem Entwurf der »Glaubwürdigkeit« schon einen Aspekt von Vertrauen, ohne das Thema zentral anzusprechen.

Dann kam *Aufstand des Individuums* (2000). Hier habe ich die groben strukturellen Missstände in den Unternehmen aufgedeckt, die die Erfolgsfaktoren der Zukunft – Commitment, Innovation und Unternehmergeist – verhindern. Der zweite Teil des Buches legte unter der Überschrift »Das individualisierende Unternehmen« eine Führungslehre vor, in der ich Vertrauen als *Basis* funktionierender Zusammenarbeit immer wieder habe anklingen lassen, es aber als Gegenstand selbst nie ausdrücklich untersuchte.

Nach Erscheinen dieses Buches ließ mich das Thema Vertrauen nicht mehr los. Ich hatte das Gefühl – etwas Entscheidendes war noch nicht gesagt, Neuland wartet auf mich. Das mag Sie irritieren, schließlich geistert das Wort »Vertrauen« schon lange durch die Managerwelt. In der Tat: Ich kenne keinen Unternehmensführer, der Vertrauen nicht für das Wichtigste bei der Mitarbeiterführung hält. Ich kenne keinen Vortragsredner, der Vertrauen nicht als den Schlüssel zu einer wertorientierten Unternehmenskultur predigt. Ich kenne kein ernst zu nehmendes Managementbuch, das *durch* Vertrauen nicht alle möglichen positiven ökonomischen Effekte erklärt. Aber ich habe bisher noch niemanden getroffen, der mir erklärte, was Vertrauen *ist*.

Alan Fox war es, der 1974 die »High-Trust-Culture« als Wettbewerbsvorteil ausgerufen hat. Wenig ist seither geschehen. Das liegt nicht zuletzt daran, dass Fox Vertrauen zwar als Erklärung für kooperatives Verhalten beschreibt, jedoch nicht *als selbst zu erklärendes Phänomen*. Es wird als Explanans benutzt (als Gegenstand, der als Erklärung dient), nicht aber als Explanandum (als Gegenstand, der erklärt werden soll). Und die Beiden haben etwa so viel gemeinsam wie Pik-Ass und Aspik.

In der gelebten Unternehmenspraxis bleibt der Begriff des Vertrauens ein Schwallwort, das den Gegenüber, der offenbar nicht vertraut, in die Büßerecke drängt, – eitel, selbstgefällig und nach Applaus heischend. Es wird vor allem immer dann in die Runde geworfen, wenn irgend etwas Wichtiges im Unternehmen nicht funktioniert. Vor allem von Topmanagern, von »oben« also – fordernd-appellativ zumeist, man möge doch und solle doch, und wenn wir nicht, dann ...

Darüber hinaus hat sich nur die aufschiessende Idyllenliteratur mit Vertrauen befasst. Überall begegnen wir einer Vertrauens-Prosa, die im traditionellen Sinn gar nicht mehr gehört, gelesen und ernst genommen werden kann, sondern die uns wie eine Abgaswolke umgibt. Diese Prosa will keine Zustimmung erreichen durch ein Argument. Sie setzt sie vielmehr voraus durch die Konsensformel Vertrauen. Alle Sehnsüchte und Hoffnungen schütte man hinein in diesen sprachlichen Passepartout! Mund auf und schlucken! Wir haben verstanden und nur Spielverderber werden es da genauer nehmen wollen. Die optimistischen Appelle und Beschreibungen sind nicht falsch, aber bedeutungslos. Vor allem die amerikanischen Beiträge, die »Trust« im Titel führen, kommen über moralisierendes Geraune, Forderung nach Transparenz und hilfloses »Schön wärs ja« selten hinaus. Das ist viel anglisierte heiße Luft, die einem zwischen den Buchdeckeln entgegenweht.

Was also *ist* Vertrauen? Ist es ein Gefühl? Eine moralische Haltung? Eine Schrulle aus der guten alten Zeit? Ein Modewort der Unternehmensphraseologie? Rundum-Problemlösungsklischee? Ein rhetorischer Trick, mit dem die Bemäntelungsgenies ihre Machttaktik umwölken? Ein Heilswort, um nicht unter die Räder zu kommen? Ein Textbaustein motivierenden Gequatsches, das unser Arbeitsleben begleitet wie die Fliege die trottende Kuh? Auch die akademischen Disziplinen bieten uns keine breite Schulter, an die wir uns lehnen könnten. Nicht einmal auf eine gemeinsame Definition von Vertrauen hat man sich bisher geeinigt. Dennoch haben mich fremde Sätze und Texte bis zuletzt begleitet, über die das Literaturverzeichnis Rechenschaft ablegt. Ohne Tanja Rippergers vorzügliche Dissertation hätte ich dieses Buch so nicht schreiben können. Auch der von Martin Hartmann und Claus Offe herausgegebene Sammelband sowie Niklas Luhmanns lange Zeit einsam dastehende Monographie haben unverkennbar Spuren hinterlassen.

Zu beobachten ist eine riesige Differenz zwischen Vertrauensbedarf und -rhetorik einerseits und dem tatsächlichen Handeln andererseits. Es gibt aber nur einen einzigen Weg, etwas zu wissen, dessen man gewiss ist: seine Überzeugung in eine Tat umzusetzen. Genau das passiert nicht. Weil Vertrauen – wie so vieles im Management – nur Lippenbekenntnis ist? Oder liegt es an den innewohnenden Schwierigkeiten? Kann man da vielleicht gar nichts *tun*? Ist Vertrauen ein unzugängliches Juwel aus den Schatzkammern von Gottes uneingelösten Utopien?

Sollten Sie zu den Managern alter Schule gehören, dann werden Sie vielleicht antworten: »Vertrauen? Das ist doch weicher Quark mit Konsenssoße. Fakten und Daten, *die* brauche ich. Kommen Sie mir nicht mit diesem Bauchgefühl. Das bringt doch nichts.« Vertrauen steht in der Tat da wie eine Kapelle zwischen Wolkenkratzern. Was ihm auf fatale Weise fehlt, ist Rationalität. Es trägt zwar Obertöne von Heimat, Nähe und guter Zusammenarbeit, es verspricht auch Aufgehobensein, etwas jenseits des Gegenwärtigen, – aber keinen wirtschaftlichen Nutzen. Es scheint sogar eine Absage an die Vernunft zu sein. Zu treuherzig, zu mysteriös, zu nostalgisch.

Was aber, wenn sich herausstellte, dass einige betriebswirtschaftlich höchst relevante Güter sich *nur* über Vertrauen erschließen lassen? Und dass von einigen dieser Güter das wirtschaftliche Überleben in der Zukunft abhängt? Was, wenn Vertrauen als »harter« Faktor nachgewiesen werden könnte, als einer, der »sich rechnet«? Sicherlich kein Buchungsinhalt, keine Finanzkennzahl –, aber eine Querschnittsfunktion im Unternehmen und damit ein operativer Ergebnistreiber? Wäre es nicht unintelligent, es einfach zu ignorieren?

Vertrauen ist deshalb so spannend, weil es mit vielen Themen des Wirtschaftslebens verknüpft ist: Vereinbarung, Wechselseitigkeit, Zusammenarbeit, Verträge, Führung, Economy of Speed, Innovation, Zuverlässigkeit, Commitment. Und es ist neben »Macht« und »Geld« eines der drei großen Steuerungsformen im Unternehmen. Genau hier setzen aber meine Überlegungen an. Lebensweltlich fängt Vertrauen da an, wo seine Ersetzbarkeit aufhört. Schauen wir also genau hin: Macht und Geld funktionieren – für jedermann wahrnehmbar – nicht mehr so, wie sie es über Jahrzehnte taten. Der wirtschaftliche Rahmen hat sich geändert. Die wirtschaftlichen Strukturveränderungen haben Macht und Geld als Steuerungsmechanismen flexibler, dezentral strukturierter Organisationen entwertet. Sie waren ohnehin nur Ergebnis enttäuschten Vertrauens. Erst, als wir betrogen wurden, haben wir nach ihnen gegriffen.

Zunächst will ich deshalb erläutern, *warum* Vertrauen das Thema der Zukunft ist. Globalisierte, schnelle Märkte, flexible Arbeitsstrukturen und virtuelle Organisationsformen – so sieht in etwa das wirtschaftliche Szenario der Zukunft aus. Für viele Unternehmen ist es schon Realität. Der Bedarf an Vertrauen ist dadurch dramatisch gestiegen. Andererseits wird durch genau diese Bedingungen das Vertrauen im Wirtschaftsleben massiv bedroht. Eine »alte« und weit verbreitete Konzeption von Vertrauen, die auf die Dauerhaftigkeit der Lebensumstände baut, muss jedenfalls durch die Verhältnisse modernen Wirtschaftens zwangsläufig frustriert werden. Wir erleben somit gegenwärtig eine Scherenentwicklung, deren Konsequenzen wir nicht einmal begonnen haben zu verstehen. »Die Gesellschaft der Zukunft ist zum Vertrauen verurteilt«, schreibt der Philosoph Peter Sloterdijk.

Etwas kommt hinzu: Die wichtigste Unterscheidung modernen

Wirtschaftens ist nicht mehr die zwischen Arbeit und Kapital, auch nicht die zwischen Unternehmer und Konsument, schon gar nicht die zwischen Staat und Markt – das alles ist 19. Jahrhundert. Nein, die wichtigste Unterscheidung ist jene zwischen Gläubigern und Schuldnern: was ein Gläubiger einem Schuldner glaubt, und was dieser Glauben kostet. »Bin ich bereit, mich zu verschulden, weil ich meiner Leistungskraft vertraue?« – so fragt der Nehmer. »Habe ich Vertrauen, dass das Geld zurückfließt?« – das fragt der Geber. Damit tritt Vertrauen in das Kerngeschehen der modernen Ökonomie. Es bedarf jedenfalls keiner großen prognostischen Fähigkeit, dieses festzustellen: Vertrauen wird das beherrschende Managementthema der nächsten Jahrzehnte. Ich werde daher mit Verve die These vertreten, dass es für wirtschaftlichen Erfolg nur einen *einzigen* Erklärungsansatz gibt: das Maß gelebten Vertrauens.

Erst nach dieser Bestandsaufnahme werde ich mich dem Begriff des Vertrauens selbst zuwenden: *Was* ist Vertrauen? Was verbirgt sich hinter dem Phänomen? Ist Vertrauen etwas Irrationales, etwas grundsätzlich Gutes? Ist es ein moralischer Begriff oder, vielleicht besser, ein Begriff, der bei vielen von Ihnen eine moralische Resonanz auslöst? Hier betreten wir ein Minenfeld von Halbwahrheiten, Missverständnissen und Denksackgassen. Es zu räumen, werde ich mich bemühen.

Dieses zweite Kapitel wendet sich vor allem an jene unter Ihnen, die sich nicht nur aus alltagspraktischem Interesse heraus mit Vertrauen befassen, sondern auch Kraft und Grenzen des Begriffs verstehen möchten. Die »Praktiker« unter Ihnen können ihn getrost überspringen; die »Theoretiker« mögen mir die Knappheit nachsehen.

Der dritte Abschnitt ist der Praxis des Vertrauens gewidmet. *Wie* funktioniert der Vertrauensmechanismus? Was können Sie als Führungskraft tun, um Vertrauen zu schaffen? Welche institutionellen Rahmenbedingungen fördern die Entwicklung von Vertrauen? Welche verhindern sie? Im Gegensatz zur verbreiteten Meinung werde ich nachweisen, dass Vertrauen nicht nur indirekt und langsam aufzubauen ist – gleichsam als unbeabsichtigtes Nebenprodukt –, sondern dass es einen direkten Weg gibt, einen – wenn Sie so wollen – »schnellen« Weg zum Sofortvertrauen.

Der Titel *Vertrauen führt* spielt daher mit der Dreifaltigkeit des Verbs: Erstens ist Vertrauen das Erste (und in gewisser Weise auch das Einzige), worauf es im Unternehmen ankommt; zweitens ist es die Basis der Mitarbeiterführung und führt – drittens – zu Werten, die ohne Vertrauen ungehoben bleiben.

Sie mögen erkennen: Meine Fragen kreisen um Vertrauen als *instrumentellen* Wert. Ich zweifele nicht, dass Vertrauen um seiner selbst willen wertvoll ist. Mir geht es aber hier vor allem darum, Vertrauen aus der romantischen Ecke zu holen und in den Mittelpunkt einer rationalen Unternehmenspolitik zu stellen, die möglichst viele Menschen überzeugt. Ich plädiere für ein Vertrauen, das berechenbar ist, das berechnet und sich rechnet. Ein Vertrauen, das »sich lohnt«, das kalkuliert ..., und spätestens jetzt hat sich das Thema für einige von Ihnen schon erledigt. Ein Gutmeinender springt auf und ruft: »Kalkuliertes Vertrauen? Vertrauens-Engineering wohlmöglich? Wie soll das gehen? Vertrauen gedeiht doch nicht im Kühlhaus ökonomischer Nutzenoptimierung! Wie kann man Vertrauen dingfest machen, ohne es sogleich zum Verschwinden zu bringen? Und überhaupt: Vertrauen klingt vielleicht warm und nett, aber auch harmlos und naiv. Es ist schön, ein vertrauenswürdiger Mensch zu sein, aber risikoreich. Als Lebenskonzept führt es ins Leichenschauhaus. Einigen Menschen vertraut man mehr, einigen weniger. Warum, ist nicht so wichtig. Vertrauen ist halt da oder nicht. Mehr ist eigentlich nicht zu sagen, oder?«

Das mag sein, aber ich will Vertrauen hier »vernünftig« begründen. Vor allem will ich den *ökonomischen Mechanismus* hinter der Begriffsfassade klären. Das ist kein leichtes Vorhaben. Das Thema steckt voller Paradoxien und Mehrdeutigkeiten. Es gibt hier keine leichten Antworten, keine How-To-Checklisten – wenn man es wirklich ernst meint. Aber hätte der Begriff sich nicht verborgen, ich hätte nicht so ausgespäht, ihn zu ergründen. Überdies – das zur Warnung! – ist Vertrauen ein »ernstes« Thema. Das amüsierte Schmunzeln über die Narreteien der betriebsinternen Realsatire scheint mir hier unangebracht. Widerstanden habe ich daher der Versuchung provokativer Rücksichtslosigkeit.

Im ersten Teil lässt meine Darstellung manches klarer und einfacher erscheinen, als es bei näherer Betrachtung ist. Das verdankt sich methodischen Gründen: Wenn ich Vertrauen dem Misstrauen gegenüber stelle, so zeichne ich die Umrisse des Begriffs in einem Gegenlicht, das die Konturen kenntlich macht. Ins Extreme verschoben wird jedes Argument und jede Haltung gefährlich. Das gilt vielleicht besonders für das Thema »Vertrauen«. Das richtige Maß ist gefragt. Allein darum geht es mir.

Viele von Ihnen werden die Lektüre des Buches mit der immer wieder aufflackernden Frage »Ja, aber wenn ...« begleiten (ich habe das innerlich auch getan). Sie werden oft »Heimkino gucken« und Ihre privaten Fragen und Erfahrungen gegenlagern. Ich kann Sie nur bitten, an meiner Seite zu bleiben. Vor allem, wenn Sie Führungskraft sind. Denn für Sie habe ich dieses Buch vorrangig geschrieben. Am Ende liegt es an Ihnen, ob Sie die alles entscheidende Fähigkeit besitzen – sich dem Unvertrauten zu stellen.

WARUM VERTRAUEN?

Eine Lounge des Wiener Flughafens. Ich warte auf den Rückflug nach Düsseldorf. Draußen dunkelt es schon. Durch die großflächigen Fensterscheiben senkt sich diese eigenartige solidarische Tagesendstimmung in den neonerleuchteten Raum. Ein Mann sitzt mir gegenüber. Etwa gegen 19.00 Uhr beginnt er zu telefonieren. Die Gespräche nehmen alle einen ähnlichen Verlauf. Es sind diese üblichen »Status-Telefonate«. Wie sieht es bei diesem Kunden aus? Wie bei jenem? Was ist mit diesem Projekt? Warum hat XY noch nicht geantwortet? Was steht morgen an? Nachdem er die Telefonliste abgearbeitet hat, kommen wir ins Gespräch. Ich äußere meine Verwunderung, dass er noch so spät beruflich telefoniere. Das sei eher früh, antwortet er, manchmal würde es noch später. Er habe es sich zur Gewohnheit gemacht, jeden Abend – »nur ganz kurz« – mit seinen Mitarbeitern zu sprechen, um zu sehen, wie die verschiedenen Projekte liefen. Er wolle einfach sicher gehen, dass alles in Ordnung sei, insbesondere bei jenen, die an schwierigen Aufgaben »dran« seien.

Ich war zunächst beeindruckt von seiner Hingabe an den Job und der Loyalität gegenüber seiner Firma. Auch nach einem langen und harten Arbeitstag suchte er noch den Kontakt mit seinen Mitarbeitern. Und die waren offensichtlich auch noch bereit, abends um 19.00 Uhr mit ihrem Chef zu sprechen. Donnerwetter! Aber dann kamen mir Zweifel. Konnte es sein, dass er nur deshalb telefonierte, weil er kein Vertrauen in seine Mitarbeiter hatte? Konnte es sein, dass er sein Misstrauen bis in die Wohnstuben seiner Mitarbeiter trug, weil er ihnen nicht zutraute, *ihn* anzurufen, wenn sie einen Gesprächspartner suchten?

... weil es fehlt: eine Bestandsaufnahme

Der Vorstandsvorsitzende, dessen Unternehmen als eines von fünf Leitwerten »Vertrauen« öffentlich ausgewiesen hat, nimmt den Moderator entschlossen in den Blick: »Wir müssen dringend mehr zum Thema ›Vertrauen‹ tun. Da hapert es an allen Ecken und Enden.« Zustimmendes Nicken im Kreis der anderen Vorstandskollegen. Der Moderator wartet einen Moment. Dann fragt er: »Und Sie? Vertrauen Sie einander?«

Auf dem 55. Deutschen Betriebswirtschaftertag im September 2001 in Berlin war man sich einig: Langfristig seien in erster Linie immaterielle Vermögensgegenstände geeignet, den Unternehmenswert nachhaltig zu steigern. Zu diesen »intangibles« zählen Wissen, vernetzte Talente, die Marke und – quer zu den Dreien – Vertrauen. Nie sei Vertrauen so wertvoll gewesen wie heute.

Vertrauen steht generell hoch im Kurs. Die Finanzmärkte fordern es, denn Vertrauen in die Unternehmensführung spiegelt sich wider im Aktienkurs. Die Zeitungen titeln »Jetzt hilft nur noch Vertrauen« und meinen die Zuversicht in die wirtschaftliche Entwicklung. »Können wir Politikern trauen?« fragt eine Fachzeitschrift. »Welcher Politiker ›flösst‹ mehr Vertrauen ein?«, wollen Meinungsforscher wissen.

Überall wird Vertrauen beschworen, gewünscht, gefordert. Warum?

Weil es fehlt. Von Vertrauen wird geredet, wenn es vermisst wird. Seine Erscheinungsweise ist die Nichtexistenz. Man übertreibt nicht, wenn man feststellt: Je mehr über Vertrauen gesprochen wird, desto schlechter ist die Lage. Das Auftauchen von Vertrauen ist ein untrügliches Zeichen der Krise.

So hat es auch etwas Schiefes, wenn ein Vorstand bei seinen Mitarbeitern um Vertrauen wirbt:»... und deshalb bitte ich Sie gerade in diesen schwierigen Zeiten um Ihr Vertrauen.« Oder eine deutsche Großbank ihre Anzeigen mit dem bewegenden Slogan schmückt: »Vertrauen ist der Anfang von allem.« Es hat überhaupt etwas Fragwürdiges, über Vertrauen zu reden. Offenbar kann es nur als Verlorenes erlebt werden. Irgendetwas scheint schon zerrissen zu sein. Deshalb können wir auch leichter ausdrücken, warum wir jemandem misstrauen, als sagen, warum wir jemandem vertrauen.

Im Unternehmen ist Vertrauen angeblich das Wichtigste für die Zusammenarbeit. Gleichzeitig ist es oft das Seltenste. Führungskräfte antworten gern, befragt nach ihren besten Führungseigenschaften: »Ich vertraue meinen Mitarbeitern.« Gleichzeitig wünschen sie sich ihrerseits mehr Vertrauen »von oben«. Eine Hierarchiestufe höher das gleiche Spiel: Wieder glaubt man an die eigene Vertrauensfähigkeit und beklagt seinerseits einen Mangel an Vertrauen »von oben«. Was ist da los? Gibt es lediglich eine Differenz in der Wahrnehmung? Die Antwort dämmert, wenn man Führungskräfte nach ihren Führungs*defiziten* befragt. Häufig wird der eigene »Hang zur Perfektion« genannt. Mit leichtem Lächeln wird die Neigung zugegeben, sich gerne einzumischen und auch schon mal zum Instrument der »Chefsache« zu greifen. Der Auftrag ist tief verinnerlicht: »Du musst sie immer im Auge behalten!« Und der Blick des Chefs liegt auf dem Mitarbeiter und fragt unablässig: »Wird dieser seine Rolle erfüllen? Ist er der Aufgabe gewachsen? Ist er erfahren genug, das Notwendige zu tun?« Eine Stufe weiter unten wird dieses kontrollierende Verhalten als Misstrauen erlebt. Der Wunsch nach mehr Vertrauen ist geboren.

Zwar war arbeitsteiliges Handeln schon immer ohne ein gewisses Maß an Vertrauen in die Kontinuität des Handelns anderer, ihre Berechenbarkeit, Ehrlichkeit und Kooperationsbereitschaft nicht vorstellbar. Auch die alte Idee des Delegierens lebt letztlich davon, dass der Chef dem Mitarbeiter zutraut, die Aufgabe auszuführen. Aber dieses Vertrauen in die Kompetenz des Mitarbeiters reicht scheinbar nicht weiter als der Radius des jederzeit kontrollierenden Blicks. Das zeigt sich, wenn man die Kontrollwut gegenüber dem Außendienst betrachtet. Durch neue Informationstechnologien wurden hier immer neue Kontrollmechanismen über große Entfernungen hinweg eingeführt – auch wenn sich alsbald herausstellte, dass dadurch auch nicht wirklich effizient kontrolliert werden konnte. Heute hätten wir eigentlich alle technischen Möglichkeiten, um entspannt dort zu arbeiten, wo wir gerade sind. Flexibel, vernetzt, unterstützend, alle Kompetenzen integrierend – auch bei leichtem Schnupfen oder schwerer Schwangerschaft. Aber das, was heute auf neudeutsch »Remote Management« genannt wird, also ein System für informationstechnologische Fernsteuerung, das stößt auf den Widerstand der meisten Unternehmen mit ihrer modern verkleideten, frühindustriellen Arbeitsorganisation: Präsenzpflicht, Kontrollsysteme, Meetingrituale. Da wird das »Remote Management« zynisch zur »Kontrolle aus dem Hinterhalt« (H. Rust). Das Kernproblem auch hier: Misstrauen.

So proaktiv und entscheidungsfreudig die Unterhaltungen in den Fluren der Unternehmen sind – ein bisschen klingen sie zugleich behindert, ein Unterton des Zögerlichen fehlt nicht, die Ansichten, die geäußert werden, klingen ein wenig wie auswendig gelernte Examensantworten – »Synergien«, jaja, und »Lernende Organisation« sowieso. Ohne große Mühe kann man in den Unternehmen ganze Misstrauensabteilungen identifizieren, die ihre Zeit damit verbringen, Leute zu überwachen und zu überprüfen, ob sie auch tun, was sie tun sollen. Facharbeiter für falschen Alarm, die ihre Opfer mit Formularen und Regularien unter neurotischen Dauerstress setzen. Mitarbeiter sind offenbar eine feindliche Spezies, die es zu beargwöhnen, zu kontrollieren und in ihrer Vielfalt einzuebnen gilt.

Wichtig ist: Misstrauen beherrscht das Verhältnis sowohl der Führenden zu den Geführten wie umgekehrt. Das Management traut den Mitarbeitern nicht zu, Entscheidungen zu treffen, die sich am Wohl des Unternehmens orientieren. Umgekehrt trifft das, was das Management tut, auf zynisch getöntes Misstrauen, weil ihm die Kompetenz und die Verantwortung für langfristig tragfähige Problemlösungen nicht zugetraut wird. Beargwöhnt wird: dass Führungskräfte sich nicht an Vereinbarungen halten, als Selbstoptimierer weniger die Interessen des Unternehmens als ihre eigenen im Auge haben, generell unglaubwürdig sind. Oder, anders herum: dass Mitarbeiter ihren Job grundsätzlich nicht gerne tun, nicht motiviert sind, sondern angestachelt werden müssen, damit sie ihn überhaupt tun. Oder, noch grundsätzlicher: dass man der freigelassenen Menschennatur schlicht nicht trauen dürfe. Hinzu kommt das *horizontale* Misstrauen, das ja unter Wettbewerbsbedingungen nicht unverständlich ist. Kollegen werden dann zu Gegnern. Und all das, was von der Kooperationsbereitschaft der Mitarbeiter untereinander abhängt, findet nicht statt.

Ornamente des Misstrauens: die Anonymität der Befragungen. Die Geheimnistuerei um die Gehälter. Die Springfluten der »Vermerke«, der »Aktennotizen«, des »Können Sie mir das schriftlich geben?«. Die institutionalisierte Rückdelegation im Kreditwesen. Die bornierte Hypertrophie des Messens: »Was man nicht messen kann, kann man nicht managen.« Der Johnny-Kontrolletti-Chef mit seinem »Setzen Sie mich bei E-Mails bitte immer ins ›cc:‹!«. Der Absicherungsaufwand vor Entscheidungen. Wenn alle auf »Nummer Sicher« gehen (eine Redensart, die aus dem Strafvollzug stammt). Die immer größer werdenden Meetings. Die sich verstärkenden Leistungskontrollen. Die zum »Zeiterfassungscomputer« avancierte Stempeluhr, die dem Mitarbeiter schon am Eingang »Ich trau' Dir nicht!« entgegenbellt – aber von den besseren Menschen (ATs) mit stolzen Blicken links liegen gelassen wird. Der Drang zur totalen Kommunikationskontrolle. Chefs verordnen ihren Mitarbeitern, » sich in der Öffentlichkeit nur positiv über das Unternehmen zu äußern.« Sie entwerfen Funktionsdiagramme, die detailgenau bestimmen, wer nach außen über was sprechen darf. Sie zwingen ihre Mitarbeiter, sich am Telefon mit den immer gleichen Worten zu melden, die immer gleichen Inhalte auf die immer gleiche Weise zu präsentieren. Oder die Sekretärin, der auch nach wiederholtem Bemühen von der Zentralstelle verweigert wird, einen Generalschlüssel für die Kaffeemaschine zu benutzen. So muss sie, anstatt mittels des Schlüssels ganze Kannen füllen zu können, für 120 Tassen 120-mal auf den Knopf drücken. Von da ist es im Zeitalter der Gentechnologie nicht weit zur Implantation eines Kontrollchips.

Groteske Dimensionen: Der Journalist Eike Gebhardt erzählte mir, dass die von ihm verauslagten 2000 Euro für einen Gabelflug Stuttgart-Düsseldorf-Kairo vier Monate von seiner Rundfunkanstalt nicht überwiesen wurden, weil man nachprüfen wollte, ob die bei Auslandseinsätzen üblichen 7 Euro »Tagesgeld« bei einem solchen Flug (über Düsseldorf) von ihm berechtigterweise in Anspruch genommen worden waren.

Misstrauen fatalerweise auch schon am Beginn der Zusammenarbeit, beim Einstellungsinterview: »In möglichst kurzer Zeit viel aus dem Bewerber herauskriegen« – das ist die Haltung, mit der viele Interviewer die Gespräche führen. »In möglichst kurzer Zeit« – das signalisiert: »Du bist nicht wichtig.« »Viel aus dem Bewerber herauskriegen« – das geht davon aus, das der Bewerber etwas verbirgt, sich besser darstellt, als er ist. Wechselseitig belauert man sich, vermutet hinter jeder Frage die Tücke, hinter jeder Antwort das nur Vorgegaukelte, schürft nach etwas Widerständigem »dahinter«, unterstellt Schönfärberei – hier der eigenen Fähigkeiten, dort des Unternehmens. Einstellungsinterviews sind nicht selten Misstrauensexzesse.

Für viele kristallisiert sich das Thema aber im Umgang mit der Arbeitszeit heraus – die öffentliche Diskussion spricht von »Vertrauensarbeitszeit«. Schon diese Wortkombination spricht Bände: Sie plakatiert den generösen Ausnahmecharakter der Regelung. Gibt es denn auch »Misstrauensarbeitszeit«? Schon 1972 wurde bei Hewlett-Packard die Zeiterfassung abgeschafft, was, wie der damalige CEO Lewis Platt bemerkte, »einen starken Glauben an die Mitarbeiter« voraussetzte. Herrn Platts Motiv in Ehren: War es doch nicht eher ein Kostenkalkül? Jeder kennt die Manipulierbarkeit der Zeiterfassungssysteme. Und ist ein rein quantitativer, zeitorientierter Arbeitsbegriff überhaupt noch »zeit«-gemäß? Sollten wir uns nicht eher am *Output* orientieren, weniger am Input? Mittlerweile haben etliche Unternehmen versucht, Vertrauensarbeitszeit einzuführen. Es scheitert jedoch oft am *wechselseitigen* Misstrauen: »Oben« fürchtet bei Aufgabe der Zeiterfassung steigende Kosten: »Die, die arbeiten, sind immer die Gleichen; die, die in der Sonne liegen, auch.« »Unten« fürchtet, bei Überlastungssituationen unfair behandelt, ja ausgebeutet zu werden, wenn sie ihren Chefs nicht schwarz auf weiß den Anwesenheitszettel unter die Nase halten können. Nichts bewegt sich. Misstrauen ist das Gift, das alle lähmt.

Da ist der Vorstand, der die Aushilfe seines Bereichsleiters genehmigen muss. Da sind die Mitarbeiter eines Schlüsseldienstes, die per Videokamera kontrolliert werden, um die Schwundrate bei Metallteilen zu minimieren. Da ist die überbordende Audit-Mania – ein überhöhtes Bedürfnis nach unabhängiger Kontrolle. Da ist der neue Arbeitsdirektor, ein frischer, dialogfreudiger Mensch – zu dialogfreudig für manche Personaler. Sie versenden eine streng vertrauliche E-Mail: »Wir, die Leiter HR Europa, haben beschlossen, dass die Kommunikation mit dem neuen Arbeitsdirektor nur über uns läuft. Direkte Kontakte sind zu unterlassen.«

Nicht wenige Führungskräfte sind geradezu von der Vorstellung besessen, ihre Mitarbeiter wollten sie nur betrügen. Sie installieren ein Fluchtverhinderungssystem nach dem anderen. Und täglich kann man eine Verschärfung des kontrollierenden Umgangs erleben. Reportingwellen ohne Maß und Begrenzung: »Monday update« zum Beispiel. Montag soll man seine Projekte in das Intranet stellen, damit die Zentralinstanz »einen Überblick hat«. Dadurch werden natürlich auch kleinere Arbeiten, die man früher nebenbei erledigte, zu veritablen Projekten aufgeschäumt. Der heutige Softwareunternehmer und ehemalige IBM-Manager Dan Cerutti stellt rückblickend fest: »Ich hatte es mit Managern zu tun, die jedem Mitarbeiter grundsätzlich unterstellten, er wolle nicht arbeiten. Dieses Misstrauen äußerte sich in allem, was sie taten.«

So ist es wohl: Viele Unternehmen sind reine Verdachtsorganisationen. Aus Misstrauen erlassen Führungskräfte bibeldicke Manuale, um auch noch die kleinste Rolle im Unternehmen festzuzurren. Sie glauben nicht daran, dass Menschen gute Arbeit machen *wollen*. Eine tiefsitzende Unsicherheit, die sich rational maskiert, macht Führungskräfte zu Ordnungskräften, Manager zu Polizisten, die »Kontrollspannen« überblicken. Sie vertrauen nicht dem selbstgesetzten Qualitätsanspruch ihrer Mitarbeiter. Sie sind extrem zurückhaltend, wenn es darum geht, die Mitarbeiter ihre eigenen Wege zum Ziel finden zu lassen.

Die Misstrauensvereisung äußert sich in Formulierungen wie: »Jeder misstraut jedem im Werk.« »Man kann hier keinem über den Weg trauen.« »Jede Bewegung wird kontrolliert.« »Ehrlichkeit ist hier Naivität.« »Es kann gefährlich sein, eine Meinung zu vertreten.« Da ist der CSM-Point schnell erreicht, der Career Shortening Move. Auch dem ausländischen Geschäftsführer wird misstraut, »der unsere Sprache nicht lernen will und wahrscheinlich bald wieder weg ist.«

Überall mangelt es an Glaubwürdigkeit: Der Informationspolitik »des Hauses« wird mit großer Skepsis begegnet. Das gilt für die Zukunft der Firma, die finanzielle Situation, die Personalpolitik und auch geplanter Umstrukturierungen: »Es wird nicht mit offenen Karten gespielt« »Die Firmenzeitung ist ein Propaganda-Blatt.« Andere Aussagen beklagen Inkonsistenz zwischen Sprechen und Handeln: »Ich bin enttäuscht von den Entscheidungen des Managements, die bereits nach einem halben Jahr in ihr Gegenteil gekehrt werden.« »Hier gilt das Motto: Was kümmert mich mein Geschwätz von gestern.« »Heute so, morgen so.« Und das Vertrauen wächst auch nicht gerade, wenn die Menschen eine Diskrepanz feststellen zwischen der kleinlichen Spar- und Bewilligungspraxis einerseits und den gewaltigen Summen, die dem Topmanagement gezahlt werden.

Viele haben »genug« von der Zunahme an Regelungen sowie an Kontroll- und Rechtfertigungsmechanismen, die sie als Behinderung ihrer eigentlichen Arbeit erleben: »Zuviel Bürokratie«, die »steigende Papierflut«, »für alles Formulare ausfüllen«, »zunehmende administrative Arbeit, die zum Added Value absolut nicht beiträgt.« »Arbeit nach vorbestimmten Abläufen, egal, ob das sinnvoll ist oder nicht.« Viele Menschen sind auch der alltäglichen Durchtriebenheit müde, die unaufhörlich die Fäden des Scheins und der Lüge miteinander verknüpft. »Da hört man doch gleich, dass da etwas nicht stimmt.« Zum Misstrauen besteht offenbar unausgesetzt Anlass. Man hält sich fast nur noch »hinterm Licht« auf, wohin einen nahezu jede offizielle Mitteilung zu führen scheint.

Eine wissenschaftliche Untersuchung über die »Befindlichkeit in der Chemischen Industrie« (Kiefer und andere 2001) macht nachgerade dramatische Vertrauensdefizite dingfest: »Es findet sich im gesamten Antwortset keine einzige Aussage, die auf eine vertrauensvolle Beziehung zum Topmanagement hinweisen würde.« Die Studie spricht von einer »aufsehenerregenden« Entfremdung vom oberen Management. Zitate: »Was führen die da oben im Schilde?« »Ich glaube denen nicht, dass sie das Wohl der Firma im Sinn haben. Sie machen Karriere auf Kosten der Firma.« Die Studie kommt zu dem Schluss, dass keineswegs alle negativen Gefühle mit einer allgemeinen Rückzugstendenz beantwortet werden. Misstrauen ist in seinen Konsequenzen für das Unternehmen deutlich von anderen negativen Emotionen wie Ärger, Sorge und Enttäuschung zu unterscheiden. Alltägliche Ärgernisse beispielsweise werden zwar der Firma angelastet, aber sie berühren nicht das Leistungsverhalten innerhalb der eigenen Aufgaben. Misstrauen hingegen führt *sowohl* zum innerlichen Rückzug aus der Firma wie *auch* von der eigenen Arbeit. Wer misstraut, »ist weniger bereit, sich für die Firma *und* den Job einzusetzen, und auch weniger bereit, in der Firma wie auch im Job zu bleiben.«

Um die Überwachungswut zu rationalisieren, ist viel Abgegriffenes im Umlauf: dass Vertrauen gut, Kontrolle besser sei, dass man sich Vertrauen erst verdienen müsse, dass Gelegenheit bekanntlich Diebe mache. Ernst zu nehmende, reflektierende Manager entfalten oft brillante Rhetoriken zur Rechtfertigung von Misstrauen. Nicht selten werden bestürzende Geschichten über Vertrauensbrüche, Betrug und Niedertracht erzählt. Dass ein Vertrauensmissbrauch mit erheblichen Konsequenzen verbunden sein kann, kann man in der Tat an vielen Beispielen belegen: Man sah es 1995 an den durch den Broker Nicholas Leeson verursachten Milliardenverlusten der Londoner Barings Bank und 1996 an dem Schaden, den der Kupferhändler

Yasuo Hamanaka der Sumitomo-Bank zufügte. Auch die Electrolux Deutschland GmbH ist 1999 durch nicht genehmigte Devisentermingeschäfte eines Mitarbeiters um 55 Millionen DM geschädigt worden. Die Namen Schneider, Flowtex, Swissair, ABB und Enron stehen für Inkompetenz, Geldgier und zum Teil kriminelle Machenschaften. Der »Neue Markt« scheint sich mehr und mehr als ein Lehrstück abenteuerlicher Bewertungs- und Bilanzierungsmethoden zu entpuppen, die vor allem dazu dienen, die Anleger hinters Licht zu führen.

Aber das Pendel ist zu weit ausgeschlagen. Die Unternehmen haben das Augenmerk zu sehr auf die Risikobegrenzung gelegt. Dabei haben sie die Chancen eines *Chancenmanagements* außer Acht gelassen. Die Verhältnisse stehen auf dem Kopf. Normalerweise werden für Misstrauen Gründe eingefordert, für Vertrauen nicht. »Warum vertraust Du mir?« – das fragt niemand. Umgekehrt ist es im Unternehmen: Das Misstrauen ist nicht begründungspflichtig, das Vertrauen ist es. Insbesondere dann, wenn etwas schief gelaufen ist. Und natürlich läuft immer mal wieder etwas schief. Viele Unternehmen sind daher zur Verregelungsseite des Spektrums hin eskaliert. Dann kommen die Sicherheitsfanatiker an die Macht. Dann wird Misstrauen zur Norm. Wenn aber Misstrauen zur Norm wird, wird Vertrauen zur Sünde.

Betrachten wir die strukturellen Hintergründe. Die Ökonomie interessiert sich scheinbar nicht für Vertrauen. Ökonomisches Verhalten – Nutzen maximieren, Wettbewerbsstrategien entwickeln, Informationsvorteile ausbeuten – all das scheint Vertrauen geradezu auszuschließen. Überschaut man die betriebswirtschaftliche Literatur, so scheint sich die gesamte ökonomische Intelligenz am Modell des Gebrauchtwagenkaufs zu orientierten – am Modell maximalen Misstrauens.

Wir haben die Leistungsgrenzen dieses Paradigmas erreicht. Die Prolongationskapazität (ein Ausdruck, den ich mir von der Evolutionsbiologie geborgt habe) ist ausgeschöpft. Ein weiteres Wachstum ist mit dem zur Verfügung stehenden Denkrahmen nicht möglich. Der Reifegrad ist hoch, die Systemintelligenz auch, der wirtschaftliche Erfolg aber bereits fragil. Ein kleine Veränderung der Umweltbedingungen verringert oft drastisch die Prolongationskapazität. Viele Unternehmen befinden sich in einem unsichtbaren Gefängnis. Eine überbordende Bürokratie, starres Verwaltungshandeln und eine Vielzahl von Richtlinien lähmen jeden unternehmerischen Tatdrang. Die Wände und Gitter dieses Gefängnisses sind die Grundannahmen über die Ökonomie und das menschliche Verhalten.

Immer deutlicher wird, dass die großen alten Steuerungsmittel – »Macht« und »Geld« – nicht mehr hinreichen, um das Handeln der Menschen im Unternehmen zu koordinieren. Insbesondere unter den Bedingungen der Wissensgesellschaft und »schneller« Märkte. Es gibt zunehmend mehr Situationen, die nicht zu »managen« sind. Schon gar nicht zu erzwingen. Die »Intangible Assets« lassen sich nicht mehr herbeikontrollieren. Alles, was von der Kooperationsbereitschaft der Mitarbeiter *untereinander* abhängt, ist nicht direkt zu steuern. Kontrolle (in der restriktiven Bedeutung des Wortes) versagt da. Hier muss Vertrauen die alten Steuerungsmittel ergänzen, ja zunehmend ersetzen. Vertrauen wird damit zur Schlüsselvariable erfolgreicher Unternehmensführung.

Wenn Sie mir bei dieser Bestandsaufnahme weitgehend gefolgt sind, dann müssen wir ein krasses Missverhältnis zwischen Soll- und Ist-Zustand an Vertrauen feststellen, – wie viel Vertrauen »da« ist und wie viel benötigt wird. Für Vertrauen gibt es also einige traditionelle Gründe und einige sehr moderne Gründe. Betrachten wir sie näher.

... weil es flexible Organisationen ermöglicht

Nach Francis Fukuyama wird die Wohlfahrt und Wettbewerbsfähigkeit einer Nation von einem einzigen, durchdringenden kulturellen Merkmal bestimmt: dem Mass an Vertrauen in der Gesellschaft. Für die Prosperität von Volkswirtschaften halten einige Ökonomen den

»Vertrauenspegel« sogar für wichtiger als die natürlichen Ressourcen. Kenneth Arrow, der amerikanische Wirtschafts-Nobelpreisträger, schrieb vor 30 Jahren: »Nahezu jede kommerzielle Transaktion enthält ein Element des Vertrauens, sicherlich aber jede Transaktion, die über eine längere Zeitdauer führt. Es kann plausibel erklärt werden, dass wirtschaftliche Rückständigkeit auf das Fehlen wechselseitigen Vertrauens zurückgeführt werden kann.« Diese Zitatenreihe ließe sich fortsetzen. Unzählig sind die Metaphern, die die »zusammenbindende« Wirksamkeit des Vertrauens beschreiben: Vertrauen ist der »Kitt«, das »Band«, das »Öl, das die Räder einer Organisation am Laufen hält.« (W. Bennis / B. Nanus). Und in der Tat: Ohne Vertrauen ist keine wirklich produktive Kooperation denkbar. Vertrauen bringt stille Energieressourcen für Zusammenarbeit ans Tageslicht.

Das ist lange bekannt. Was aber, wenn das Globale fast vertrauter ist als das Häusliche? Wenn die Sehnsucht nach vertrauten Verhältnissen heute Fernweh ist? Was, wenn der Charakter der Wirtschaft sich globalisiert (delokalisiert) und zunehmend »intangible« Dienstleistungen gehandelt werden? Und was, wenn die im Extremfall »virtuelle« Firma überbetriebliche Produktionszusammenhänge, intensive Kooperationsbeziehungen und unternehmensübergreifende Arbeitsteilung unterschiedlichster Firmen integriert, ohne als »Ort« und als »Dauer« vorstellbar zu sein?

Vertrauen wird mehr und mehr zur Bedingung der Existenz von Organisationen. Denn »der Wert einer Organisation bemisst sich nicht länger an dem Gleichgewicht, das sie zwischen ihren einzelnen Teilen herzustellen sucht, oder an der Eindeutigkeit der gezogenen Grenzlinien, sondern an der Anzahl der Öffnungen, der Schnittstellen, die sie mit allem, was außerhalb liegt, organisieren kann.« (Jean-Marie Guehenno) Wir betreten das Zeitalter des »Zero-Knowledge-Managements« und der offenen Systeme: strategische Allianzen, Outsourcing, Agenturverträge, New-Public-Management, Internationalisierung, Franchising, Heimarbeit, mobiles Arbeiten, Netzwerkorganisationen, die mit Hilfe der Kommunikationstechnologien ohne physische Mobilität auskommen – all das führt zur Auflösung organisatorischer Grenzen.

Das Management von Organisationen erstreckt sich längst weit über Landesgrenzen und Kontinente hinaus. Die einstmals lokalen Arbeitsgruppen verwandeln sich in »virtuelle« Teams: Mitarbeiter, Abteilungen, ganze Unternehmensteile arbeiten zusammen – aber an verschiedenen Orten im Inland, im Ausland oder gar auf verschiedenen Erdteilen. Unternehmen sind keine nationalen Veranstaltungen in geschlossenen Räumen mehr. Das Werkstor ist kein verlässlicher Indikator für Zugehörigkeit mehr. Zulieferer bauen eigene Niederlassungen auf dem Werksgelände und treffen mit dem Kunden zusammen Entscheidungen vor Ort. In vielen Büros haben die Reinigungskräfte heute eine höhere Präsenz als diejenigen, für die das Büro gebaut wurde. Dass Mitarbeiter innerhalb des Unternehmens arbeiten und Kunden und Zulieferer außerhalb, das jedenfalls gilt so nicht mehr. Wie es Dirk Baecker pointierte: »Konzerne schrumpfen auf Klubzentren zusammen, die man wegen ihrer ausgezeichneten Küche aufsucht.«

Bei internationalen Kooperationen von Unternehmen spielt Vertrauen eine besonders herausragende, ja die *entscheidende* Rolle. Einerlei, welche Kooperationsform man wählt – Lizenzvergabe, Franchising, Kontraktproduktion – ihr Management ist Vertrauens-Management. Wie sehr Vertrauen ein harter Faktor geworden ist, kann man beispielhaft bei Mergern und Akquisitionen beobachten: Ein Großteil der gescheiterten Fusionen wird dem nicht entwickelten Vertrauen beziehungsweise dem zerstörten Vertrauen zugeschrieben. Erst die systematische Zurückhaltung von Informationen in der Verhandlungsphase schafft hohes Misstrauen – nicht nur bei Mitarbeitern, auch bei Kunden: So hat zum Beispiel Rolls Royce nach der Übernahme durch VW erhebliche Umsatzeinbußen hinnehmen müssen. Die Kunden waren lange Zeit nicht über die Zukunft »ihres« Herstellers informiert worden und fürchteten Qualitäts- und Prestigeverluste. Auch Lieferanten reagieren bei Fusionen zumeist proaktiv mit Preisaufschlägen. Zudem: »Heute Wettbewerber, morgen Partner?« In vielen Unternehmen höre ich die

Worte: »Gegen die ich jahrelang gekämpft habe, die mich mit miesen Tricks beim Kunden ausgespielt haben, denen soll ich jetzt vertrauen?« Oder das Beispiel DaimlerChrysler: Die Amerikaner kamen unvorbereitet und wollten sich ohne Tagesordnung unterhalten. Die Deutschen waren »bis an die Zähne bewaffnet« und wollten detaillierte Agenden. Die Deutschen fertigten Protokolle von jeder Sitzung an, die Amerikaner beschränkten sich auf Memos.

Je weniger reale Präsenz gefragt ist, je virtueller unsere Welt ist, desto wichtiger wird also Vertrauen als Organisationsprinzip. Über das Internet kommunizieren wir mit Menschen, die wir noch nie gesehen haben und wahrscheinlich auch nie sehen werden. Und je mehr sich Unternehmen öffnen und die Arbeitsverhältnisse »flockiger« werden, desto unbekannter bleiben sich die Menschen. Das Vertrauen in unsere Partner kann in der modernen Geschäftswelt also nicht mehr auf der Basis von Bekanntheit, Erfahrung und wiederholtem Erleben beruhen. Schon die schiere Größe vieler Unternehmen macht es nahezu unmöglich, Verhalten über eine gewisse Zeit und Nähe zu beobachten und aufgrund dieser Erfahrung personales Vertrauen aufzubauen. Das ist das epochal Neue:

Vertrauen kann sich nicht mehr aus Vertrautheit entwickeln.

Vertrauen ermöglicht koordiniertes Handeln zwischen Partnern, die sich unbekannt sind und bleiben. Es ist Ersatz für ein Wissen über den anderen und seine Motive. Wenn ambitionierte wirtschaftliche Ziele erreicht werden sollen, dann müssen wir denjenigen vertrauen, die wir nicht persönlich »kennen«. Was vielen schwer fällt. Die Grenzen der Entgrenzung werden daher durch mangelnde Vertrauensfähigkeit gezogen, durch ein »antiquiertes« Vertrauen, das seine Stabilität aus der Berechenbarkeit der Verhältnisse zieht und von einer Unternehmensrealität, die klare Strukturen und eindeutige (Rechtfertigungs-)Zuordnungen will. Von Managern, die die kennen, denen sie vertrauen, und denen vertrauen, die sie kennen.

Wir stehen also vor einer historisch vorbildlosen Situation: Der Bedarf an Vertrauen steigt rapide, während die traditionellen Quellen versiegen. Und je größer das Unternehmen ist, desto höher ist der Vertrauensbedarf, desto schwieriger ist er zu decken. Dadurch erleben wir eine Neu- und Höherbewertung des Vertrauens als Organisationsprinzip.

... weil es Reorganisation ermöglicht

Auf den heutigen Märkten müssen Unternehmen flexibel sein. Sie müssen fähig sein, sich konstant anzupassen, und entsprechend zu verändern. Vertrauen ist auch unerlässlich im Transformationsprozess weg von starren Hierarchien und hin zu flexiblen, kundenorientierten Unternehmensformen. Empowerment, Geschäftsprozessoptimierung, flache Hierarchien, Teamarbeit, Lernende Organisation – alle wesentlichen Geschäftsinitiativen können nicht erfolgreich sein ohne das solide Fundament des Vertrauens. Unternehmen wandeln sich, wenn Menschen vertrauen.

Die Menschen wissen, dass sich die Unternehmen ändern müssen, wenn sie überleben wollen. Die Menschen sind nicht blind dafür, dass Profitabilität und Fürsorge oft konfligieren. Sie sehen, dass es so etwas wie Arbeitsplatzsicherheit im strengen Sinne nicht gibt. Sie wissen auch, dass es sozial im Sinne des Ganzen sein kann, sich von Unternehmensteilen zu trennen. Warum dann der oft zu beobachtende Widerstand? Wenn Menschen spüren, dass die Restrukturierungen immer nur und ausschließlich zu ihrem Nachteil sind. Wenn sie die alleinigen Verlierer sind. Wenn sie glauben, dass die Unternehmen sich um ihre Mitarbeiter nicht mehr kümmern. Positiv gewendet: Mitarbeiter tragen die Veränderungen mit, wenn die Reorganisationsvorhaben nicht primär zu ihrem Schaden sind. Sie müssen dem Management insoweit vertrauen können. Wenn Menschen sich zu mehr verpflichten sollen als zu bloßer Anpassung oder maximalem

Eigennutz, brauchen sie ein Gefühl der Zugehörigkeit, brauchen sie die Gewissheit, dass ihnen das Management wohlwollend gegenüber steht, dass es sich um sie sorgt, dass das Management sich nicht nur und ausschließlich von den Forderungen der Finanzmärkte leiten lässt. Natürlich im Rahmen dessen, was wirtschaftlich als Balanceproblem zu lösen ist. Mitarbeiter vertrauen, wenn Führungskräfte (als »Agenten des Kapitals«) die Konfliktlinie der unterschiedlichen Interessen nicht grundsätzlich zu Ungunsten der Mitarbeiter verschieben. Ein mir befreundeter Geschäftsmann drückte es so aus: »Your employees don't care how much you know until they know how much you care.«

Diese Vertrauensbeziehung wurde in letzter Zeit jedoch auf harte Proben gestellt. Die Dauerveränderungen und permanenten »Change«-Initiativen lassen vertrauensspendende Verlässlichkeiten, Routinen und Institutionen erodieren. Menschen sind sich nicht mehr sicher, ob oft jahrzehntelanges Engagement vom Unternehmen noch honoriert wird. »Change!« – das ist oft nicht der Appell an die Vorstellungskraft, sondern an die »Verkraftenskraft«. Einer der größten Fehler der Unternehmensleitungen ist es anzunehmen, dass nach zum Teil traumatischen Arbeitsplatzereignissen wie Entlassungen, Restrukturierungen oder Mergern das Vertrauen sich von alleine wieder einstellt. Das ist einfach unrealistisch.

Um das Problem angemessen zu erfassen, muss aber auch von der anderen Seite gesprochen werden: Auch auf Mitarbeiterseite entstehen Verkrustungen und Vereisungen, die Vertrauen verhindern. Die klassische Aufteilung in die zwei Lager – hier die kapitalistischen Unternehmen und die Führungskräfte als ihre Vasallen – dort die ausgebeuteten Mitarbeiter, dieses Bild reproduziert sich in dem Auseinandergehen zwischen Unternehmensführung und Betriebsrat. Welch armseliges Verständnis, dass nur der aus den eigenen Reihen berufene Betriebsrat eine legitime Interessensvertretung sein kann. Und da dieses Verständnis die Macht des Betriebsrates begründet, scheut er auch nicht davor zurück, es beständig zu reproduzieren. Der Gedanke, dass Interessenvertretung die eigentliche Aufgabe der Füh-

rung ist, kann erst gar nicht aufkommen. Im klassischen Modell aber
– »die da oben« und »die da unten« – ist für Vertrauen wenig Raum.

... weil es Kunden bindet

Wohin man auch schaut: Vertrauen verkauft. Zum Beispiel im Lebensmittelhandel: Wir wissen, dass »Bequemlichkeit« beim Einkauf der wichtigste Grund dafür ist, einen Anbieter dem anderen vorziehen. Wenn aber aus Kunden Stammkunden werden sollen, dann muss das betreffende Unternehmen auf den Faktor »Vertrauenswürdigkeit« besonderes Augenmerk richten. Vertrauen fordert Zuwendung, Aufmerksamkeit, ja Herausforderung. Sobald man zum ersten Mal enttäuscht wird, beginnt man, sich einem anderen Partner zuzuwenden. Und da Enttäuschungen nicht gerade selten sind, nimmt das Vertrauen ab und die Zahl der Partner zu. Viele Hersteller werben daher mit »Geld-zurück-Garantie« oder erweitertem Rückgaberecht um Vertrauen. Auf jedem zweiten amerikanischen Handelsprodukt prangt das Wort »Trust«. Die Retrowelle innerhalb der Auto- und Bekleidungsindustrie reagiert auf das steigende Bedürfnis nach Vertrautem. Bei »Omas Apfelmus« stellt sich der Konsument vor, dass die Oma die Äpfel noch eigenhändig vom Baum gepflückt und das Mus ohne Beigabe »künstlicher« Zusätze mit viel Liebe gekocht hat. Automobilhersteller starten demonstrativ publizierte Rückrufaktionen, um zu zeigen, wie sehr ihnen die Sicherheit ihrer Kunden am Herzen liegt. Die Delta Lloyd Investment bietet einen »gläsernen Fond« an, der täglich nach Börsenschluss im Internet aktualisiert dargestellt wird. »Transparenz schafft Vertrauen«, meint Geschäftsführer Holger Dersch und glaubt, dadurch einen Wettbewerbsvorteil zu erzielen. Der Seminarmarkt ist voller Angebote, die nur deshalb so regen Zulauf haben, weil das Kunden-Vertrauen ein mittlerweile erstrangiger Wert ist.

Der Soziologe Niklas Luhmann hat für das Vertrauen das »Gesetz des Wiedersehens« namhaft gemacht. Ein Vertrauensbruch wird in der Tat erschwert, wenn man sich wahrscheinlich wieder begegnet und in die Augen blicken muss. Anders herum wird ein Vertrauensbruch erleichtert, wenn man davon ausgehen kann, dass er nicht aufgedeckt wird, dass man dem anderen nicht mehr begegnet. Im Zeitalter der Informationstechnologie hat das »Gesetz des Wiedersehens« eine neue Aktualität bekommen. Zwar werden die Kundenbeziehungen immer differenzierter, der persönliche Kontakt immer rarer. Im Gegenzug aber begegnen sich Kunde und Anbieter im Netz, Kunden tauschen sich mit Kunden aus, missbrauchtes Vertrauen kann kaum unaufgedeckt bleiben.

Die Menschen gehen verstärkt ins Netz und machen publik, dass das Unternehmen mit dem vermeintlich »königlichen« Service nicht einmal E-Mails beantwortet. Mittlerweile sind mehrere Fälle bekannt, bei denen verärgerte Kunden über ihre Webseite eine breite Öffentlichkeit über das kundenfeindliche Verhalten von Unternehmen (im Regelfall von Handelskonzernen) informierten und diese zu erheblichen Umstrukturierungen zwangen.

Kundenvertrauen ist vor allem auch das Vertrauen der Kunden in die Preise. Ikea steht bei seinen Kunden für ein konkurrenzloses, nicht mehr zu überprüfendes Preis-Leistungs-Verhältnis. Kundenvertrauen ermöglicht es Aldi, innerhalb von zwei Tagen namenlose Computer im Wert von 200 Millionen Euro zu verkaufen. Wal-Mart ist in den USA bekannt dafür, dass es keineswegs überall das billigste Angebot hat. Aber es ist dem Unternehmen gelungen, die Kunden davon zu überzeugen, dass der Preis produktbezogen der Beste ist, den es machen kann, und dass es, wenn andere Unternehmen ein Produkt billiger anbieten, andere Gründe hat, etwa: mit extremen Niedrigpreisen neue Kunden anzulocken. Bezeichnenderweise trägt die Biographie des Gründers Sam Walton den Titel: »In Sam we trust«. Ähnlich äußert sich Bob Carpenter, Chef von Dollar General: »Wir haben lange gebraucht, um hohe Qualität zu günstigsten Preisen am Markt durchzusetzen. Wir werden alles unterlassen, was das Vertrauen der Kunden in unsere Preise enttäuschen könnte.«

In Deutschland ist nach dem Fall des Rabattgesetzes das Vertrauen in die Preisbildung nicht gerade erhöht worden. Ein Künstler sagte mir: »Ich verhandele niemals über meine Gage. Niemand muss vermuten, dass er schlecht verhandelt hat. Jeder kann darauf vertrauen, dass er den Marktpreis bezahlt.« In Zeiten, in denen die Produkte immer ähnlicher werden, entscheiden mehr und mehr immaterielle Motive über den Kauf. Pointiert heißt das: *Unternehmen verkaufen keine Produkte, sie verkaufen Vertrauen.* Deshalb sind Marken so immens wichtig: Eine Marke ist kristallisiertes Vertrauen. Die Werbebranche spricht von »Trustmarks«. Sie reduzieren Komplexität. Sie wirken wie eine Navigationshilfe. Sie erleichtern es dem Kunden zu entscheiden, ob ein Produkt Vertrauen verdient oder nicht. Sie sparen Zeit, indem sie dem Kunden ersparen, sich auf unübersichtlichen Märkten zu informieren und in der Überfülle des Angebots zu vergleichen. Das wird angesichts steigender Zeitknappheit immer wichtiger. Richard Branson, der Chef der Virgin Group, hat das begriffen. Er hat es geschafft, Virgin zum Symbol von »klein, menschlich, aktiv« zu machen. »Alle Macht dem Volk« – das ist die Idee von Virgin. Wenn Virgin an den Telefonmarkt geht (was traditionell nicht gerade zum Kerngeschäft von Virgin gehört), weiß jeder sofort, was das bedeutet: geringe Kosten für die Menschen.

Nun wurde Kundentreue immer schon als Ausdruck des Vertrauens der Kunden in das Unternehmen interpretiert. Wenn man aber Unternehmen als »Expertensysteme« definiert, dann geschieht die Wiedereinführung von sozialen Beziehungen in lokale Kontexte durch Personen, die an den Zugangspunkten der Expertensysteme sitzen: Das sind die Mitarbeiter. Jeder Mitarbeiter kann eine Vertrauensbrücke bilden, die Kunden an das Unternehmen bindet. Aus Kundensicht arbeitet er nicht *für* das Unternehmen – vielmehr *ist* er das Unternehmen.

Was Hans Domizlaff schon 1929 schrieb, gilt auch heute noch: »Der Wert eines Markenartikels beruht auf dem Vertrautsein des Verbrauchers mit dem ›Gesicht‹ des Markenartikels. Eine Markenware ist das Erzeugnis einer Persönlichkeit und wird am stärksten durch den Stempel einer Persönlichkeit gestützt. »Mitarbeiter« »verkörpern« also gleichsam Vertrauen: Experte und Expertise fallen zusammen. Und das zahlt sich aus: Je länger eine Kundenbeziehung dauert, desto profitabler ist sie, weil Kunden immer weniger preissensibel werden. Dann sagt der Kunde zu Ihnen: »Sie mögen über dem Strich 1 Euro teurer sein, aber wenn wir uns vertrauen, dann sind Probleme keine Probleme.«

Je wichtiger das Vertrauen der Kunden in die Leistung des Unternehmens ist, desto vorrangiger sind also die dezentralen, die vorgelagerten Prozesse der Organisation. Und nicht die Zentrale.

Ich selbst entwickelte Vertrauen zu meiner Automarke, der ich seit Jahren treu bin, durch einen Verkäufer des lokalen Händlers. Er beriet mich fair, unaufdringlich und sehr persönlich. Er strich sogar mehrfach die Schwachpunkte seines Produktes heraus. Als ich den Wagen erstmals zum Service in die Werkstatt brachte, lernte ich andere Mitarbeiter dieses Unternehmens kennen. Jetzt bin ich von der inneren Verfasstheit dieses Unternehmens überzeugt. Mein Vertrauen hat sich von dem Verkäufer auf die gesamte Organisation übertragen. Dass das auch anders herum laufen kann, dass das Misstrauen von einer Person auf das gesamte Unternehmen übertragen wird, liegt auf der Hand.

... weil es Unternehmen schnell macht

Martin Sanders hat nach jahrelangem Suchen endlich sein Traumhaus gefunden. Aber es sind noch andere potentielle Käufer an dem Objekt interessiert. Die Lage ist begehrt, der Preis ist in Ordnung. Die Verkäufer, ein älteres Ehepaar, haben eine »Wer-zuerst-kommt-mahlt-zuerst«-Haltung. Eile ist geboten. Also schnell zu seiner Sparkasse, wo er seit seiner Kindheit Kunde ist, Kreditantrag gestellt, Eigentumsverhältnisse, Vermögensaufstellungen, Verbindlichkeiten, den letzten Jahresabschluss eingereicht, Informationen über das Objekt angefügt, auf die Dringlichkeit der Situation hingewiesen – und gewartet. Einige Tage lang tut sich gar nichts. Er fragt nach. Die Angelegenheit sei »in Bearbeitung«. Wieder einige Tage des Wartens. Martin Sanders wird ungeduldig. Er fragt wieder telefonisch nach. Jetzt teilt man ihm mit, die Zentrale habe mitgeteilt, der Sachbearbeiter habe mitgeteilt, er müsse noch einige Unterlagen nachreichen. Martin Sanders ist verärgert: warum man nicht ihn angerufen hätte, ... Schnellstens besorgt er die Unterlagen, bringt sie persönlich vorbei, wartet wieder. Die Zeit läuft, Martin Sanders sieht sein Traumhaus schwinden, wieder ruft er in der Filiale an. Man sei nicht zuständig, der Vorgang werde ausschließlich in der Zentrale entschieden, man stelle ihn durch. Die Dame am anderen Ende der Leitung kennt den Kreditantrag nicht, findet ihn aber nach einigem Suchen. Der zuständige Sachbearbeiter sei seit ein paar Tagen im Urlaub, er habe aber einen Zettel hinterlassen, folgende Unterlagen seien noch nachzuliefern... Außerdem verlange man Einblick in seine Scheidungsurkunde! Die Scheidungsurkunde? Das bringt das Fass zum Überlaufen. Noch am selben Tag geht Martin Sanders zum Kreditinstitut um die Ecke, muss abermals viele Unterlagen einreichen, aber er spürt auch sofort das Bemühen, innerhalb von 48 Stunden eine Entscheidung herbeizuführen. – Martin Sanders bekam seinen Kredit. Martin Sanders bekam sein Traumhaus. Martin Sanders ist nicht mehr Sparkassenkunde.

Wer zu spät kommt, den bestraft der Markt. Natürlich, alle Banken sind an § 18 KWG gebunden, der die Offenlegung der wirtschaftlichen Verhältnisse des Kreditnehmers regelt. *Wie* man aber mit dem Gesetz umgeht, wie man es intern handhabt, das ist Sache der Vertrauensverhältnisse im Unternehmen. Viele Geschäftsverhinderer in den Zentralen haben noch nie einen Kunden gesehen, haken ihre Listen ab und entscheiden nach der Papierform. Sie misstrauen nicht nur dem Kunden, sie misstrauen auch den eigenen Mitarbeitern vor Ort, die den Kunden zum Teil seit Jahrzehnten kennen.

Die verschärften internationalen Wettbewerbsbedingungen kennen nur drei Dimensionen: Tempo, Tempo und nochmals Tempo. Economy of Speed – das gilt als die ökonomische Signatur dieses Jahrhunderts. Geschwindigkeit wird immer wichtiger für Innovation, Produktionszeiten, Logistikprozesse, Angebotserstellung. Die heutigen Märkte erlauben es uns nicht, die Hierarchiestufen durchzuhecheln, um eine Entscheidung zu bekommen. Der Kunde wartet nicht mehr darauf, dass ein Unternehmen seine internen »Checks« und »Balances« abarbeitet, seine Vertrauensprobleme überwindet. Er wird woanders hingehen. Im »Time to Market« ist das Problem angesprochen: Zeit muss dort investiert werden, wo sie gebraucht wird – beim Kunden.

Die vorherrschende Managementpraxis hat aber mit der erhöhten Umgebungsgeschwindigkeit nicht Schritt gehalten. Sie unterscheidet sich kaum von derjenigen, die 1950 gelebt wurde. Sie ist risikoscheu: Dickleibige Vertragskonvolute zum Beispiel, von einer mehrköpfigen Rechtsabteilung zusammengeschweißt, stammen aus einer Zeit, in der Marktlücken noch Gebirgstäler waren und nicht – wie heute – Gletscherspalten.

Nimmt man die Vergangenheit zum Maßstab, dann wird nur ein Drittel der heutigen Großunternehmen die nächsten 20 Jahre überstehen. Die anderen werden untergehen oder verkauft werden, weil sie zu langsam sind, um auf Marktveränderungen reagieren zu können. Die größte Managementherausforderung der voraussehbaren Zukunft ist es daher, schlicht sehr viel schneller zu werden. Unternehmen müssen ihre Organisation so bauen, dass sie sich in derselben Geschwindigkeit verändert wie die wirtschaftlichen Rahmenbedingungen. In der Informationsökonomie zählt mithin nicht mehr die investierte Arbeitszeit, sondern die Schnelligkeit, mit der neue Probleme identifiziert, auf originelle Weise gelöst und überzeugend vermittelt werden. Das geht nur, indem wir das System, das auf Macht, internen Wettbewerb und Anpassung aufgebaut ist, verändern. Wenn Sie Ihr Unternehmen schneller machen wollen, dann geht das nur durch Vertrauen! Nur so können Sie schneller auf Kundenwünsche und Marktveränderungen reagieren. Ein Mensch handelt schneller und entschiedener, wenn er nicht großartig darüber nachdenken muss, ob er jetzt festgezurrte Regeln bricht. Er ist schneller, wenn er nicht jeden einzelnen Schritt seines Handelns dreifach absegnen lassen muss. Er ist schneller, wenn er nicht erst seine Zielvereinbarung oder Stellenbeschreibung oder das ISO-Handbuch durchblättern muss. Aus dem Sport kennen wir den »Fast Break«, den Schnellangriff, bei dem in wenigen Zügen das gesamte Spielfeld überbrückt wird. Ohne Vertrauen in die Mitspieler geht das nicht.

Wir alle spüren die Herausforderungen globalen Wettbewerbs und die Erosion gesicherten Wissens und vereinbarten Regelwerks. Wir wissen, wenn wir die Art und Weise unserer Zusammenarbeit nicht dynamisieren, dann wird uns der Druck des Marktes mit seiner Forderung nach höherer Geschwindigkeit aus dem Wettbewerb werfen. Wir suchen den Horizont ab nach technischen und organisatorischen Lösungen. Wir übersehen, dass die größte Ressource direkt vor unseren Augen liegt: die Vertrauensfähigkeit der Menschen.

Erstaunlich und traurig ist auch, dass dieses Vertrauen am geringsten ausgeprägt ist, wenn das Unternehmen tief in der Krise steckt. In solchen Situationen wird viel Geld investiert, um sich Berater von außen zu holen – die zwar einen wohltuend distanzierten Blick haben mögen, nie aber Erfahrung und konkrete Anschauung. Beratern traut man zu, grundlegende Probleme zu lösen und neue Strategien zu entwickeln, statt dass man auf die Kraft und Problemlösungskompetenz der eigenen Mitarbeiter setzte.

Viele Unternehmen tun sich – trotz bester Absichten – schwer, die Tempo-30-Zone der Managementskala zu verlassen. Bosch zum Beispiel, ein Unternehmen, das lange Zeit die Deutschland AG repräsentierte (patriarchalisch, pünktlich, verstaubt), versucht schon geraume Zeit, unter dem reformwilligen Konzernchef Hermann Scholl Fahrt aufzunehmen: »Wir haben gesehen, dass wir nicht schnell genug vorankommen.« Um neue Produkte schneller marktreif werden zu lassen, hat man Teams als Treiber beim Time-to-Market-Prozess installiert, die Initiative BeQIK gestartet (zu lesen als »be quick«), die Mitarbeiter in Seminaren auf Tempo getrimmt. Aber die schwäbische Kulturrevolution kommt nicht recht voran. Weil man das Problem nicht an der Wurzel packt. Solange »die Schillerhöhe« nicht den

Wust an Kontrollen, Regularien und Rechtfertigungsritualen durchforstet, wird man in Zeiten des Global Sourcing und schnell zusammenwachsender Märkte schlicht zu schwerfällig bleiben. So berichtet die *Frankfurter Allgemeine Zeitung* vom 25. September 2001, dass die Bosch-Tochter Blaupunkt einen Großauftrag von DaimlerChrysler über 400 Millionen Euro an die Konkurrenten Siemens VDO Automotive und Becker verloren habe. Der Auftrag für Navigationssysteme habe aufgrund eines »Zeitverzugs« nicht rechtzeitig bearbeitet werden können.

Mag sein, dass Vertrauen ein ungewöhnliches Attribut für Organisationsverhalten ist. Es ist aber alles andere als ungewöhnlich für jemanden, der Turnaround-Prozesse begleitet hat. Dort geht es nur um eines: Geschwindigkeit. Nach der Downsizing-Phase wählt der Turnaround-Manager daher in der Regel sehr schnell eine Gruppe von Menschen aus, denen er vor allem eines entgegenbringt: Vertrauen. Er bespricht mit ihnen die Eckdaten, die zum Überleben des Unternehmens notwendig sind, und auf gehts. Er kann es sich schlicht nicht erlauben, hoch aufwendige Kontrollinstanzen, Checks und Reportings aufzubauen. Es dauert einfach zu lange, und ehe man sich versieht, ist der Patient tot.

Dass Vertrauen funktioniert, und vor allem, wie schnell es ist, zeigt ein Jahrhunderte altes Bankensystem, das bei den Chinesen als »Fei Chien« (fliegendes Geld) und von Indien bis in die arabische Welt und Ostafrika als »Hawala« bekannt ist. Über dieses System werden weltweit jährlich etwa 300 Milliarden Dollar transferiert. »Hawala« heißt in der afghanischen Paschtu-Sprache, im pakistanischen Urdu und im indischen Hindi schlicht »Vertrauen«. In diesem System werden Gelder per Handschlag über private Treuhänder um die Welt geleitet. Das Geld wird irgendwo in einem Geschäft – sagen wir, in Berlin – gegen ein Codewort eingezahlt. Der Kunde oder ein Vertrauter kann gegen die Nennung des Codewortes sich den Betrag in Islamabad von einem Partner des Systems auszahlen lassen. Ein Anruf genügt. Hawala beruht auf etwas, das älter ist als das Bankensystem und vor allem schneller: Vertrauen. Fliegendes Geld: Alle unsere Vorstellungen von freier Bewegung – Fliegen, Gleiten, Schweben – sind in irgendeiner Form an Vertrauen gebunden.

Um kein Missverständnis zu erzeugen: Wir bekommen die Dinge nicht schneller bewegt, indem wir uns schneller bewegen. Wir erhöhen unsere Handlungsgeschwindigkeit nicht, indem wir uns abhetzen und viele Dinge gleichzeitig mit höherer Schlagzahl machen. Wir müssen lernen, dass »Geschwindigkeit erhöhen« nichts zu tun hat mit »schneller rennen«, »härter« oder »länger arbeiten«. Wir können aber schneller werden, indem wir Arbeitsverhältnisse schaffen, in denen Vertrauen wächst. Denn Vertrauen *ist* Geschwindigkeit.

Bei Southwest Airlines erzählt man sich, dass Gary Baron, Executive Vice President des Unternehmens und gerade dabei, den 700 Millionen Dollar teuren Reinigungsdienst des Unternehmens zu reorganisieren, seinen CEO Herb Kelleher auf dem Flur traf. Er überreichte seinem Chef eine dreiseitige Zusammenfassung seines Organisationsplans. Kelleher las ihn auf dem Flur stehend durch und sagte: »Leg los!« In weniger als vier Minuten war die Sache entschieden. Zwei Menschen trauten einander.

... weil es Wissenstransfer und Unternehmertum ermöglicht

Wissen ist die Ressource der Zukunft. Geteiltes Wissen und damit die Innovationsfähigkeit der Mitarbeiter sind Wettbewerbsvorteile eines Unternehmens mit hohem Immunschutz: Sie sind schwer kopierbar. Aber Mitarbeiter sind selten bereit, ihr Wissen zu teilen. Warum auch? Sie würden dadurch austauschbar sein, ihren Job gefährden, Macht abgeben. Wissensmanagement ist – in einem Wort von Lutz von Rosenstiel – »Enteignung der Experten«. Deshalb scheitert es in Misstrauenskulturen.

Menschen teilen ihre Ideen nur dann, wenn ihnen daraus keine Nachteile entstehen. Je mehr Menschen sich vertrauen, desto eher teilen sie ihr Wissen ohne Regeln aufzustellen, Verträge auszuhandeln oder gar Rechtsanwälte einzuschalten. In Unternehmen mit niedrigem Vertrauen werden die Menschen Ideen horten, sie allenfalls formal und oberflächlich teilen, und dies auch nur dann, wenn sie dazu aufgefordert werden. Deshalb ist das »Betriebliche Vorschlagswesen« charakteristisch für Misstrauenskulturen: Es unterstellt, dass Menschen sich nicht freiwillig für die Verbesserung der Arbeitsprozesse einsetzen. Es unterstellt, dass Chef und Mitarbeiter nicht miteinander sprechen. Es betont Hierarchie, Bürokratie und die Meinung, dass für »die da unten« Denken eher die Ausnahme ist.

Beim Thema »Wissen und Unternehmertum« zeigt sich besonders deutlich, dass sich die klassischen Steuerungsmittel »Macht« und »Geld« als zu schwach erweisen, um das Handeln der Menschen zu koordinieren. Es kommt hier nahezu ausschließlich auf das horizontale Vertrauen der Mitarbeiter untereinander sowie auf das vertikale Vertrauen zwischen Führungskräften und Mitarbeitern an. Ohne horizontales Vertrauen kein Wissenstransfer. Ohne vertikales Vertrauen keine Risikobereitschaft.

... weil es Kreativität und Innovation ermöglicht

R. Glanville beschreibt die Erfahrung eines Hochschullehrers, der seinen Mitarbeitern zu Weihnachten eine Freude bereiten wollte. Ein kleines Geschenk sollte es sein. Da er allerdings noch neu in dieser Position war und seine Mitarbeiter persönlich kaum kannte, schien es ihm unmöglich, für jeden der etwa 60 Menschen etwas individuell Passendes zu finden. So kaufte er 60 Geschenke, wickelte sie in Weihnachtspapier gut ein und legte sie auf einen Haufen. Auf der Weihnachtsfeier konnte sich jeder irgendein Päckchen von dem Haufen nehmen. Von den 60 Menschen packten nur zwei Geschenke aus, die ihnen nicht gefielen, aber diese Beiden hielten Geschenke in den Händen, die andere wollten, sodass sie tauschen konnten.

Was hat das mit Innovation, mit Kreativität, mit Vertrauen zu tun? Die Art und Weise des Schenkens änderte die Einstellung der Mitarbeiter von »Werde ich bekommen, was ich will?« in »Welche Überraschung wartet auf mich?«. Es öffnete die Köpfe für etwas Unerwartetes, aber Schönes. Das Ergebnis war ungewiss – wie immer bei kreativen Prozessen. Der Schenkende hat sich entschieden, auf einen kontrollierten Ausgang zu verzichten und dem Weg zu vertrauen.

Für viele Unternehmen ist Innovation gleichbedeutend mit Überleben. Innovation vermag binnen Wochen einen Markt neu zu definieren. Wenn der Innovationsmotor stottert, fallen Unternehmen zurück und müssen früher oder später aus dem Rennen gehen.

Folgte man den Ausführungen von Francis Bacon, der kreative Neugier zum Wesen des Menschlichen schlechthin erklärt, dürften die Unternehmen eigentlich kein Problem haben. Schaut man sich aber die Realität an, so konzentriert sich das Führungspersonal vor allem auf zwei Dinge, nämlich: »Kreativität« und »Innovation« als Fahnenworte ständig hoch zu halten und gleichzeitig alles zu tun, um die Entdeckerneugier der Mitarbeiter im Unternehmen zu behindern. Als Antwort auf die Frage »Wo kann Innovation gedeihen? In welchem kreativen Klima? In welcher Atmosphäre?« sind viele Orte denkbar – nur einer scheidet meistens aus: die eigene Firma. Etliche Voraussetzungen in den Unternehmen sind schlicht antiinnovativ. Es gibt in den Unternehmen wenig geistiges Risikokapital, vorrangig Sicherheitsdenken. Innovation ist gut, solange sie vor dem eigenen Büro halt macht. Alle wollen Reformen, aber mit dem Zusatz: »Bei Ihnen fangen wir an.«

Es wird deutlich, dass Vertrauen vor allem auch vertikal nötig ist. Wir entscheiden uns, jemandem zu vertrauen, nachdem wir die Wahrscheinlichkeit kalkuliert haben, wie hoch der Verlust im Enttäuschungsfall und wie hoch der Gewinn im Bestätigungsfall ist. Kreative Arbeit ist fragil, ein unsicherer Prozess: Ideen müssen entwickelt, vorgeschlagen, ausprobiert, verteidigt oder zurückgenommen werden. Das macht man nur, wenn man sich aufgehoben fühlt in einer Atmosphäre des Vertrauens, des Respekts, des Wohlmeinens. Vertrauen federt Abweichungen von Routinen und Vorschriften ab, – durchaus im Sinne des Unternehmens, wenn es bei Innovationen und Experimenten zu Fehlern und Pannen kommt. Deshalb wird Unternehmertum im Unternehmen nur gelebt, wenn es eine hohe Fehlertoleranz gibt, wenn man weiß, dass Misserfolg nicht gnadenlos bestraft wird. Kreative Menschen, Menschen die etwas unternehmen, das sind »Risktaker«. Man muss sie mit Vertrauen unterstützen. Unternehmertum und Vertrauen sind untrennbar! Wer es ernst meint, weiß: Kreativität ist nicht kostenlos zu haben. Wenn Neues kommt und Altes geht, dann opfern wir auch Vertrautes dem Unvertrauten. Die Vielfalt der Gedanken, die Innovationen hervorbringt, irritiert, schmälert die Effizienz, trägt aber reiche Früchte. Wenn Sie wirklich den Innovationsmotor in Schwung bringen wollen, dann müssen Sie Ihre Organisation auf *Flexibilität* ausrichten, nicht auf Effizienz. Kreativität gedeiht nur unter einer Bedingung, die der Organisation nahezu wesensfremd ist: dem Verzicht auf Rechtfertigung. Und das ist – Vertrauen! Wer Kreativität will, muss den Rechtfertigungsdruck herunterfahren. Der muss Unsicherheit akzeptieren. Loslassen. Kontrolle aufgeben. Denn unter den Gesichtspunkten des Bestehenden ist das Neue extrem selten rechtfertigungsfähig. Ja, es gilt oft: Das glatt gerechtfertigte Neue ist das verkappte Alte, das seine Herrschaft nur auf diese Weise unerkannt verlängert. Vieles an Kreativität ist nicht in einem absoluten Sinne und sofort zu rechtfertigen. Es würde durch das Verlangen nach Rechtfertigung schon vor seiner Entfaltung erdrückt werden. Vertrauen heißt »sich trauen«, heißt »wagen«. Ich weiß nicht, wer es gesagt hat, wiederhole es aber ungeniert: »Alles wirklich Neue in der Welt kommt von denen, die es wagen, einen Knall zu haben.«

Die großen Gegner von Kreativität sind Misstrauen und Rechtfertigung. Wenn Sie die Menschen unter permanenten Rechtfertigungsdruck stellen, wenn Sie nicht vertrauen, wenn Sie kein Risiko eingehen, dann kann sich keine Kreativität entfalten. Die Aufforderung »Sei kreativ!« ist paradox. Das *kann* niemand leisten. Sie müssen das Außervernünftige, ja das Unvernünftige ausdrücklich zulassen, wollen Sie, dass Neues in die Welt kommt. Auch das ist letztlich paradox.

Denn das Provozieren von Unvoraussagbarem, aus dem fruchtbare Entwicklungen entstehen können, ist nicht unvernünftig, sondern vernünftig: dann nämlich, wenn diese Entwicklungen zu sach- und lebensgerechteren Lösungen führen können, als sie zuvor sichtbar waren. Hilfreich dafür ist ein weitgehend rechtfertigungsverschontes und normentlastetes Territorium, auf dem sich die Menschen bewegen können, wie sie eben Lust und Freude haben, statt sich ständig beobachtet zu fühlen. Ist es nicht lebensangemessen, das scheinbar Außervernünftige ausdrücklich zuzulassen, wo kein extremer Schaden zu fürchten, ja sogar das Entstehen des Neuen zu erwarten ist? Das kommt dem Spielen nahe. Auch das tun Menschen nur in einer Atmosphäre des Vertrauens.

... weil es Kosten spart

Shiv Nadar, der CEO von HCL, meint: »Bürokratien sind immer ein Zeichen dafür, dass es einem Unternehmen an Vertrauen und gegenseitiger Achtung und Respekt mangelt. Es funktioniert nicht, anderen ständig über die Schulter zu sehen. Damit wird lediglich ein Kostenfaktor eingeführt, der keinerlei Wert schafft.« Mehr noch, möchte man hinzufügen: Verregelungen sind wertvernichtend. Kontrollaktivitäten saugen die kreativen Energien der Mitarbeiter auf und führen zu Demotivation: »Ich habe genug vom Rechtfertigungswahn, das ist ja Planwirtschaft.« »Ich bin umstellt von schnell entwickelten, aber schlechten Computersystemen zur Erfassung, Zeitmessung, Leistungsmessung, Kontrolle, Planung.« »Für alles und jedes brauchst du heute eine Bewilligung. Die Finanzkompetenz ist so kleinlich geregelt, dass ich für jede Selbstverständlichkeit den Instanzenweg beschreiten muss.« »Fortwährend werde ich aufgefordert, innovativ zu sein, und zugleich wird jede Eigenverantwortung abgebaut.«

Diese Kosten kann man nicht einmal messen – sie sind unermesslich. Von den verpassten Gelegenheiten zur Kooperation ganz zu schweigen, die nur deshalb nicht mit gewogen werden, weil sie sich nicht quantifizieren lassen und daher nirgendwo auftauchen. Ich wage die These: Wenn es der Zweck eines Unternehmens ist, Güter und Dienstleistungen zu entwickeln und zu verkaufen, dann ist die Hälfte seiner Aktivitäten unnütz. Anders gewendet: Die Hälfte des Kostenblocks der meisten Unternehmen ist misstrauensinduziert. Als Warnsignal einer Entwicklung in diese unproduktive Richtung kann Ihnen dienen, dass die administrativen Kosten schneller wachsen als der Umsatz.

Misstrauen ist ein Kostentreiber. Erst vor einem Vertrauenshintergrund können sich die Routinen der täglichen Kooperationen kostengünstig entfalten. Wir können diejenigen Ressourcen einsparen, die wir als Vorbereitung auf »böse Überraschungen« in Reserve halten müssen. Damit entfallen eine Menge Kosten:

Die Kosten der häufigen Aus- und Abwahl unerwünschter Vertragspartner: Eine hohe Fluktuationsrate ist bei »wissensintensiven Gütern« besonders kostenintensiv. Denn diese sind schlecht im Voraus zu testen. Sie können zum Beispiel keinen Rechtsanwalt vorher testen. Wenn Sie ihm nicht vertrauen wollen, wirds teuer. Dann führen Sie diverse Auswahlgespräche, holen sich andere Meinungen ein, was Zeit und Geld kostet. Selbst wenn Sie sich als Kunde, Ratsuchender oder Patient eine zweite Meinung einholen wollen, um »sicher zu gehen«, sind die Kosten dieser zusätzlichen Informationsbeschaffung zu veranschlagen.

Die Kosten der Reibungsverluste durch permanente Absprachen, Verhandlungen und Neuvereinbarungen: Jede Verhandlung, jeder Vertragsentwurf und jede Vereinbarung erhöhen die Transaktionskosten. So sinnvoll sie im einzelnen auch sein mögen, der Nutzen ist den Kosten gegenzulagern. Und wer heute auf turbulenten Märkten agiert, kann nur um den Preis permanenten Nachverhandelns etwa an Zielvereinbarungen festhalten. Häufig sind schon 14 Tage nach der Vereinbarung die Ziele nicht mehr das Papier wert, auf dem sie stehen. Viele Manager beklagen, dass sie im Nachverhandlungsstrudel ertrinken, wenn sie fair sein wollen. Sinn einer Unternehmensgründung aber war es schon immer, die Transaktionskosten zu *senken*.

Die Kosten expliziter vertraglicher Sicherungsmaßnahmen und Monitoring-Aktivitäten: Die Kosten, hoch spezialisierte und vor allem »geistig« arbeitende Menschen zu kontrollieren, bewegen sich in einer prohibitiven Höhe. Sichtkontrolle (»Tut er auch, was er soll?«), »Management by wandering around«, zentralisierte Controllingverfahren, technologische Arbeitskontrollsysteme – all das ist sehr kostspielig. Viele soziologische Befunde weisen darauf hin, dass die Kosten eines Überwachungssystems (Zwang, Informationsbeschaffung, Absicherung) selbst die Kosten einer weit verbreiteten Betrugsmoral übersteigen können. So sind die explosionsartig wachsenden Kosten im amerikanischen Gesundheitswesen auf die Versicherungsprämien zurückzuführen, die Ärzte vermehrt und in extremen Höhen zahlen, um sich gegen Kunstfehler-Prozesse abzusichern. Die Kosten werden natürlich auf die Patienten umgelegt. Der Chef eines Kreditkartenunternehmens erzählte mir, dass sein Unternehmen Millionenbeträge ausgäbe, um Kartenmissbrauch zu verhindern, – es wäre weit profitabler, die Verluste einfach abzuschreiben.

Die Kosten der Entwicklung, Implementierung und Kontrolle monetärer Anreizstrategien samt ihrer desaströsen Nebenwirkungen: »Wenn ich vertraue, muss ich nicht kaufen, was ich umsonst erhalten kann« – zum Beispiel: die Leistungsbereitschaft meiner Mitarbeiter. Die Motivierung (Bestechen, Belohnen, Bestrafen) ist strukturelles, unterschiedsloses Misstrauen. Diese Systeme bieten gar nicht die Möglichkeit, vertrauenswürdige Mitarbeiter zu entdecken. Sie nötigen die Menschen in den wechselseitigen Betrug, weil die Manipulation der Leistungsbemessungsgrenze über das Gehalt entscheidet. Was nicht nur jeder Außendienstler weiß: »Nichts geht über ein schlechtes Vorjahr!«

Nimmt man diese Argumente zusammen, sollten Sie Kontrolle zumindest dort, wo sie nur zu prohibitiv hohen Kosten möglich ist, weitgehend durch Vertrauen ersetzen. Aber vielleicht ist der beste Weg herauszufinden, wie wertvoll Vertrauen ist, sich zu fragen, was es kostet, verlorenes Vertrauen zurückzugewinnen. Am Beispiel der britischen Automobilindustrie kann man das verdeutlichen. In den 60er Jahren des vorigen Jahrhunderts hatten wiederholte Entlassungswellen das Verhältnis zwischen der Arbeiterschaft und den Konzernen nachhaltig belastet. Die Autos wurden geradezu sprichwörtlich unzuverlässig. Obwohl die Unternehmen keine Anstrengung unterließen, den guten Ruf der Produkte wiederherzustellen, dauerte es mehr als zwei Jahrzehnte, bis die Kunden eine neue »britische« Qualität anerkannten. Heute ist die britische Automobilindustrie um die Hälfte ihres damaligen Umfangs geschrumpft, kein einziger großer Automobilhersteller ist mehr in britischem Besitz.

... weil es Mitarbeiter bindet und die intrinsische Motivation schützt

Es gibt eine genetische Basis der menschlichen Natur, und die ist für die Betriebswirtschaftslehre genauso unbestreitbar wie für Religion oder Kunst. Aufgrund unserer biologischen Prägung entwickelt sich der Mensch unter bestimmten Bedingungen, unter anderen kümmert er dahin. Alle psychologischen und soziologischen Fakten beweisen, dass der Mensch unter Vertrauensbedingungen aufblüht.

Dieser Bedingung kommen Sie näher, wenn Sie zum Beispiel dem Mitarbeiter unkontrollierte Handlungsspielräume zur Verfügung stellen. Die Freiheit, seine Handlungen selbst wählen zu können, erzeugt Interesse und Verantwortungsübernahme. Es unterstützt die Bindung an die Sache, die von innen kommende, die intrinsische Motivation. Vertrauen erhöht den Spielraum für Nonkonformität (das allseits so beliebte »Querdenken«), Individualität und Originalität.

Man darf der sein, »der man ist«. Ohne Vertrauen keine Motivation, die dauerhaft und belastbar ist.

Aber Vertrauen schützt nicht nur die intrinsische Motivation, es bindet Mitarbeiter weit mehr an das Unternehmen, als es »goldene Fesseln« je könnten. Das machen die Forschungergebnisse des Amerikaners Robert Levering deutlich, dem Autor einer breit angelegten Meinungsumfrage bei amerikanischen Arbeitnehmern mit dem Titel: »The 100 Best Companies to Work for in America« (jeweils in der Jahreserstausgabe der amerikanischen *Fortune* veröffentlicht). Er ist gleichzeitig der Erfinder des »Levering Trust Index« und legt damit – soweit ich sehe – die bisher weitestgehende »Messung« von Vertrauen vor. Die nach dieser Meinungsumfrage 100 besten Unternehmen haben einen durchschnittlichen Vertrauensindex von 65 auf einer 100-Punkte-Skala. Mit anderen Worten: Zwei Drittel der Mitarbeiter dieser Unternehmen bestätigen ein ausgeprägtes Vertrauensklima in ihrem Unternehmen. Die Unternehmen außerhalb der »100 Best« haben einen Vertrauensindex zwischen 20 und 50 Punkten. Das heißt: Zwischen 50 und 80 Prozent der Mitarbeiter halten den Vertrauenspegel in ihrem Unternehmen für niedrig. Wenn man nun bedenkt, dass die Zahl der Blindbewerbungen bei den »100 Best« bis zum 20-fachen vergleichbarer Unternehmen außerhalb der Rangliste liegt, kann man sich unschwer ausrechnen, dass ein hoher Vertrauensindex in Zeiten leergefegter »qualitativer« Personalmärkte ein echter Wettbewerbsvorteil ist. In den Bemühungen um Mitarbeiterbindung »materialisiert« sich Vertrauen.

... weil es Führung erfolgreich macht

Karin Müller, eine hoch engagierte Lehrerin, voller Elan und missionarischem Eifer für reformpädagogische Ideen, wurde Leiterin einer Grundschule. Nun schien sie die Gelegenheit zu haben, ihre Ideen auszuprobieren und der Schule eine neue Richtung zu geben. Sie warb voller Überzeugung für ihre Strategien, lud Experten ein, verteilte entsprechende Literatur an Kollegen und Eltern und begann, Änderungen einzuführen (deren Inhalte ich hier verschweige, um den Leser nicht bezüglich der pädagogischen Inhalte auf die eine oder andere Seite zu ziehen). In Diskussionen schlich sich ein autoritärer Unterton in ihre Argumente, da alle, die nicht ihren pädagogischen Eifer teilten, in ihren Augen als »verstaubt« und »hinterwäldlerisch« galten. Dabei waren ihre Ideen einfach nur neu und ungewohnt. Große Teile des Lehrerkollegiums reagierten skeptisch, sie fühlten sich abgewertet, in ihren bisherigen Erfolgen nicht geehrt, auch einige Eltern protestierten. Die Schule hatte unter der alten Rektorin einen guten Ruf gehabt und erfreute sich hoher Anmeldungszahlen.

Frau Müller spürte die Opposition, die sich da zusammenbraute. Sie sah sich gehindert auf ihrem Weg, die »modernste Grundschule des Bezirks« aufzubauen. Sie griff zur Reglementierung: Sie verbot ihren Mitarbeiter-Kollegen, inhaltliche Diskussionen über die pädagogische Ausrichtung der Schule mit den Eltern zu führen. Alle diesbezüglichen Probleme seien mit ihr persönlich zu besprechen. Die Eltern wurden »eingeladen«, sich mit Problemen und Fragen direkt an sie zu richten, ... was die Opposition natürlich nicht lähmte, sondern stärkte. Die kritischen Gespräche wurden weiter geführt, sie fanden nur ohne Frau Müller statt. Eltern und Lehrer kannten sich lange und waren auch außerhalb der Schule miteinander vertraut.

Karin Müller vertraute weder den Eltern noch ihren Kollegen. Sie traute zudem weder ihrer eigenen Überzeugungskraft noch – und das war das Schlimmste – nicht einmal ihren Ideen, denn sonst hätte sie sich einer offenen Diskussion gestellt und ihre Ideen gegen berechtigte Kritik verteidigt. In ihrer dogmatischen Art und Weise war sie unfähig, mit Widerstand elastisch und wertschätzend umzugehen. Was sie erzeugte, war erst Misstrauen, dann Widerstand und später geheime, schließlich offene Opposition. Damit provozierte sie auch Widerstand gegen Ideen, die unbestreitbar etwas Richtiges, ja Zukunftsweisendes beinhalteten. Frau Müller wurde nach drei – für alle Seiten qualvollen – Jahren an eine andere Schule versetzt.

Es gibt viele Studien, die betriebsinterne Parameter mit dem Unternehmensergebnis zu korrelieren versuchen. Aber nur *eine* Einflussgröße korreliert nachweisbar signifikant: die positive oder negative Beziehung zum unmittelbaren Chef. Ist die Beziehung gut, steigt die Produktivität; ist sie schlecht, sinkt sie. Innerhalb einer als positiv erlebten Beziehung ist das wichtigste Merkmal: »Ich vertraue ihm oder ihr.«

Immer wieder kann ich beobachten, dass Führungskräfte, obwohl sie gegen Handbuchwissen verstoßen, obwohl sie viele Führungsfehler machen, dennoch gute Ergebnisse erzielen. Ich konnte etliche erfolgreiche Führungskräfte erleben, die mir persönlich ausgesprochen unsympathisch waren, denen ihre Mitarbeiter aber offenbar bereitwillig folgten und die daher er*folg*reich waren. Was sich da findet, bestätigt die Ergebnisse der Forschung: Es ist ein im einzelnen unentwirrbares Gemisch aus Glaubwürdigkeit, Berechenbarkeit, Geradlinigkeit, kurz etwas, für das sich der Begriff »Vertrauen« summarisch anbietet.

Das ist daher oft gesagt worden: Vertrauen ist die Basis von Führung. Sich führen lassen heißt, sich jemandem anvertrauen. Nicht umsonst wird dies auf Führungsseminaren gerne erlebbar gemacht, indem eine Teilnehmerin den anderen Teilnehmer, dessen Augen verbunden sind, aufs offene Gelände führt.

»Commitment« und »Vertrauen« sind weitgehend deckungsgleiche Begriffe. Vor allem für das Führungsparadigma der Selbstverantwortung, das im Geführten den Mitunternehmer und intelligenten Träger (nicht Zu-Träger) der Unternehmensentwicklung sieht, ist Vertrauen die einzig mögliche kommunikative Basis. Wechselseitige Angewiesenheit unter Partnern erzwingt die konsequente Tilgung der kontrollierenden Elemente alter Führungsparadigmen.

Wenn sich zum Beispiel ein Vorstand vor seinen Mitarbeiter stellt, bewegen den Mitarbeiter intuitiv vor allem zwei Fragen. Erstens: »Kann ich ihm glauben?« Zweitens: »Ist er an mir interessiert?« Die Vertrauensbotschaft geht aller inhaltlichen Botschaft voraus. Wie ein Filter entscheidet sie darüber, ob die inhaltliche Botschaft überhaupt gehört wird, und weit mehr noch, ob sie auch geglaubt wird. Es ist schon manchmal bizarr, wie viele Stunden Vorstände reden, ohne dass die Zuhörer sich überhaupt nur eine Minute mit den Inhalten beschäftigen. Weil das Vertrauen fehlt.

Keine Führungskraft kann Menschen beeinflussen, führen, mit auf die gemeinsame Reise nehmen, wenn ihr nicht vertraut wird. Nach einer kürzlich veröffentlichten Studie (deren bibliografischen Nachweis ich nicht mehr recherchieren konnte, die ich aber dennoch hier zitieren will) sind Menschen bereit, einem Menschen zu folgen, wenn sie ihm vertrauen, selbst wenn sie seine Ansichten nicht teilen. Sie folgen jedoch nicht, wenn sie zwar seine Ansichten teilen, ihm aber nicht vertrauen.

PepsiCo-Chairman Craig Weatherup sagte: »Menschen tolerieren Fehler, aber wenn du ihr Vertrauen verletzt, wird es für dich nur sehr schwer zurückzugewinnen sein. Das ist der Grund, weshalb du Vertrauen als dein wertvollstes Gut ansehen solltest.« General H. Norman Schwarzkopf spitzte es zu: »Führung ist eine kraftvolle Mischung aus Strategie und Vertrauen. Aber wenn du ohne eines von beiden auskommen musst, verzichte auf die Strategie.«

Das ist für raue Wegstrecken hilfreich: Wenn Sie zum Beispiel eine Verabredung nicht einhalten können oder etwas für Ihre Mitarbeiter Unverständliches tun, dann unterstellt man Ihnen nicht sofort Illoyalität oder Verrat. Man geht schlicht davon aus, das irgendetwas schief gelaufen ist. Wenn Sie das Vertrauen Ihrer Mitarbeiter haben, dann wird es auch eher akzeptiert, wenn Sie einmal Ihre Meinung ändern. Sie müssen nicht fürchten, dass Sie gleich als inkonsistent oder gar unglaubwürdig erlebt werden. Mehr noch: Man verzeiht Ihnen sogar einen gelegentlichen Fehltritt. Man glaubt Ihnen, dass es sich um ein Versehen handelt oder um eine Ausnahme. Und wenn Sie Ihren Mitarbeitern einen Nachteil bereiten, wird man Ihnen zu Gute halten, dass Sie größeren Schaden von ihnen wenden wollten. Ihre Mitarbeiter mögen gelegentlich murren, unverständig reagieren, sie mögen auch mal lauthals schimpfen – wenn Vertrauen da ist, wiegen diese Missstimmigkeiten nicht schwer. Sie werden als »Teil des

Spiels« anerkannt. Vertrauen ist also eine belastbare, widerstandsfähige Position – »robust«, wie Fredmund Malik sie nennt.

Besonders deutlich wird die Bedeutung von Vertrauen für das Grunddilemma der Führung: dem Spagat zwischen Störungsauftrag und Zustimmungserfordernis. Führungskräfte müssen stören. Sie müssen das Unternehmen mit Veränderungsbereitschaft aufladen, um es vor der Routine, der Bequemlichkeit, der Erfolgsfalle zu schützen. Das macht sie in den Augen vieler Mitarbeiter unbequem. Andererseits funktionieren Führungskräfte nur, wenn sie von den Geführten anerkannt werden. Führungskräfte brauchen die freiwillige Zustimmung ihrer Mitarbeiter, wenn sie den Unternehmenswert nachhaltig steigern wollen. Diese Paradoxie – das Dilemma zwischen Zustimmungserfordernis und Störungsauftrag – kann nur mit einer einzigen Qualität überbrückt werden: Vertrauen.

Fehlt es an Vertrauen, ist alles wie verhext. Dann bekommt die Beziehung zwischen Ihnen und Ihrem Mitarbeiter gleichsam ein Minus vor die Klammer. Alles verkehrt sich ins Gegenteil. Auch Ihre hochherzigste Geste steht dann im Verdacht, Schlimmes im Schilde zu führen. Alle Initiativen und Bemühungen, die Beziehung zwischen Management und Mitarbeitern positiv zu gestalten, werden dann als besonders raffinierte Formen der Manipulation aufgefasst. Nichts kann dann mehr wirken, keine Maßnahme mehr greifen. Eigentlich kann man die Zusammenarbeit dann nur noch beenden.

In einer Vertrauensbeziehung gibt es jedoch zwei Seiten: Die Eine, die vertraut, und die Andere, der vertraut wird. Im Idealfall ist Vertrauen wechselseitig: Jede Seite vertraut, und jeder Seite wird vertraut. Die Mitarbeiter haben es leichter: Es ist leichter, *einer* Person (der Führungskraft) zu vertrauen. Umgekehrt hat eine Führungskraft in der Regel aber *mehrere* Mitarbeiter. Viele Manager halten sich daher selbst für vertrauenswürdig, sie genießen es geradezu, als vertrauenswürdig zu gelten. Aber mit der anderen Seite, mit dem Vertrauen gegenüber den Mitarbeitern, tun sie sich in der Regel schwerer. Das ist verständlich: Vertrauen gegenüber vielen ist nicht leicht, und schließlich tragen Sie die Ergebnisverantwortung.

Die Kontrolle zu behalten wird jedoch zunehmend schwieriger. Die hierarchischen Kontroll- und Überwachungsinstrumente greifen immer weniger, die Handlungsspielräume der Mitarbeiter erweitern sich zusehends, die Aufgaben der Mitarbeiter werden immer komplexer, unschärfer, die räumliche Dezentralisierung macht kostenangemessene Kontrollaktivitäten unmöglich. Den technischen Voraussetzungen virtueller Zusammenarbeit wird oft viel Aufmerksamkeit gewidmet. Aber die wirksame Führung virtueller Teams erfordert etwas ganz Anderes. Das Führen auf Distanz, ohne regelmäßigen und direkten Kontakt, ohne die Möglichkeit, von Angesicht zu Angesicht zu sprechen, die Mitglieder in eine gemeinsame Zielsetzung einzubinden, Interessen zu koordinieren, das alles über verschiedene Kulturen und Landesgrenzen hinweg – ohne Vertrauen ist das nicht zu schaffen.

Das Problem verschärft sich, wenn hoch ausgebildete Kopfarbeiter zu führen sind. Das sind Menschen, die ihren Job weitgehend selbst organisieren müssen, ja sogar oft nur selbst organisieren *können*. Mehr noch: Ihre Produktivität hat man nicht »im Griff«, sie lässt sich nicht messen, entzieht sich der Quantifizierung. Was tut ein Geistesarbeiter, wenn er arbeitet? Er sitzt herum! Und als sei dies noch nicht genug: Chefs *verstehen* oft die Aufgaben ihrer Mitarbeiter nicht mehr. Mag der Forschungsvorstand eines Chemieunternehmens selbst noch promovierter Chemiker sein – seine Mitarbeiter rekrutieren sich aus zwei Dutzend Spezialdisziplinen, vom Pharmakologen über Biologen und Molekulargenetiker bis hin zum Marketingexperten. Über deren Arbeitsgebiete hat er allenfalls ein grobe Übersicht, keineswegs aber das Expertenwissen. Wie anders als über Vertrauen lässt sich hier Leistung koordinieren? An Stelle formalisierter Koordinierungsinstrumente und Fluchtverhinderungssysteme wird Vertrauen Stabilität und Koordination sichern müssen, wollen die Mitarbeiter nicht gleichsam an Sauerstoffmangel leiden.

Dass Vertrauen die schönsten Früchte trägt, zeigen schon heute informelle Arbeitsgruppen, deren Mitglieder Experten auf einem bestimmten Sachgebiet sind und die sich mit einem gemeinsamen Thema beschäftigen (das Unternehmen »Linux« als Archetyp). In vielen Unternehmen gibt es schon Wissensnetzwerke jenseits der Hierarchie: nach Schätzung von Deloitte-Consulting (2001) bei Daimler-Chrysler 140 solcher »Communities of Practice«, bei Siemens 345, bei der Weltbank rund 120. Da diese virtuellen Gruppen sich aus eigenem Antrieb zusammenfinden und ohne konkreten Auftrag arbeiten, ist ein hohes Maß an Vertrauen von der Führung in die Mitarbeiter eine Voraussetzung für das Entstehen solcher Gruppen.

Wie also führt man Mitarbeiter, deren Output schlecht quantifizierbar ist, die man nicht einmal »sieht«? Indem man ihnen vertraut.

Führung ist damit ein besonders illustratives Beispiel für die Wechselwirksamkeit von Vertrauen – aber vor allem dafür, dass es sowohl traditionelle wie brandaktuelle Gründe für Vertrauen gibt.

WAS IST VERTRAUEN?

Kein Zweifel, »Vertrauen« ist ein problematischer Begriff. Das Wort wird in so unterschiedlichen Zusammenhängen verwendet, dass es fragwürdig erscheint, einen gemeinsamen Nenner zu finden. In unserer heutigen Gesellschaft hat es außerdem etwas Verstaubtes, denn Modernisierung heißt immer auch: Verlust an Vertrauen. Es ist der Preis für die Differenzierung der Gesellschaft, für die Eigenart von Teilsystemen.

Wenn ich mich im Folgenden bemühe, Vertrauen inhaltlich zu präzisieren, so will ich damit eine Bresche für die Aktualität des Begriffs schlagen und der Praxis den Weg ebnen. Denn wenn wir nicht wissen, was Vertrauen ist, wissen wir auch nicht, was wir tun können, um es aufzubauen. Begriffe, die unbestimmt bleiben, laden zum Missbrauch ein. Sie lähmen uns. Erst die Bestimmung eines Begriffs macht ihn zum Erkenntnisinstrument und fällt der moralisierenden Beliebigkeit in den Arm. Je mehr wir uns außerdem missbräuchliche Verwendungen bewusst machen und uns falscher Bedeutungen entledigen, desto näher kommen wir der richtigen Auffassung.

Wo wir Vertrauen begegnen

Vertrauen als Urvertrauen

Wir sind als Menschen voneinander abhängig. Wer wäre ohne Sorge und Pflege durch andere aufgewachsen? Wer könnte sich – allein auf sich gestellt – ernähren, kleiden, Werkzeuge herstellen, Medikamente produzieren, Strom erzeugen? Wer wollte und könnte ganz für sich alleine ein brauchbares Telefon basteln? Wir stehen allesamt in realer Abhängigkeit von jeweils anderen, deren Leistung wir nicht nur unsere Existenz, sondern auch deren fortgesetzte Sicherung verdanken.

Vertrauen ist daher etwas Selbstverständliches im Umgang mit Menschen und Dingen. Vertrauen ist vertraut. Eine Grunderfahrung.

Während das Neugeborene zwischen sich selbst und seiner Umwelt zu unterscheiden beginnt, muss es lernen, Vertrauen in die Wiederkehr jener Personen zu entwickeln, die sein Überleben sichern: seine Eltern. Dieses Vertrauen nannte der Psychologe Erik H. Erikson »*Urvertrauen*«. Es ist das Vertrauen in die Beständigkeit der Welt. So vertrauen wir dem eigenen Körper, dass das Herz schlägt, dass eine Wunde heilt, dass wir morgens aus dem Schlaf wieder aufwachen. Wir vertrauen auf die äußere Natur, dass der Frühling dem Winter folgt, dass es regnen wird, dass die Erde sich dreht. Auch unsere Götter sind ja im Großen und Ganzen von gutmütiger Beständigkeit.

Dieses Urvertrauen zwischen Kindern und Eltern ist wahrscheinlich dafür verantwortlich, dass es – jenseits des rationalen Zugangs – im Zwischenmenschlichen immer auch ein tief innerlich gefühltes Bedürfnis nach Vertrauen gibt, das uns nie verlässt.

Vertrauen als gesellschaftliche Konvention

Vom Urvertrauen zu unterscheiden ist das Vertrauen als *gesellschaftliche Konvention*. Ein Charakteristikum moderner Gesellschaften. Dieses Vertrauen vertraut, weil es »so üblich« ist. Weil es gar nicht anders kann. Weil es mangelndes Wissen ersetzen muss. Denn die meisten Dinge, die wir für wahr und rational halten, haben wir nicht durch eigenen Nachvollzug geprüft, sondern übernehmen wir im Vertrauen auf andere. Da wir nicht alles selbst prüfen können, sind wir auf dieses Vertrauen – und das kettenartige Weitervertrauen der anderen auf andere – angewiesen. Wir vertrauen der Technik, dass der Fahrstuhl nicht abstürzt, dass der Automotor anspringt, dass der Kühlschrank funktioniert. Der Käufer eines Computers vertraut darauf, dass der Rechner tut, was der Verkäufer versprochen hat. Wir verlassen uns auf Güter und Produkte, die wir kaum verstehen und die von Fremden erschaffen wurden – an unbekannten Orten auf unbekannten Kontinenten. Wir vertrauen den Experten, denn ohne Notar ist kein Haus zu kaufen, ohne Arzt kein Blinddarm zu entfernen, ohne IT-Spezialist kein Softwareprogramm zu installieren. Wir vertrauen der Wirtschaft, dass sie den Warenaustausch regelt, einigermaßen stabile Geldwertverhältnisse schafft und weitgehende Markttransparenz ermöglicht. Wir vertrauen auch dem Staat, dass er die äußeren Grenzen verteidigt, dass er uns schützt, dass er die Unabhängigkeit der Justiz sichert. Wir vertrauen völlig fremden Menschen, wenn wir in einer fremden Stadt nach dem Weg fragen, dass sie uns in die richtige und nicht in die falsche Richtung weisen. Oder uns zumindest sagen, wenn sie selbst nicht wissen, wo es lang geht. Sogar die Form der Unternehmensorganisation ist Vertrauen in ein System formalisierter Handlungserwartung. Vertrauen manifestiert sich in eingeübten Dienstwegen, Betriebsabläufen, permanentem Austausch von Leistungen, Erwartungen an Führungskräfte, dass sie entscheiden, Erwartungen an Mitarbeiter, dass sie Entscheidungen umsetzen, Erwartungen an die Kollegen, dass sie sich kooperativ zeigen.

Dem einen oder anderen von Ihnen sind beim Lesen der obigen Beispiele sicher schon Zweifel gekommen. Jedermann spürt, dass das Vertrauen in vielen Lebensdimensionen brüchig geworden ist, nicht mehr uneingeschränkt gilt. »Blind« vertrauen wir weder unserem Körper (sonst würden wir nicht zum Arzt gehen) noch der äußeren Natur (sonst würden wir keine Wasserspeicher anlegen) weder dem Staat (sonst gäbe es keine Gewaltenteilung) noch der Wirtschaft (sonst gäbe es keine Monopolkommission), weder der Technik (sonst gäbe es keine Garantieleistungen) noch den Experten (sonst gäbe es keine Gegengutachten). Das Urvertrauen erscheint bei genauem Hinsehen nur noch als Paradies, aus dem wir lange vertrieben worden sind.

Vertrauen als Kompetenz

Für den britischen Soziologen Anthony Giddens sind moderne Gesellschaften durch »Entbettung« charakterisiert. Unsere allgemeinen Lebensbedingungen sind aus ihrem lokalen Kontext herausgetrennt und werden über raumzeitliche Distanzen neu strukturiert. Weder können wir die Quellen unserer Lebensmittel kontrollieren noch haben wir das Flugzeug zusammengeschraubt, das uns über den Atlantik bringen soll, noch ist der Arbeitsmarkt auf unser Stadtviertel beschränkt. Wir kaufen vermehrt Güter über das Telefon oder über das Internet und vertrauen darauf, dass der Mensch am anderen Ende der Leitung die Ware absendet, für die wir bezahlt haben. »Entbettung« gilt auch für unsere Mitmenschen: Vertrauen kann sich nur noch selten organisch aus langer Bekanntschaft heraus entwickeln. Die meisten Menschen, mit denen wir in unserem Alltag zu tun haben, sind Fremde.

Hier ist nun jene neue Form von Vertrauen einzuführen, die eine *Kompetenz* ist. Dieses Vertrauen weiß um die Gefahren der Welt und die Unzuverlässigkeit der Menschen. Es ist sich bewusst, dass Menschen sich nur all zu oft vereinbarungswidrig und verantwortungslos verhalten. Es kalkuliert das Risiko ein. Es ist bereit, sich diesem Risiko auszusetzen und dennoch von der Berechenbarkeit der Verhältnisse und der Vertrauenswürdigkeit der Menschen auszugehen.

Und genau in dem Maße, in dem Vertrauen ein Risiko ist, wird es zur *persönlichen Leistung*. Es muss die Unmöglichkeit kompensieren, »alles im Griff« zu haben, die Umwelt kontrollieren zu können. Es muss die Angst besiegen. Es muss unsere Defizite an Wissen auffangen, den Mangel an Vertrautheit. Deshalb ist Vertrauen fundamental für die Moderne schlechthin. Wie kaum ein anderes Thema bezeichnet es den Epochenbruch zwischen Tradition und Gegenwart.

Vertrauen als Entscheidung

Modernes Vertrauen basiert also auf Menschen, die gewählt haben, miteinander zu arbeiten und einander zu vertrauen. Dieses Vertrauen ist reflektiert und kalkuliert. Dieses Vertrauen ist weder blind noch naiv. Dieses Vertrauen ist eine *Entscheidung.*

Und es steht in diametralem Gegensatz zum Alltagsverständnis, dass Vertrauen nur langsam wachse, dass es gleichsam eine »Belohnung« ist, für die der andere lange gearbeitet haben muss.»Der hat mich noch nie enttäuscht«, sagen wir dann und meinen damit:»Vertrauen muss man sich erst verdienen.« Genauso in den Unternehmen: Der Neue wird lange misstrauisch beäugt (vor allem, wenn er den Spruch im Tornister hat:»Machen Sie es besser!«) und insbesondere in jenen Unternehmen, die die kurzatmige »Nach-mir-die-Sintflut«-Mentalität zur »Job Rotation« nobilitieren.

Ein solches Verständnis, dass Vertrauen nur auf lang dauernde positive Erfahrung gründen kann, ist in meinen Augen nicht notwendig und schon gar nicht zukunftsweisend.

Nicht notwendig: Die wahrscheinlich kreativste Zusammenarbeit basiert auf intensivem Kurzzeit-Vertrauen. Musiker, die sich zu so genannten »Sessions« zusammenfinden, sind dafür gute Beispiele. Wenn es gelingt (ich habe es ein paar Mal erleben dürfen), sind das unvergessliche Erlebnisse. Noch anschaulicher vielleicht die Filmindustrie. Wenn eine Crew zusammenkommt, kennen sich die Mitglieder mehrheitlich nicht oder kaum, sie arbeiten aber – für einige Wochen – Hand in Hand mit hoher Intensität. Filmteams entwickeln Vertrauen extrem schnell und intensiv. Sie entwickeln es, gerade *weil* sie wissen, dass die Kooperationsbeziehung nur um dieses Projekt herum gebaut ist, in klar definierter Zeit, mit klar definiertem Ziel und einem gemeinsamen Weg, auf dem sie alle eine spezifische Rolle zu spielen haben.

Nicht zukunftsweisend: Wir können nicht hoffen, unser Vertrauensdefizit zu kompensieren, indem wir zu den alten Quellen nostalgischen Vertrauens zurückgehen. Langfristigkeit, Gemeinschaft, gute Absichten, moralische Verbindlichkeiten, das sind zwar wichtige Werte, aber das funktioniert nur noch in Ausnahmefällen. Die Fähigkeit der Filmcrews, Vertrauen ohne Vertrautheit zu entwickeln – genau das wird in Unternehmen gebraucht, die sich rasch wandelnden Märkten anpassen müssen. Wenn wir mit der Geschwindigkeit der modernen Welt mithalten wollen, dann müssen wir Vertrauen auf neue Füße stellen. Charakteristisch für das »alte« Vertrauen war, dass es keinem explizit vollzogenen Entschluss zu verdanken war, sondern unerkannt wirkte. Das heute notwendige Vertrauen ist ein bewusst *entschiedenes* Vertrauen, das um die Möglichkeit der Enttäuschung weiß.

Unter den zu erwartenden wirtschaftlichen Bedingungen können wir mithin schwerlich der Verantwortung entgehen, Vertrauen als eine *Wahl* zu betrachten. Mit Blick auf Führung kann ich daher nur Carolyn Dyer zustimmen, Senior Analystin bei der Gallup-Organisation, wenn sie sagt: »Die besten Manager vertrauen ihren Leuten vom ersten Tag an. Aus innerer Überzeugung trauen sie ihnen zu, dass sie ihr Bestes geben und gute Leistung abliefern. Nur die zynischen Manager meinen, die Mitarbeiter müssten sich das Vertrauen erst verdienen.« Dankbar bin ich auch für eine fast beiläufige Bemerkung meines ersten Chefs, die ich seinerzeit nicht sofort verstand, dennoch notierte und seitdem bei mir trage: »Mein Misstrauen muss man sich erst verdienen!«

Vertrauen in Kooperationen

Wenn wir vertrauen, gehen wir davon aus, dass der andere tendenziell wohlmeinend ist, dass er beste Absichten hat, uns nicht verletzen will, wir nichts fürchten müssen. Wir können auf ihn zählen, wissen, dass er da ist, wenn wir ihn brauchen. Wir entspannen uns und fühlen uns sicher, aufgehoben. Unser Leben ist jedenfalls nicht mit der Vorstellung vereinbar, dass – wie Jürgen Habermas es ausdrückt – »jederzeit alles auch ganz anders sein könnte«. Das ist das Alltagsverständnis von Vertrauen. Um uns nun einer brauchbaren Definition von Vertrauen zu nähern, habe ich eine bildhafte Szene gewählt: einen Besuch beim Friseur, eine Situation also, die Sie alle kennen.

Stellen Sie sich vor, Sie machen Ferien in einer fremden Stadt und wollen zum Friseur – jenem Menschen, der Ihnen fremd ist und den Sie dennoch so nahe an sich heranlassen wie sonst nur noch Ihren Arzt. Ihr äußeres Erscheinungsbild, Ihre Schönheit steht auf dem Spiel! Sie haben etwas Zeit, wandern durch die Straßen und betrachten die verschiedenen Salons. Nach welchen Kriterien entscheiden Sie sich für einen der Salons? Wem schenken Sie Ihr Vertrauen? Sie gehen ja ein Risiko ein, wenn Sie sich in den Stuhl eines Ihnen unbekannten Friseurs setzen. Sie müssen Vertrauen im Voraus investieren. Das tut der Friseur aber auch. Wenn er Sie als Kunden akzeptiert, dann vertraut er Ihnen, dass Sie seine Arbeit anschließend – also nach der erbrachten Dienstleistung – bezahlen werden, das heißt bezahlen wollen und können. Er, der in Ihnen vielleicht sofort den Touristen erkennt, wird zudem kalkulieren, ob er sich überhaupt anstrengen soll. Wahrscheinlich sieht er Sie ja nie mehr wieder. Aber vielleicht verbietet ihm seine Berufsehre, nachlässig zu arbeiten. Zudem kann man ja nie wissen – vielleicht werden Sie ja Dauerferiengast an diesem Ort und können bei Zufriedenheit für einen hübschen Nebenumsatz sorgen.

Nun, Sie haben sich entschieden, betreten den Salon, setzen sich in den Stuhl, beobachten ihn (oder sie) bei der Arbeit. Die Art, wie er sich bewegt, Sie berät, wie der Salon aussieht, alles das flößt Ihnen Vertrauen oder mindestens Zuversicht ein. Während der Friseur schneidet, gerät Ihr Vertrauen vielleicht ins Wanken: Er schneidet auf eine andere Weise, als der Ihnen vertraute Friseur zu Hause. Aber Sie sehen, er gibt sich Mühe, ist ganz bei der Sache. Dann das Ergebnis: Es ist zwar nicht so wie gewohnt, aber doch auch ansehnlich, ja sogar erfrischend anders. Sie gefallen sich. Sie fühlen Ihr Vertrauen bestätigt. Sie sind erleichtert. Sie bezahlen zufrieden und mit echter Freude – über den neuen Haarschnitt? das bestätigte Vertrauen? das gewonnene Spiel? Auch der Friseur sieht sein Vertrauen bestätigt, freut sich über Ihre Freude (und über das Trinkgeld) und verabschiedet Sie herzlich.

Beim Hinausgehen überlegen Sie sogar, ob Sie vielleicht vor dem

Ende der Ferien noch einmal kommen sollten. Der Friseur hat Sie als Kunden ernst genommen, obwohl Sie nur Tourist sind. Sie werden ihn auf jeden Fall beim nächsten Ferienaufenthalt wieder aufsuchen. Sein Nicht-Ausnutzen Ihres Vertrauens stärkt Ihr Vertrauen.

In diesem Beispiel sind die beiden wesentlichen Komponenten des Vertrauensbegriffs in Kooperationen angesprochen: Wechselwirksamkeit und Verhaltensunsicherheit.

Wechselwirksamkeit: Wechselwirksamkeit kennzeichnet eine Kooperation, weil die Ziele des einen Partners nur mithilfe des anderen Partners erreichbar sind. Wenn Sie sich die Haare selbst schnitten, bestünde die Gefahr, dass man Sie unter »optischer Umweltverschmutzung« rubrizierte. Und ohne Kunden mit beständig wachsenden Haaren wäre der Friseur bald – wie früher! – eine Mischung aus Arzt und Barkeeper.

Verhaltensunsicherheit: Verhaltensunsicherheit entsteht in einer Kooperation, wenn die Partner Handlungsspielräume haben. Das damit verbundene Risiko folgt aus der Tatsache, dass Sie unmöglich *vollständig* sicher stellen können, dass der andere tatsächlich in der von Ihnen gewünschten Weise handelt. Er kann wählen. Aber Sie wissen nicht, *wie* er wählen wird. Er ist frei. Vertrauen ist mithin eine Möglichkeit, mit der Freiheit des anderen umzugehen.

So hat es Niklas Luhmann definiert: Vertrauen ist eine mögliche Lösung für Risikoprobleme. Danach setzt Vertrauen eine Risikosituation *voraus*. Noch einmal: Erst kommt das Risiko. *Dann* das Vertrauen (oder das Misstrauen). Das Risiko kommt also *vor* dem Vertrauen. Wohl überlegtes Vertrauen ist also *nicht* das Eingehen eines Risikos (wie in großen Teilen der Literatur behauptet), denn dann wäre auch logischerweise Misstrauen eine risikoreiche Vorleistung, und das ist offensichtlicher Unfug. Die Trennlinie verläuft anders. Die risikoreiche Situation – die so oder anders ausgehen kann – stellt Sie vor die Wahl zu vertrauen oder zu misstrauen. Nicht das Vertrauen selbst ist das Risiko. Das Risiko bleibt bestehen, es wird dadurch nicht größer oder kleiner, egal, wie Sie sich entscheiden. Wann entsteht dieses Risiko?

- Wenn Sie den anderen nicht kennen,
- wenn Sie nicht wissen, ob er will oder ob er kann,
- wenn die Gegenleistung zeitlich versetzt erfolgt.

Jemanden nicht kennen: Das Friseurbeispiel steht stellvertretend für eine Situation, die für immer mehr Menschen alltäglich ist: Sie kennen den anderen nicht. Sie haben keine Erfahrung mit ihm. Im modernen Berufsleben schwindet immer mehr das Vertrauen auf der Basis von konservativen Konventionen, die den Charakter des Selbstverständlichen tragen und eine große Beharrlichkeit aufweisen. Je diskontinuierlicher, je fließender die Begegnungen von Menschen im Wirtschaftsleben werden, desto schwieriger ist es, Vertrauen auf »gemeinsame Geschichte« zu bauen. In der globalen Wirtschaft mit immer schnellerem technologischen Wandel haben wir kaum mehr diese engen und langfristigen Kooperationsverhältnisse. Im Vergleich zu früher sind wir heute schneller bereit, die Partner, die Lieferanten, die Unternehmen zu wechseln. Und auch unsere Kollegen werden uns nur noch selten eine ganze Lebensarbeitszeit lang begleiten. Je mobiler und kurzfristiger die Zusammenarbeit, desto höher der Bedarf an Vertrauen.

Berufliche Mobilität bedeutet aber nicht nur Arbeitsplatzwechsel. Ortswechsel sind oft unvermeidlich und damit die Schwierigkeit, langfristige Freundschaften und Beziehungen zu pflegen. Wer aber immer neu anfangen muss, hat für die Menschen, die er trifft, keine Vergangenheit. Es gibt keine gemeinsame Geschichte, die traditionell Vertrauen schafft. Soziale Entwurzelung droht.

Im Zuge der Technisierung und Globalisierung unserer Welt hat sich der Nährboden für Vertrauen verändert. Vertrauen hat heute nicht mehr die Qualität des »Immer-so-Gewesenen«. Es ist keine »Und-so-weiter«-Qualität mehr. Die meisten Menschen aber

»hängen« dieser Entwicklung emotional hinterher. Sie können nicht so schnell mitwachsen, wie es der hohe Bedarf an Kooperation mit »Fremden« erfordert. Dies äußert sich in Kommentaren wie: »Durch andauernde Umorganisationen kann es ja gar nicht zum Aufbau von Vertrauen kommen.« »Ich habe alle zwei Monate einen neuen Chef. Im letzten Jahr waren es sechs.« Und dennoch: Auch wenn wir keine persönlichen Erfahrungen und geteilte Lebenswelten haben, auch wenn wir die gemeinsame Geschichte »als Hintergrundsicherung« (Niklas Luhmann) gar nicht erst aufbauen können, wir werden Vertrauen auf andere Weise aufbauen müssen.

Nicht wissen, ob er will und ob er kann: Wenn Sie vertrauen, dann überlassen Sie einer anderen Person die Sorge um eine Sache, die Ihnen wichtig ist. In dem Friseurbeispiel: Ihre Schönheit. Diese Sorge enthält einen Ermessensspielraum. Sie können nicht sicher sein, ob der Friseur Ihre ästhetischen Ideale teilt. Sie können nicht sicher sein, ob sie beide unter dem Ziel »ein guter Haarschnitt« dasselbe verstehen. Sie können letztlich nicht sicher sein, ob er die vereinbarten Ziele auch tatsächlich verfolgt. Wir werden den anderen niemals vollständig kennen, wir können nicht in ihn hineinsehen, seine geheimen Absichten bleiben uns verschlossen. Der Friseur kann sich zum Beispiel wenig Mühe geben. Dann mangelt es ihm an Leistungs*bereitschaft.*

Wäre dann Misstrauen also doch die bessere Antwort auf das Risiko gewesen? Mitnichten: Wenn seine mangelnde Leistungsbereitschaft etwa tagesabhängig war und Sie ihm von nun an misstrauen, könnte Ihnen eine tolle neue Frisur entgehen, die er Ihnen das nächste Mal zaubern würde. Was, wenn seine mangelnde Leistungsbereitschaft darauf gründet, dass er schlechte Erfahrungen mit Touristen gemacht hat? Dann kann Ihre Freude über die neue Frisur dies auf einmal verändern.

Es kann aber auch sein, dass der Friseur Ihnen zwar gerne eine wunderbare Frisur verpassen würde, es aber nicht *kann*. Dann mangelt es ihm an Leistungs*fähigkeit*. Sie mögen vielleicht an seinem Verhalten abschätzen, ob er seine Kunst beherrscht. Aber letztlich sicher können Sie nicht sein. Vertrauen basiert auch auf einem Prozess des Gebens und Nehmens. Wie wäre es Ihnen ergangen, wo stünden Sie heute, wenn die ersten Kunden, mit denen Sie zu tun hatten, gesagt hätten: »Mit dem arbeite ich nicht zusammen«, »Er scheint mir zu jung und unerfahren, das Risiko ist mir zu hoch«?

Gegenleistung zeitlich versetzt: Tauschmärkte sind durch den Ausgleich von Geben und Nehmen charakterisiert. Der Wochenmarkt, den ich mit meiner Mutter während meiner gesamten Kindheit hindurch besuchte, war so ein Markt. Ware gegen Geld. Sofort. Manche Transaktionen sind allerdings etwas verzögert, sie laufen Zug um Zug. Auch in dem Friseurbeispiel ist der Tauschhandel noch sehr zeitnah. Der Friseur schneidet die Haare, *danach* zahlen Sie. Sie könnten aber auch ohne zu bezahlen nach draußen rennen oder ihn sogar wegen schwerer Körperverletzung verklagen. Leistung und Gegenleistung müssen also nicht immer *sofort* gleichgestellt werden. In Beziehungen, die Zukunft haben, also auf längerfristige Kooperation angelegt sind, kann es sogar sein, dass Leistung und Gegenleistung zeitlich weit auseinander fallen. Ein Beispiel dafür ist: Der Versandhandel sendet die Ware, um einige Wochen später den Rechnungsbetrag überwiesen zu bekommen. Oder der Mitarbeiter strengt sich an, leistet *jetzt* viel, in der Erwartung, einige Jahre *später* dafür befördert zu werden. Die Beiträge der Partner müssen sich nicht sofort, nicht in jedem einzelnen Tauschvorgang, sondern erst im Laufe einer Tauschbeziehung ausgleichen. Das ist mit Risiko verbunden. Die Gegenleistung kann ausbleiben.

Dieses Risiko gilt aber für beide Partner. Die Unsicherheit ist wechselseitig. Wenn beide Partner ihr Verhalten vom Verhalten des jeweils anderen Partner abhängig machen, kommt kein Austausch zustande. Es passiert gar nichts. Das ist der Moment der *Entscheidung*. In diesen Situationen können Sie sich entscheiden zu vertrauen. Oder zu misstrauen. Es ist eine Schwebesituation, ein »mittlerer Zustand zwischen Wissen und Nichtwissen« (Georg Simmel), eine Art Pause, in dem die Entscheidung zu der einen oder der anderen Seite ausschlagen kann.

Nach diesen Vorüberlegungen will ich Vertrauen so definieren:

> *Ich bin bereit, auf die Kontrolle eines anderen zu verzichten, weil ich erwarte, dass der andere kompetent, integer und wohlwollend ist.*

Etwas als Vertrauen wahrzunehmen, heißt also, die Möglichkeit des Verrats erwägen. Dann tatsächlich zu vertrauen heißt, daran nicht zu glauben. Verrat ist möglich, aber unwahrscheinlich. Vertrauen ist also die Erwartung, dass kooperatives Handeln nicht ausgebeutet wird. Damit macht es uns unter der Bedingung von Kooperation und Unsicherheit handlungsfähig.

Grenzen des Vertrauens

»Jesus – Ich vertraue dir.« Unübersehbar prangt der Aufkleber auf dem Autoheck. Soviel öffentliches Bekenntnis berührt mich unangenehm. Es hat etwas Unsouveränes, Rebellisches. Aber davon abgesehen: Was sagt das? Was soll mir hier mitgeteilt werden? Dass der Fahrer sich aufgehoben fühlt? Dass seine Schritte von »oben« gelenkt werden? Dass das ewige Leben wartet? Alles zugleich? Oder ähnlich: »Trau keinem über 30«, »Nur Bares ist Wahres«, »Dem Management kann man nicht trauen.« Solche generalisierenden Aussagen, so erfahrungsgesättigt und menschlich verständlich sie im Einzelfall sein mögen, inhaltlich sind sie *leer*. Vertrauen ist auf dieser Ebene eine vage Sammelvokabel. Es bezieht sich auf alles – und damit eigentlich auf nichts. Das ruft nach näherer Bestimmung. In welcher Hinsicht vertraue ich jemandem?

Seit einigen Jahren bietet ein Unternehmen an meinem Heimatflughafen Parken und gleichzeitige Wagenpflege während der Abwesenheit des Fahrers an. Bei seiner Rückkehr kann er das Auto sauber und vollgetankt wieder in Empfang nehmen. Es ist immer der gleiche Herr, der mich freundlich empfängt. Jedes mal gebe ich ihm die Wagenschlüssel, und er fährt den Wagen auf den etwas entlegenen Parkplatz. Ich kenne den Herrn seit Jahren, aber ich kenne ihn auch eigentlich nicht. Ich weiß nicht, wo er wohnt, wie er lebt, was er in seiner Freizeit macht, ob er abseitige Hobbys pflegt, gar ein Krimineller ist. Aber ich gebe ihm jedes Mal den Schlüssel. Immer konnte ich bisher das Auto unbeschädigt, pünktlich und sauber in Empfang nehmen. Das Vertrauen, das ich in diesen Herrn setze, ist ein *spezifisches* Vertrauen. Es konzentriert sich auf eine bestimmte Handlung. Es ist keinesfalls – wie in dem obigen Jesus-Beispiel – auf alle Lebensbereiche ausgedehnt. Da gibt es den Mitarbeiter, der hervorragend technische Probleme löst, aber im Kundenkontakt schwach ist. Da gibt es die Mitarbeiterin, die vor neuen Ideen nur so sprüht, aber weder pünktlich zu Meetings kommt noch Terminabsprachen einhält. Nehmen wir wieder unseren Friseur, so ist unser Vertrauen in ihn ebenso spezifisch. Das Vertrauen in meinen Freund Peter, den ich seit über 40 Jahren kenne, ist unspezifisch – aber es hat dennoch Grenzen: Ich traue ihm zum Beispiel nicht zu, meinen Laptop zu reparieren. Jemand mag ehrlich, gerade, berechenbar – leistungs*bereit* sein. Aber ist er auch kompetent, erfahren, wissend – leistungs*fähig?* In manchen Hinsichten werde ich also Fremden viel stärker vertrauen als meinem Freund. Vertrauen ist sinnvollerweise immer *begrenzt*.

Wir vertrauen in unterschiedlichen Kontexten auf je unterschiedliche Weise. Dieses Vertrauen ist zumeist auf einen ganz bestimmten Bereich begrenzt, geht nicht darüber hinaus und ist in seiner Reichweite beschränkt. Muss es sein: Die Schlechtigkeit eines Menschen ist oft die Suche nach einer Grenze, die er zu achten vermag.

Ist dieses begrenzte Vertrauen schon ein Misstrauen? Um diese Frage zu beantworten, will ich noch einmal grundsätzlich werden.

Vertrauen als »Entweder-Oder«-Qualität

Dass wir vertrauen, ist uns meistens nicht bewusst. Wir nehmen es für selbstverständlich. Wenn zum Beispiel Menschen, denen wir vertrauen, tun, was wir erwarten, nehmen wir davon kaum Notiz. Wir leben in dem Bewusstsein des »Und-so-weiter«. Es hat ein tendenziell offenes Ende. Das ist der Grund, aus dem wir so oft die Bedeutung von Vertrauen gering schätzen: Wir nehmen es nicht wahr, bis es zusammengebrochen ist. Dann sind wir in der Regel völlig überrascht, manchmal schockiert. Das klarste Verständnis von dem, was Vertrauen ist, wird derjenige haben, der das Vertrauen in einen Freund verloren hat.

Vertrauen wird daher häufig als etwas *Vorbewusstes* definiert: Solange wir vertrauen, ist uns nicht bewusst, dass wir vertrauen. Vertrauen ist von unauffälliger Selbstverständlichkeit. Erst, wenn das Vertrauen enttäuscht wurde, kommt es uns zu Bewusstsein. Dieser Sichtweise entsprechend könnten wir also niemals sagen: »Ich vertraue dir«, sondern nur »Ich habe dir vertraut«. Einige Autoren gehen daher davon aus, dass ein bewusstes Vertrauen schon *gar kein* Vertrauen mehr ist. Die Frage »Kann ich ihm/ihr vertrauen oder nicht?« wird schon in den Bereich des Misstrauens verschoben. Vertrauen ist danach ein Zustand, der sich nur verschlechtern kann. Eine prekäre, flüchtige Befindlichkeit.

Bewusst wird das Vertrauen erst, wenn es verloren ist. Oder besser: wenn es getrübt ist. Dafür werden dann gerne andere Begriffe gewählt: »Hoffnung« etwa oder »Zuversicht«. Man mag das für Wortspielerei halten. Richtig daran ist, dass es für den erwachsenen, modernen Menschen kaum ein »ungetrübtes« Vertrauen gibt. Aber es gibt kein Zurück in das Paradies der Unmittelbarkeit. Wer Vertrauen erkannt hat, ist mit Misstrauen infiziert. Der Zweifel kann niemals mehr vergessen werden, hat er sich erst einmal erhoben.

»Entweder-Oder«: Das ist eines der größten Hindernisse auf dem Weg, Vertrauen als Lebenselixier im Unternehmen denkbar zu machen. Was fehlt, ist eine vernünftige Zwischenposition. Wenn ich aber über Vertrauen sprechen möchte, wenn ich es aufbauen will, zur Entscheidung stellen will, dann muss ich es mir bewusst machen. Nur dann steht es mir zur Wahl. Ich gehe also im Folgenden davon aus, dass erst das bewusste Vertrauen das eigentliche Vertrauen ist: die Überzeugung, dass der andere mich nicht betrügen wird, obwohl ich weiß, dass er es könnte. Ob man das dann besser »Hoffnung« oder »Zuversicht« nennen sollte, will ich jedem selbst überlassen. Mir ist wichtig: Trübung des Vertrauens ist Voraussetzung für seine Existenz. Es lohnt sich, über diese Aussagen einen Augenblick nachzudenken.

Vertrauen versus Misstrauen

Menschen neigen dazu, für sich und ihr Weltverständnis »kategoriale Systeme« (R. Reinhold) zu entwickeln, die ihnen helfen, die Welt zu ordnen. »Vertrauen gegen Misstrauen« lautet die Aufstellung der Spieler seit erdenklichen Zeiten. Diese kategorische Unterscheidung verleitet viele Menschen dazu, in sich ausschließenden Alternativen zu denken, von einem Extrem in das andere zu verfallen. Man fasst Vertrauen als eine Idee auf, die in einem unversöhnlichen Kontrast zur Idee des Misstrauens steht. Das ist auch der Hintergrund für die verbreiteten »Entweder-Oder«-Überzeugungen: »Vertrauen ist entweder da oder nicht da.« »Vertrauen gibt es nur als Ganzes. Entweder man traut dir, oder man traut dir nicht. Dazwischen gibt es nichts.« Aus dieser Perspektive ist Vertrauen *unbedingt*, nicht an Bedingungen geknüpft. Dieses Vertrauen wäre »ein- für allemal« und ein Vertrauen, das entweder »unerschütterlich« besteht oder nicht besteht.

Diese Lesart ist in bestimmten Erfahrungen verwurzelt, die eine solche Interpretation scheinbar erzwingen. Aber man kann auch Erfahrungen missverstehen, wenn man sich einmal auf eine bestimmte Lesart des Vertrauens festgelegt hat. (Wir nähern uns hier einer weit offen stehenden Denkfalle, in die schon so mancher hitzige Diskutant hineingetappt ist.) Auch wenn es manchen Menschen ausgesprochen kontraintuitiv erscheint: So wie es keine Freiheit ohne Grenzen gibt – sonst wäre der Freiheitsbegriff »leer«, denn man könnte darüber keine Aussagen machen –, so ist auch Vertrauen *an Bedingungen geknüpft*. Wenn wir diese Bedingungen mit »Misstrauen« beschreiben, kommen wir in eine sprachliche Vorentscheidung, die vorschnell ein moralisches Urteil einflüstert und uns zurückschrecken lässt: Wer will schon als misstrauisch gelten?

Jede Idee verlangt ihre Grenze. Auch die Idee des Vertrauens. Alles, was uns am Vertrauen lieb und teuer ist, können wir nur *im Rahmen des Wissens* und *unter der Voraussetzung* relativer Sicherheit bekommen. Weil Wissen begrenzt und vollständige Sicherheit unmöglich ist, müssen wir beides durch Vertrauen ergänzen. Wissen und Sicherheit sind deshalb nicht notwendig Misstrauen. Sie sind die Basis, auf die sich Vertrauen beziehen kann. Und das heißt: Das Wissen ist die *vorgeordnete* Idee – diejenige Idee, die in Kraft treten muss, *bevor* von Vertrauen die Rede sein kann. Es gibt keinen Widerspruch zwischen Vertrauen und Misstrauen. Sie sind aufeinander bezogen, bilden ein Fließgleichgewicht. Wir müssen ein *Maß* finden, das sich zwischen zwei gleichsam »pathologischen« Polen positioniert. Für dieses Maß müssen wir uns entscheiden.

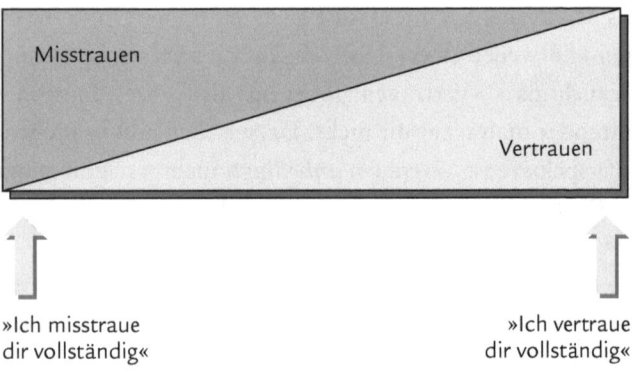

»Ich misstraue dir vollständig«   »Ich vertraue dir vollständig«

Nun ist Misstrauen ein Hardcore-Wort. Die meisten Definitionsversuche spielen Vertrauen gegen den etwas schwächeren Begriff der »Kontrolle« aus. Aber auch der ist missverständlich.

Vertrauen versus Kontrolle

Walt Disney war ein Mensch mit einer geradezu manischen Kontrollsucht. Es war allseits bekannt, dass er nachts allein durch die verwaisten Büros seiner Zeichner streifte, um deren Tagesproduktion zu überprüfen. Anderseits wich er positiv von den Praktiken anderer Studios ab. Es gab zum Beispiel keine Stechuhren. Von den Zeichnern wurde keine Mindestanzahl an Entwürfen erwartet. Im Gegenteil: Walt Disney ermutigte sie, selbstkritisch zu sein und Arbeiten, mit denen sie selbst nicht zufrieden waren, wegzuwerfen. So balancierte Walt Disney geschickt Kontrolle und Vertrauen im Innenverhältnis aus. Es spricht für ihn, dass sich die Mitarbeiter offenbar gut behandelt fühlten.

Kontrolle ist unsympathisch. Zumindest erfreut sich der Begriff keiner überschwänglichen Beliebtheit. Man nimmt Kontrolle hin, ärgert sich über sie, erlebt sie als lästig. Meistens hat sie sowieso schon Kreide gefressen und nennt sich »Feedback«, »Abweichungsanalyse«, »Benchmarking«, »Review« oder »Gleitende Arbeitszeit«. Insbesondere Controller als Rationalitätssicherer der Führung verweisen seit Jahrzehnten darauf, dass sie sich mit »C« schreiben. So kann man häufig lesen, Kontrolle passe nicht zu modernem Management. Lernen, Innovation und eine Vertrauenskultur seien angesagt. Andererseits nimmt angesichts der sich öffnenden Unternehmensgrenzen und der steigenden Marktdynamik die Furcht vor Kontrollversagen zu. Dass Lernen ohne Kontrolle des Lernerfolges unmöglich ist, wird kaum gesehen.

Vertrauen und Kontrolle – hier als Soll-Ist-Vergleich gefasst – sind keine Widersprüche. Ohne normative Rahmenbedingungen können wir alle nicht leben. Vertrauen ist ohne Kontrolle schlicht nicht zu denken. Kontrolle ist die Bedingung für Vertrauen, die Basis, auf der sich das Vertrauen erheben kann. Kontrolle ist Voraussetzung dafür, dass Vertrauen funktioniert. Die Frage, über die zu streiten ist, ist allenfalls diese: Wie hoch ist das *Maß* an Vertrauen? Vertrauen ist nichts Feststehendes, das von der Situation unabhängig ist. Vertrauen ist ein *Relationsbegriff*, der ein Mehr oder Weniger beschreibt.

Damit ist auch klar, dass nicht jede Kontrolle Vertrauen untergräbt. Kontrolle kann auch Vertrauen *sichern*. Je größer das Vertrauen, desto mehr hat die Kontrolle vertrauenssichernde Funktion. Sie hat dann einen informatorischen, unterstützend-verstärkenden

Charakter. Wird das Vertrauen hingegen über eine bestimmte Schwelle hinaus verdrängt, wird das als Misstrauen erlebt. Je größer das Misstrauen, desto mehr hat die Kontrolle einen einengenden, vertrauensverdrängenden Charakter. »Wenn er mir nicht vertraut«, wird der Mitarbeiter denken, »warum sollte ich dann seine Interessen berücksichtigen?« Diese Schwelle ist nun von Unternehmen zu Unternehmen, von Situation zu Situation, von Aufgabe zu Aufgabe, von Mitarbeiter zu Mitarbeiter unterschiedlich. Wie viel ist zuwenig, und wie viel ist zuviel? Das optimale Mischungsverhältnis zwischen Vertrauen und Kontrolle ist nicht unter allen Umständen das Gleiche. Es wird je nach Situation und Gelegenheit schwanken.

Wenn eine bekannte Führungslehre vorschlägt: »Vertraue jedem, so weit du nur kannst, – und gehe dabei sehr weit, bis an die Grenze«, dann wird kaum jemand wiedersprechen, – weil es wenig aussagt. Was heißt »zu weit«? Und bis zu welcher »Grenze«? Wenn präzisiert wird: »Stelle jedoch sicher, dass Du jederzeit erfahren wirst, ab wann dein Vertrauen missbraucht wird«, dann ist dem Missverstehen Tür und Tor geöffnet. Nur mit Mühe kann man aus Formulierungen wie »stelle ... sicher«, »jederzeit« und »missbraucht« noch den Vertrauenskern herausschälen. Wenn dann zur Illustration dieses Gedankens bezeichnenderweise Beispiele aus der Kindererziehung angeboten werden, dann kann sich der Autor des Beifalls der Ewiggestrigen sicher sein, alimentiert er doch wiederum das verbreitete Erziehungsdenken, das das Nachdenken über die Führung von Erwachsenen seit Jahrzehnten verseucht.

Jedem jungen Revisor ist er eintätowiert, der Satz: »Vertrauen ist gut, Kontrolle ist besser.« Er wird Lenin zugeschrieben und ist eine Dauereinladung zum »Entweder-Oder«-Denken. Wie uns die Russische Akademie für Sprache und Dichtung aber sagt, geht der Satz auf ein anderes Sprichwort zurück, welches in der Tat häufig von Lenin zitiert worden sei: »Vertraue, aber kontrolliere auch.« Dies meint nun etwas anderes. Es zielt auf einen *komplementären* Einsatz von Vertrauen und Kontrolle. Es zielt auf ein Vertrauen, das auf Kontrolle nicht vollständig verzichten will. Diese Betrachtung spielt Vertrauen nicht gegen Kontrolle aus, sie ist weicher, sie stimuliert ein »Sowohl-als-auch«-Denken, teilt die Aufgaben auf in solche, die über Kontrolle zu sichern sind, und solche, die über Vertrauen zu steuern sind. Man kann sehr wohl vertrauen *und* wachsam sein. Ronald Reagan, der zweifellos viel zum Ende des Kalten Krieges beitrug, hat das gewusst: »Trust but verify.« (»Vertraue, aber überprüfe es.«).

Verträge scheinen in gewissem Maße das Gegenteil von Vertrauen zu sein. Warum sollten Sie Verträge schließen, die Ihre Interessen schützen, wenn Sie jemandem vertrauen? Dennoch können Verträge auch die Plattform für den Aufbau einer vertrauensvollen Zusammenarbeit bilden. Nehmen wir den Arbeitsvertrag. Wenn er das Wesentliche regelt, sich auf ein Minimum beschränkt, wird er nach Aufnahme der Arbeit niemals wieder angeschaut. Ohne ihn würden allerdings viele Menschen gar nicht erst beginnen. Er stellt eine Minimalsicherheit für wechselseitig akzeptables Verhalten dar. Mehr nicht. Aber auch nicht weniger. Auch bei Zielvereinbarungen oder Projekten ist es ratsam, sich regelmäßig zwischendurch abzustimmen. Kontrolle ist hier ein »Auf-dem-Laufenden-Halten«, ein den anderen Informieren-*Wollen*, eine Investition in die Zusammenarbeit als ernst gemeinte Leistungs*partnerschaft*: »Geht es voran wie geplant?«, »Haben wir beide weiterhin das gleiche Verständnis über die getroffene Absprache?«.

Die obigen Erwägungen verdeutlichen, was jeder, der sich in der Praxis ernsthaft um Vertrauen bemüht, ohnehin weiß: Das Thema verführt zu Extremen. Man wechselt gerne zwischen »Grandhotel Abgrund« und »Villa Sonnenschein«. Da ist Vertrauen generell »gut«, Misstrauen »schlecht«, in der weichgespülten Kontrollausgabe »besser«. Oder anders herum, je nach Weltbild. Da ist, wer vertraut, gleich vertrauens«-selig«, gleich »kumpelhaft« oder »distanzlos«. Im entgegengesetzten Fall gleich »kontrollwütig«. Da handelt, wer dem Mitarbeiter nicht ständig auf die Finger guckt, direkt »grob fahrlässig«. Und wer Vereinbarungen kontrolliert, ist gleich »misstrauisch«. Noch einmal in aller Klarheit: Vereinbarungen zu kontrollieren ist nicht Misstrauen! Es ist falsch, Vertrauen und Kontrolle gegeneinander auszuspielen. Sie schließen sich nicht aus, sondern sie bedingen einander. Weder ist Vertrauen ohne Kontrolle möglich noch Kontrolle ohne Vertrauen. Auf das Maß kommt es an!

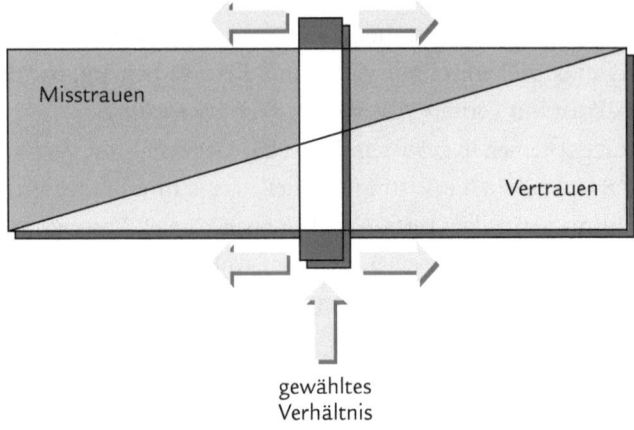

Blindes Vertrauen – blindes Misstrauen

Dem Brasilianer Ayrton Senna, einem der erfolgreichsten Formel-1-Piloten aller Zeiten, verlieh tief eingewurzelte Religiösität das Gefühl grenzenloser Sicherheit. »Aufgrund seines Gottvertrauens hielt sich Senna für unverletzlich«, sagt sein früherer Teamkollege Alain Prost, »dadurch bewegte er sich länger in Extrembereichen als jeder andere.« Eine trügerische Sicherheit. Senna starb am 1. Mai 1994 in der berüchtigten Tamburello-Kurve in Imola. Eine Person mit einer idealistischen (nichtpragmatischen) Vertrauensbereitschaft neigt dazu, sich selbst und anderen zu sehr zu vertrauen. Sie investiert ein überzogenes Maß an Vertrauen in jemanden, den sie als »allmächtig« einschätzt. Paradoxerweise haben die heute im Formel-1-Rennsport benutzten Kohlefaser-Monocoques die gleiche fatale Wirkung wie seinerzeit Sennas Gottvertrauen: Manche Piloten fühlen sich unverwundbar und fahren entsprechend aggressiv. Als die Cockpits noch aus Aluminium gegossen waren und wegen der ungeschützten Tanks fahrenden Benzinbomben glichen, wussten die Fahrer um die Gefahr. »Wir haben uns beim Start entsprechend defensiv verhalten«, sagt

Ex-Pilot Jacques Laffite, »wir waren uns der Gefahr sehr wohl bewusst.«

Vertrauen kann nicht heißen, auf Vorsicht, Sicherung und Kontrolle völlig zu verzichten. Keine Beschränktheit kann größer sein als die der Grenzenlosigkeit. Wer ins Extrem geht, kann nur beweisen, dass alles nicht funktioniert. Es geht nicht um »Vertrauen versus Misstrauen«. Das ist falsch. Es geht nicht um »Entweder-Oder«. Es geht um ein Mehr von dem einen und ein Weniger von dem anderen. Insofern ist dieses Buch die Suche nach einer überzeugenden Proportion zwischen dem Übertriebenen und dem Nichtübertriebenen.

Wir müssen also unterscheiden: Unterschiedliche Bereiche und unterschiedliche Aufgaben erfordern unterschiedliche Vertrauensspannen. Wir vertrauen immer »in Bezug auf etwas«. Niemals blind. *Vertrauen darf nicht blind sein.* Weder zu Beginn noch in der Dauer der Kooperation. Zu Beginn: Das undifferenzierte, nun wirklich vertrauens»selige« Verhalten des gutgläubigen Philanthropen ist wertlos, weil es keinen Unterschied macht. Es kalkuliert nicht mit der Enttäuschung und »ehrt« mithin nicht den Vertrauensnehmer als des Vertrauens würdig.

Blindes Vertrauen reduziert (!) vielmehr die Vertrauensbereitschaft der Menschen eher, als es sie erhöht (die Massenselbstmorde von Sektenmitgliedern; das undifferenzierte Vertrauen eines »Menschenfreundes«). Es kann sogar zum Betrug reizen. Deshalb wird man Täuschung und *Ent*täuschung im Zusammenhang mit blindem Vertrauen unablässig erleben. In einer extremen Form zerstört also Vertrauen paradoxerweise die Grundlagen für seine künftige Existenz. Ein gewisses Maß an selektivem Misstrauen ist nötig, um Vertrauen wertvoll zu machen und auf Dauer zu ermöglichen.

Das gilt auch für die Dauer der Kooperation. Ein Vertrauens*vorschuss* heißt nicht zufällig so: Er ist verrechenbar. Vertrauen ist immer ein Vertrauen »auf Probe«. Zwar ist es ein eindeutiger Misstrauensbeweis, wenn Sie in Ihrer Rolle als Führungskraft Ihrem Mitarbeiter dauernd über die Schulter gucken und sich in einer Art permanenter strategischer Aufklärung vergewissern, dass alles zu Ihrer Zufriedenheit läuft. Arbeitet man länger zusammen, dann muss Vertrauen dennoch ab und zu durch das Ergebnis gerechtfertigt werden, damit es sich immer wieder selbst erneuern kann. Damit unterscheidet es sich grundlegend von den noch heute dominierenden Regularien des Gehorsams oder der Bündnistreue. Werden Ihre Interessen durch das Verhalten des anderen – in unserem Beispiel: des Mitarbeiters – in einer Weise verwirklicht, wie Sie es erwarten, so bleibt Ihr Vertrauen bestehen.

Blindes Vertrauen aber ist das kleinere Problem. Es ist im Geschäftsleben eher selten. Das weit größere Problem ist blindes Misstrauen. Was im Schaufensteraushang noch witzig klingt – »In God we trust. All others pay cash.« –, bildet als grundlegende Einstellung vieler Führungskräfte den Bremsschuh einer zukunftsfähigen Unternehmensentwicklung. Es besteht die Gefahr, dass wir dem Misstrauen dadurch in die Falle gehen, dass wir, gelähmt durch die Angst vor dem Risiko, gar nicht mehr fragen, ob wir unser wirtschaftliches Überleben mit unbedachten und reflexhaften Sicherheitsmassnahmen in einem größeren Maße bedrohen. Vertrauen birgt Risiken. Misstrauen ebenso. Ein Unternehmen ohne Risiken gibt es nicht. In dieser Falle sitzen beispielsweise viele *Perfektionisten.* Das sind hochidealistische Personen, die niemand anderem als sich selbst zutrauen, eine bestimmte Aufgabe zu erfüllen. Sie würden am liebsten alles alleine machen – koste es, was es wolle. Im Beitrag des anderen finden sie immer einen Fehler. Der andere ist per se defizitär. Irritationsfest glauben sie, dass es für jedes Problem eine einzige, eine beste Lösung gibt. Undenkbar erscheint ein Ungefähr, eine unscharfe, aber praktikable Lösung. Ich will es zuspitzen: Perfektionisten sind nicht vertrauensfähig. Im strengen Sinne sind diese Menschen zur *Zusammen*arbeit gar nicht in der Lage.

Drücken wir es graphisch aus. Dazu nehmen wir an, dass die Kontrolle über das Verhalten eines Menschen zu 100 Prozent möglich wäre. Wir haben dann zwei extreme Möglichkeiten, zwischen denen wir wählen können: 100 Prozent Vertrauen (»Ich vertraue dir vollständig«) und 100 Prozent Misstrauen (»Ich misstraue dir vollständig«). Jenseits dieser 100 Prozent setze ich den Bereich des blinden Vertrauens (»Ich vertraue allen«) oder des blinden Misstrauens (»Ich misstraue allen«).

Wenn wir in der Lage sind, die *relative* Vertrauenswürdigkeit eines Menschen einzuschätzen, dann kommen wir zu einem Mischungsverhältnis. Für dieses Mischungsverhältnis müssen wir uns entscheiden. Diese Entscheidung fällt je nach Situation, Kontext, Konsequenzen et cetera unterschiedlich aus. Und sie ist veränderbar. Wenn ich in einer Kooperation ein höheres Maß an Vertrauen lebe, dann verschiebe ich das Verhältnis nach rechts. Im umgekehrten Fall nach links.

Vertrauen muss konstruktiv bleiben, es darf nicht blind machen und erst recht nicht bedingungslos sein. Misstrauen ebenso. Beides ist ein Fehler: sowohl allen zu trauen als keinem. So, wie es möglich ist, zu wenig zu vertrauen, so ist es ebenso möglich, zu sehr zu vertrauen. Vertraue zu sehr, und du bist leichte Beute; vertraue zu wenig, und du lebst ein verdrießliches Leben. Hitler hat zum Schluss nur noch seinem Schäferhund vertraut.

Ein modernes Vertrauen ist also die Entscheidung für ein Mischungsverhältnis zwischen Vertrauen und Misstrauen, zwischen Kontrolle und Kontrollverzicht.

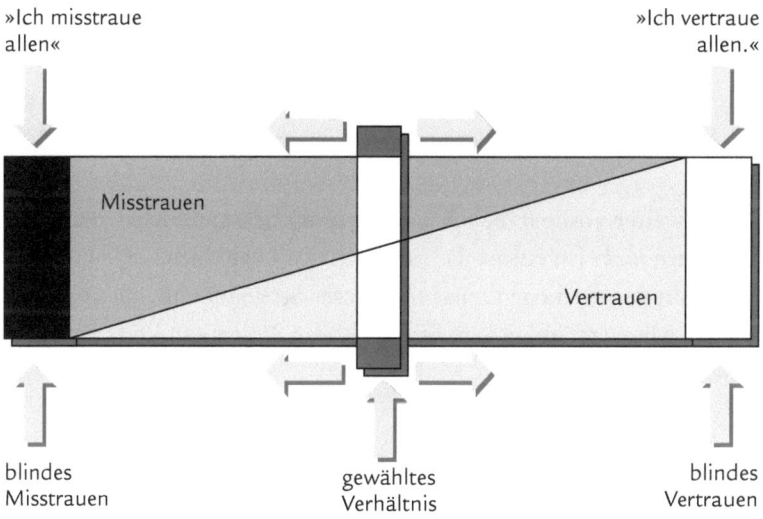

Was ist nun das richtige Mischungsverhältnis? Ist dieses Vertrauen naiv? Ist es die sture Weigerung, über Risiken und Folgen des Betrugs nachzudenken? Das hängt davon ab, welche Folgen man wählt. Denn alle Handlungen sind in ein paradoxales Spannungsgefüge eingebunden. Als Entscheidungen konzentrieren sie sich auf bestimmte Möglichkeiten und vernachlässigen andere. Genau diese anderen sind aber genauso berechtigt, werden von jemand anderem gar für besonders beachtenswert gehalten. Man kann also immer eine Perspektive wählen, von der aus man das Handeln eines Menschen für naiv erklärt.

Führungskräfte tendieren dazu, eher zu wenig als zu viel zu vertrauen. Diejenigen, die das ändern wollen und kleine Schritte in Richtung Vertrauen gehen, haben oft das Gefühl, die Kontrolle *völlig* zu verlieren. Sie meinen, sie gäben die Zügel gänzlich aus der Hand. Sie eskalieren gefühlsmäßig in die andere Richtung, obwohl sie doch nur die Zügel ein wenig lockern. Sie möchten gern als vertrauens*würdig* gelten, glauben in der Regel auch, es zu sein, aber sie möchten nicht als vertrauens*selig* dastehen. Weil es aber immer eine Perspektive gibt, von der durchaus gerechtfertigtes Vertrauen als »blind« beurteilt werden kann, schützen sie sich, sichern sich ab, um sich rechtfertigen zu können.

Vertrauenskitsch

Schon weiter vorne habe ich einen Aspekt dessen beschrieben, was Vertrauen *nicht* ist: etwas, das man sich erst über einen längeren Zeitraum hinweg verdienen muss. An dieser Stelle möchte ich noch auf weitere Missverständnisse in Bezug auf das Wesen von Vertrauen eingehen.

Vertrauen als etwas »Gutes«

Die Rede vom Vertrauen beinhaltet fast immer eine Vorentscheidung über etwas unzeitgemäß »Gutes«. Etwa, wenn Henry David Thoreau meinte: »Nichts Größeres kann ein edler Mensch schenken als sein ganzes Vertrauen, keine Gabe erhöht so sehr den Geber und den Empfänger.« Wohlgesprochen. Vertrauen kommt oft auf schweren Gliedern daher, nötigt mit moralischem Übergewicht, hebt den Zeigefinger. Wer zu hören bekommt: »Sie vertrauen mir wohl nicht?!«, wird sich eilig bemühen, das Gegenteil zu versichern. Vertrauen wird daher oft als nichtlegierte Substanz, ähnlich wie Honig geschildert, das Wohlbefinden verströmt, wo immer es hinfließt.

Aber das Bild hängt schief. Vertrauen ist nicht per se gut. Es gibt moralische, aber auch unmoralische Vertrauensverhältnisse. Auch Mafiosi haben ihre durchaus berechenbare Berufsehre. Das zuvor von mir für seine Geschwindigkeit gelobte Hawala-Bankensystem ist für die westlichen Sicherheitsbehörden ein unüberwindliches Hindernis beim Austrocknen terroristischer Finanzquellen. Die amerikanische Forscherin Annette Baier hat sogar Verbrecher als die eigentlichen Experten des Vertrauens bezeichnet. Und jeder kann sich Umstände vorstellen, unter denen es sogar moralisch anständig sein kann, Vertrauen zu zerstören.

Vertrauen wird auch nicht selten von defensiven Führungskräften als Etikett missbraucht. Sie schauen nicht hin, handeln nicht, führen nicht und ummänteln diese Passivität mit Vertrauen in die Mitarbeiter. Vertrauen heißt auf keinen Fall Rückzug und Passivität. Auch hier wieder ein schmaler Grad zwischen Über- und Unterzuständigkeit.

Jeder hat schon einmal die Situation erlebt, von jemandem »ins Vertrauen gezogen zu werden.« Klatsch ist so ein Vertrauensritual. Man demonstriert Vertrauen, weil man zuversichtlich ist, dass der ins Vertrauen Gezogene von den vertraulichen Informationen keinen Gebrauch machen wird. Häufig wird dabei aber Vertrauen gleichsam als kommunikatives Wechselgeld missbraucht. Jemand gibt Informationen preis, die er von einem anderen unter dem Siegel der Verschwiegenheit erhalten hat, um sich in das Vertrauen eines Dritten zu schleichen. Er diffamiert einen Abwesenden, um sich der guten Gefühle bei demjenigen zu versichern, mit dem er gerade bei Tisch sitzt. Er opfert Vertrauen auf dem Altar der Beziehungspflege, um sich einen aktuellen Vorteil zu erkaufen. Moralisch?

Dass Vertrauen keineswegs an ein stabiles Moralkonzept geknüpft sein muss, zeigen auch die Ergebnisse des »World Value Survey«. Diese Erhebung ist von einem Ökonomenteam der Universitäten Harvard und Chicago entwickelt worden, um das Maß an Vertrauen in einer Gesellschaft festzustellen. Sie fanden heraus, dass die höchsten Vertrauenswerte in Skandinavien zu verzeichnen sind. Zwei Drittel der Befragten stimmten dort der Aussage zu, dass man Fremden vertrauen könne. Die niedrigsten Werte aber fanden sich in Ländern mit hierarchischen Religionen.

Wir sollten unser Denken nicht durch die Neigung zum Moralisieren einengen lassen. Jede zu große Nähe zu einer allesfressenden Idee verfälscht die Urteile von Grund auf. Vertrauen ist weder gut noch schlecht. Man braucht es gar nicht zu bewerten. Vertrauen lässt sich fast vollständig als ein Produkt rationaler Erwägungen erklären, zumindest aber ohne einen moralischen Rest. Dazu später mehr.

Vertrauen als Gefühl

Einen nicht unwichtigen Teil unserer biologischen Ausstattung bilden die Gefühle. Ihre Herkunft, Funktionsweise und Bedeutung sind umstritten, vor allem ihr schwieriges Verhältnis zum unbestechlichen Sonnenauge der Vernunft. Manche sehen in der Emotionalität einen Störfaktor der Rationalität, andere immunisieren sich gegen jede begründbare Argumentation durch den Rückzug auf ihr »Gefühl«. Wiederum andere preisen irgendeine diffuse »emotionale Intelligenz« als Ausweg aus der Sackgasse moderner Vereinseitigung.

Auch das Vertrauen ist in den Strudel dieser Auseinandersetzung gezogen worden. Der als Kalenderblattautor oft missbrauchte Khalil Gibran schreibt: »Vertrauen ist eine Oase des Herzens, die von der Karawane des Denkens nie erreicht wird.« Das klingt gut, ja erschlagend in seiner Wortgewalt. Auf derselben Seite bewegt sich Éveline in André Gides Roman *Die Schule der Frauen,* die über ihren beginnenden Zweifel an der Aufrichtigkeit ihres Ehemanns Robert sagt: »Ich habe nur instinktiv gefühlt, dass da etwas Undefinierbares war, das falsch klang.« Besser kann man es nicht sagen: »instinktiv« – »gefühlt« – »Undefinierbares« – »klang«. Gleiches gilt aber auch für die Finanzmärkte: »An Visionen fehlte es dem japanischen Elektronikkonzern Sony eigentlich nie: Ob innovative Produkte oder neue Strategien, bisher ist es dem Konzern stets gelungen, eine Vorreiterrolle einzunehmen. Doch obwohl Sony den Markt mit immer neuen Produkten erobert, bringen die Anleger dem Titel schon seit Monaten kein Vertrauen mehr entgegen.« So die *Frankfurter Allgemeine Zeitung* im Oktober 2000. Der Begriff »Börsenpsychologie« hat sich hier als sprachlicher Statthalter des Gefühls eingebürgert.

Das gilt letztlich auch für das Chef – Mitarbeiter-Verhältnis: Eine wie auch immer geartete rationale Beweisführung für ein intensiviertes Vertrauen (»Vertrauen rechnet sich!«) scheitert an der Tatsache, dass Unternehmen keine Veranstaltungen betriebswirtschaftlicher Rationalität sind. Wenn jemand nicht vertrauen *will*, passiert nichts. Das wird er natürlich in den seltensten Fällen zugeben: Für dieses emotionale Verschließen findet sich immer eine Vielzahl »rationaler« Gründe, warum wir nicht vertrauen *können*.

Vernunft allein reicht nicht aus, um Entscheidungen für oder gegen Vertrauen zu treffen. Gefühle spielen immer mit. Diesem Satz stimmen daher die meisten Menschen zu: »Vertrauen, das kommt doch aus dem Bauch heraus!« Insofern ist das Herstellen eines Vertrauensklimas nicht *nur* eine Sache rationalen, gesteuerten Verhaltens. Das unbewusste Übermitteln, wie auch das *spürende* Aufnehmen und Verstehen von »Ich-vertraue-Dir«-Signalen lässt die Kooperation zwischen Personen weit eher gelingen. Dieses Klima und die ihm zugeordneten Verhaltenszüge kleiner und kleinster Dimension lassen sich in der Regel nicht direkt herbeiführen. Sie gehen aus emotionaler Zuwendung oft wie von selbst hervor. Vertrauen entzieht sich mithin der *vollständigen* willentlichen Verfügbarkeit. Aber ein Sich-auf-Vertrauen-hin-Entwickeln, Vertrauen durch Praxis einzuüben, das ist möglich. Die vertrauende Person sendet dem möglichen Partner die unscheinbaren, in ihrer Fülle und Komplexität kaum absichtlich zu erzeugenden Signale, die die andere Person dazu bringen können, Vertrauen zu honorieren. Sodass im gelingenden Fall die Beteiligten von beiden Seiten her nicht nur aus rationaler Berechnung, sondern aus einer »Spürenshaltung« (U. Pothast) heraus das Richtige tun. Ich wüsste jedenfalls nicht, wie meine Einschätzung der Vertrauensfähigkeit einer anderen Person anders ausfallen könnte als unter wesentlicher Beteiligung meines Gefühls.

Es lohnt sich daher, fremdes Verhalten aufmerksam zu beobachten. »Trau, schau, wem.« Nur wenige Menschen können über lange zeitliche Distanzen ihre Körpersprache so kontrollieren, dass es ihnen gelingt, die Spürensqualitäten vorzuspiegeln, die einer aufrichtigen Interaktion zugrunde liegen. »Schau länger hin, und hoffe kürzer.«

Das beste Mittel wiederum, im Bereich ungewollter eigener Verhaltensweisen das zu zeigen, was tatsächlich da ist, dürfte sein: sich nicht zu verstellen. Sich wirklich zu fragen: *Will* ich dem anderen vertrauen? Was sagt mein Gefühl? Bloße verbale Bekundungen ohne innerlich tief verankerte Überzeugung werden von dem anderen als falsch erlebt. Sie verhindern daher geradezu das, was sie beschwören. Es geht um Realsein. Gerade in nur noch schwer zu überschauenden Entscheidungssituationen sollten wir unser Spürens-Urteil nutzen, statt nach weiteren Mitteln für eine am Ende unglaubwürdige »Objektivität« zu suchen.

Wie kommt dieses Gefühl zustande? Ob wir jemandem vertrauen, hängt beim ersten persönlichen Kontakt von einer Fülle unbestimmter Eindrücke ab. Wir sehen jemanden, und aus seinem Verhalten, seiner Kleidung, dem Klang seiner Stimme, seinem Gesichtsausdruck (besonders seiner Augen) entwickeln wir Phantasien darüber, wie diese Person wohl »ist«. Das nennen wir im Regelfall »Intuition«. Wir gebrauchen das Wort »Intuition« als sprachlichen Lückenbüßer, weil wir die Basisdaten (Wahrnehmungsaspekte und Wertmaßstäbe), die unserem Gefühl unterliegen, nicht artikulieren können oder wollen. Wir unterschätzen in der Regel, wie schnell wir die Vertrauenswürdigkeit einer Person beurteilen. Vorurteile, Verallgemeinerungen, Erfahrungen beeinflussen diesen Prozess. Der eine traut einem Handwerker mehr als einem Wissenschaftler. Der andere mehr einem

Naturburschen als einem Städter. Der dritte mehr einer Frau als einem Mann. Oder umgekehrt. Täuschung kommt in diesem Bereich bekanntlich vor. Nach einem Gespräch mit Joseph Stalin urteilte H. G. Wells: »Niemals zuvor habe ich einen so offenen, fairen und ehrlichen Menschen getroffen. Niemand fürchtet sich vor ihm, und er genießt das Vertrauen aller.« Ein »gutes Gefühl« ist also keine *hinreichende* Basis für Vertrauen. Hier geht es mir aber noch um etwas anderes: darum, Vertrauen »zur Sprache zu bringen«. Wenn Gefühle ernsthaft als Dimensionen unserer Urteilskraft anerkannt werden wollen, dann müssen sie, wie alle Urteile, zugänglich für Begründung und Widerlegung sein. Dann dürfen wir uns nicht hinter ihnen verstecken. Dann muss man sie zur Sprache bringen. Und damit die Ratio dem Gefühl zur Seite zu stellen. Das will ich im Folgenden tun, wenn wir uns gemeinsam die *Praxis* des Vertrauens anschauen. Vor allem, wenn Ihnen daran gelegen ist, Vertrauen zu *schaffen*. Bleiben wir beim Gefühl stehen, bleiben wir ohnmächtig, müssen wir uns abfinden mit dem, was ist oder nicht ist. Wollen wir die Gegenwart gestalten, dann können wir die Bedingungen der Möglichkeit von Vertrauen verbessern. Sogar erheblich verbessern. Wir können einen anderen Menschen nicht zwingen, uns zu vertrauen. Aber wir können die Wahrscheinlichkeit erhöhen, ... was hingegen nur der anerkennen wird, der schon *fühlt*, was ich jetzt entwickeln will.

Wie praktiziere ich Vertrauen?

Mythos »vertrauensbildende Maßnahmen«

Was können Sie tun, damit ein anderer Mensch Ihnen vertraut? Auf den ersten Blick erscheint Vertrauen als ein Zustand, der kaum aktiv herzustellen ist. Ob Ihnen ein anderer Mensch vertraut, können Sie zwar beeinflussen, aber nicht steuern. Letztlich haben Sie es nicht »im Griff«. Verlässlichkeit, Verhaltensstabilität, Berechenbarkeit, Erfüllung von Versprechen, Fairness, Loyalität, Ehrlichkeit, Diskretion, Glaubwürdigkeit: sicher wichtige Verhaltensweisen, die Vertrauen *erhalten*. Was aber lässt Vertrauen *entstehen*?

Wenn Ihnen jemand das Vertrauen versagt, dann bleibt Ihnen nichts anderes übrig, als das zu akzeptieren. Dennoch ist die Literatur voller Vorschläge, was man als Führungskraft tun kann, um Vertrauen zu schaffen. Um es gleich geradeheraus zu sagen: Die meisten Vorschläge, von denen ich gelesen habe – die sogenannten »vertrauensbildenden Maßnahmen« – sind zwar gut gemeint, aber schwach bis wirkungslos. Etliche davon sind eitel und wohlfeil bis an die Grenzen des Koketten. Sie alle ignorieren die hierarchischen Machtverhältnisse, unter denen sie wirksam werden sollen. Schauen wir uns einige an, damit Sie nicht in die Falle der guten Absicht tappen.

»Um Vertrauen werben!«

Wenn uns die Argumente ausgehen, wenn wir nicht überzeugen können, wenn wir meinen, mit Informationen nicht an die Öffentlichkeit gehen zu dürfen – dann werben wir um Vertrauen. Aber verdient Vertrauen, wer um Vertrauen wirbt? Schafft nicht gerade Vertrauenswerbung das Misstrauen, das sie überwinden will? Wer wirbt, will etwas verkaufen, der schönt den Gegenstand, unterschlägt mindestens die Schattenseiten. Wir ahnen: Es handelt sich nicht um die volle Wirklichkeit. Und das beschwörende Reden untergräbt das vorgängig Selbstverständliche noch mehr. Der Appell, mit dem jemand auf den Vertrauensschwund beim anderen reagiert, vertreibt zugleich, was er beschwört. Wer gestern öffentlich einen Mitarbeiter bloßgestellt hat, kann auch mit Werbung nicht mehr erreichen, dass man sich morgen vertrauensvoll an ihn wendet.

Wenn in einer Beziehung das Misstrauen eingekehrt ist, gibt es dafür Gründe. Ein einfaches »Vertrauen Sie mir!« überwindet diese Gründe nicht, mag sogar Widerstand erzeugen. Es ignoriert diese Gründe und nutzt die positive Aura des Vertrauensbegriffs, um den Skeptischen ins moralische Abseits zu schieben. Wer sagt: »Vertrauen Sie mir!«, erklärt Vertrauen zur Bringschuld und ergänzt unausgesprochen: »... wenn Sie mir nicht vertrauen, dann stimmt mit *Ihnen* etwas nicht.« In der Tat: Aufgefordert »Vertrauen Sie mir« fühlen sich Menschen oft schuldig oder beschämt, wenn ihnen das nicht gelingt. Wenn wir nicht vertrauen, sind wir implizit angeklagt, nicht die richtige Einstellung zu haben. Man sagt uns, was wir fühlen sollten. Was wir aber wirklich fühlen, ist, dass es Gründe für unser Misstrauen gibt. Zu wenig ist geboten, zu viel ist gefordert.

»Vertrauen Sie mir!« ist eine hoch manipulative Kommunikationstechnik. So, wie sich irgendwelche »Erfolgstrainer« selbst als Rollenmodell präsentieren: »Schauen Sie mich an! Ich habe es auch geschafft!« So, wie manche Führungskraft kritische Fragen beschwichtigt: »Ich kann im Augenblick nicht darüber sprechen, ich bitte Sie einfach: Vertrauen Sie mir!« Das ist nicht selten Vorwand, um Motive und Handlungen nicht erklären zu müssen, um sich nicht gegen gute Gründe verteidigen zu müssen. Man will nicht gerne kritisiert werden. Wenn der andere dann doch auf seinen Fragen besteht, kann man ihn vom Sockel moralischer Hochanständigkeit herab des mangelnden Vertrauens zeihen. Man stellt die legitimen Verstehenswünsche mit der rhetorischen Figur der Vertrauensforderung ins moralische Abseits. Vertrauen als Immunisierungskeule: »Du bist ein schlechter Mensch, wenn Du mir nicht vertraust.«

Sie bauen kein Vertrauen auf, indem Sie über Vertrauen reden. Im Gegenteil: »Vertrauen Sie mir« hat eine ähnlich tödliche Wirkung auf das Vertrauen wie Sonnenlicht auf Vampire oder der Alltag auf Traumfrauen. Es verflüchtigt sich, wenn es thematisiert wird. Sie sind eher dann vertrauenswürdig, wenn Sie *nicht* um Vertrauen werben.

»Geradlinig sein!«

Ist Ihr Verhalten konsequent und voraussehbar? Wenn Ihr Verhalten verwirrend und inkonsistent ist, fällt es Menschen schwer, ihnen zu vertrauen. »Heute so, morgen so« ist tödlich für eine stabile Vertrauensbeziehung. Ihre Mitarbeiter müssen sich darauf verlassen können, dass Sie in vergleichbaren Situationen vergleichbar handeln, ... das ist eine verbreitete Ansicht. Und zugegeben: Wenn ich Managern begegne, denen ihre Umwelt vertraut, dann wirken sie – fast immer – geradlinig und berechenbar. Insofern scheint mir geradliniges und berechenbares Handeln durchaus eine notwendige Bedingung für Vertrauenswürdigkeit zu sein. Aber ist sie hinreichend? Reicht es aus, um Vertrauen zu *schaffen*?

Geradlinigkeit ist unter der grundsätzlich dilemmatischen Bedingung von Führung ausgesprochen schwierig. Wie wollen Sie geradlinig sein, wenn alle menschlichen Handlungssituationen naturgemäß widersprüchlich und mit Paradoxien gespickt sind? Wenn Sie gleichzeitig mehrere konkurrierende Ziele verfolgen müssen? Wie wollen Sie Berechenbarkeit demonstrieren, wenn Sie Entscheidungen treffen müssen, die wichtige Aspekte und gute Argumente unberücksichtigt lassen; ja, wenn Sie schon bei der Entscheidung spüren, dass Sie den Reparaturaufwand gleich mitentscheiden, der dann zwei Jahre später fällig wird? Die Welt ist nicht in »Entweder-Oder« einteilbar, die Welt ist ein

»Sowohl-als-Auch«, ein situatives »Heute so« aber vielleicht »Morgen anders«. Führungskräfte sind Paradoxiekünstler.

Unter gewissen Umständen werden Sie auch Ihre Meinung ändern wollen, man nennt das »Lernen«. Wenn kein Vertrauen herrscht, kann das als Inkonsistenz und Unglaubwürdigkeit erlebt werden. Kann es sein, dass unter dem Diktat der Glaubwürdigkeit Lernen verhindert wird? Und noch ein Einwand: Ich kenne etliche Manager, denen niemand vertraut. Sie sind aber absolut geradlinig und berechenbar. Jeder Mitarbeiter kann sich darauf verlassen, bei schwacher Leistung gefeuert zu werden.

Deutlich wird, dass konsistentes Verhalten beitragen kann, Vertrauen zu erhalten. Aber Vertrauen zu schaffen, dazu reicht es nicht aus.

»Fehler zugeben!«

Auch das wird gefordert: Man solle als Führungskraft auch mal Schwäche zeigen. Fehler zugeben. Wer das Verliererspiel spiele, die eigenen Fehler verschleiere, aber die der Mitarbeiter herausstelle, könne kein Vertrauen schaffen. Schön. Und irgendwie auch klar. Bekannt ist auch, dass sich viele Manager mit dem Schwächezeigen schwer tun, zumal sie über Mittel verfügen, Fehler zu verschleiern. Einige Zeit jedenfalls. Aber mittlerweile ist das öffentliche Bekenntnis zum Nicht-perfekten: »Ich bin ja auch nur ein Mensch!«, der per Führungsleitlinien verordnete Geständniszwang: »Ich mache auch meine Fehler!« – lächerlich und eitel. Weil es für die Führungskraft keine Konsequenzen hat. Es ist – bis auf die Trübung der eigenen Grandiosität – einigermaßen risikolos. Fehler zugeben und Schwächen offenbaren – das ist vom Sockel der Hierarchie leicht und wohlfeil. Aber bringt es einen Manager in Abhängigkeit vom Mitarbeiter? Droht ihm Schlimmes, wenn er es tut? Wohl eher nicht. Droht ihm Schlimmes, wenn er es *nicht* tut? Abermals nein. Erinnern wir uns: Was ist wichtig im Unternehmen? Das, was Konsequenzen hat. Was ist unwichtig? Was keine Konsequenzen hat. Fehler zugeben hat für eine Führungskraft keine Konsequenzen.

»Echt sein!«

Dem Schauspieler Samuel Goldwyn wird der Zynismus zugeschrieben: »Der Schlüssel für einen Schauspieler ist Aufrichtigkeit – wenn er das spielen kann, kann er alles spielen.«

Nein, Schauspieler sollen keine Manager sein, sie sollen keine »Rolle« spielen. Vielmehr solle er oder sie »echt« sein, so lautet der Ratschlag, »authentisch«. Auch das wird Kopfnicken erzeugen, sich kaum des Widerspruchs erfreuen. Aber es ist ebenfalls zu kurz gedacht. Was soll das denn sein, dieses »Echt«? Den Mitarbeiter vor lauter »Echtheit« an die Wand zu nageln? Dem Mitarbeiter mal so richtig unzensiert die Meinung zu geigen? Mit wirklich »echten« Gefühlen die Sau rauslassen? Gerade die Rabauken unter den Führungskräften fühlen sich oft ungemein »echt«. Die Forderung nach Authentizität ist unter den Machtbedingungen seifenoperntauglich, aber das ist es auch schon. Macht per se ist der kommunikative Sündenfall. Eine Führungskraft hat sich ihrer Rolle im Unternehmen immer bewusst zu sein, sie muss das hierarchische Gefälle immer mit einkalkulieren – und da verbietet sich Echtheit. Vor allem in kritischen, vom Mitarbeiter als bedrohlich erlebten Situationen.

Wenigstens solle man nicht lügen. Auch das ist ein schwieriges Thema. Unter der Bedingung strukturellen Rechtfertigungsdrucks im Unternehmen ist die Lüge das Selbstverständlichste der Welt. Bleiben Sie bei sich selbst: Wenn man Sie mit der Frage: »Wie konnte das passieren?« oder »Warum haben Sie das nicht beachtet?« in die Enge treibt, werden Sie die Situation so darstellen, dass Sie möglichst gut dastehen und straffrei wegkommen. Sie werden den einen Aspekt betonen, der Ihnen hilft, den anderen abschwächen, jenes Element in den Vordergrund heben, ein anderes leise ignorieren – das nennt man »lügen«. Und es ist klug. Es hilft beim Überleben. Alle Lügen sind Notlügen. Sogar in der Bibel findet sich keine Stelle »Du sollst nicht lügen.« Da steht: »Du sollst kein falsches Zeugnis geben über deinen Nächsten.« Das ist etwas anderes.

»Meinen, was man sagt – und so handeln!«

Sie meinen, was Sie sagen und handeln auch danach – aber dennoch vertraut Ihnen jemand nicht. Kennen Sie das? »Meinen, was man sagt« – das ist ebenfalls zu personenzentriert gedacht und krallt sich hilflos an die gute Absicht des Managers. Es unterschlägt den systemischen Zusammenhang. Wenn der Mitarbeiter aufgrund unterschiedlicher Informations- und Interessenlage Ihnen das Vertrauen verweigert, in Ihnen zunächst – und mit Recht! – den »Agenten des Kapitals« sieht, dann ist es nicht weit her mit dem Vertrauen. Wir sind alle abhängig von der Entscheidung unseres Gegenübers – ob er uns für vertrauenswürdig hält oder nicht. Im Falle, dass er es Ihnen versagt oder strukturelle Bedingungen dem entgegenstehen, wird sich keine vertrauensbasierte Interaktion ergeben. Vertrauen kann grundsätzlich nicht ausschließlich durch den Wunsch eines Einzelnen entstehen. Es entsteht (oder entsteht nicht) wenn *beide* Partner wechselseitig Vertrauen bestätigen. Dazu später mehr.

Dennoch: Wenn das Management gebetsmühlenhaft behauptet, die Mitarbeiter seien die »wichtigste Ressource« oder das unersetzliche »Intangible Asset« des Unternehmens, gleichzeitig aber Entlassungen ankündigt und die Budgets der Weiterbildung kappt, dann sollte man entweder das eine oder das andere lassen. Sonst wird sich niemals Vertrauen entwickeln.

»Versprechen halten!«

In unserem Alltagsbewusstsein fällt Zusammenarbeit, Vereinbarungstreue und Vertrauen in eins. Wir lehren unseren Kindern, dass man Versprechen zu halten hat. »Das hast du mir versprochen!« ist etwa gleichbedeutend mit »Du schuldest mir ...!« Der Imperativ für gelingende Zusammenarbeit also ist: »Halte deine Vereinbarung!« Menschen neigen dazu, jenen zu vertrauen, die sich an Vereinbarungen und Absprachen halten, denen Ergebnisse wichtig sind – und nicht »Bemühungen«, »Versuche« und andere Opfergeschichten. In manchen Unternehmen ist die einzige Haltung die Buchhaltung.

Aber was ist mit Ihnen? Halten *Sie* Ihre Versprechen? Wenn Sie Ihre Vereinbarungen brechen (Sie nennen es vielleicht »an veränderte Bedingungen anpassen«), werden auch andere ihre Vereinbarungen brechen. Der jüngst eingestellte Manager, dem nichts Besseres einfällt, als wieder auf die Kostenpauke zu hauen, antwortet auf das Gegenargument, man habe doch Verträge mit Lieferanten: »Break all contracts!« Wie kann ich hoffen, dass sich ein Mensch innerhalb des Unternehmens an die Spielregeln hält, wenn ich ihn dazu ermutige, gegenüber den Lieferanten alle Verpflichtungen aufzukündigen? Genau diese Leute sind die Totengräber eines Wirtschaftens, das Maß und Mitte kennt. Sie selbst mögen eine Vereinbarung für unwichtig halten – für einen anderen ist sie zentral. Wer sein Versprechen nicht hält, schwächt sich selbst, fühlt die innere Selbstabwertung: »Ich bin nicht vereinbarungsfähig. Ich kann mir nicht trauen.« Der wird auch anderen nicht trauen. Also: Wenn Sie sich vereinbart haben, dann halten Sie sich daran. Oder vereinbaren Sie sich nicht. Man kann sich auch einigen, sich nicht zu einigen.

Von all den »schwachen« Verhaltensweisen, die Vertrauen erhalten können, scheint mir das »Versprechen halten« noch am plausibelsten. Es ist zwar ein eher »passives« Argument, aber ohne es wird sich das zarte Pflänzchen »Vertrauen« kaum entwickeln.

»Vertrauen leihen!«

Die Qualität von Gütern ist nicht immer wahrnehmbar. Die Wirtschaftswissenschaften teilen Güter hinsichtlich der Wahrnehmbarkeit von Qualität in drei Kategorien ein: Die »Suchgüter«, deren Qualität bekannt ist und die man nur finden muss – Kartoffeln etwa. Die »Erfahrungsgüter«, deren Qualität erst nach dem Gebrauch beurteilt werden kann, zum Beispiel neue Kinofilme. Drittens die »Vertrauensgüter«, deren Qualität der normale Verbraucher nicht beurteilen kann: Welcher Rechtsanwalt ist wirklich erstklassig? Wie sicher ist das Fliegen? Welcher Chirurg macht die besten Nähte? Welcher Vermögensberater empfiehlt Anlagen, die nicht nur ihm selbst nutzen?

Bei welchem Unternehmen lohnt es sich zu arbeiten? Welcher Politiker vertritt meine Interessen? Aber auch der Verkäufer eines Produktes stellt sich die Frage: »Wie kann ich es schaffen, dass der Kunde mir vertraut, wenn er die Qualität meines Produktes nicht direkt beurteilen kann?« Eine Antwort lautet: »Über einen Umweg, indem wir einen Dritten einschalten.«

»Linke« Politiker umgeben sich mit bekannten Geschäftsleuten, um zu signalisieren: »Du kannst mir vertrauen wegen der Gesellschaft, die ich pflege.« Debütautoren bitten bekannte Erfolgsautoren um so genannte »Endorsements«: lobende Erwähnungen, die das Vertrauen vom Bekannten auf das Unbekannte transferieren sollen. Der junge Mensch, der auf der Suche nach einer ersten Anstellung der Empfehlung eines guten Freundes traut: »Da kannst du hingehen, das ist ein gutes Unternehmen.« Wir fragen einen Fachmann, ob er mit diesem oder jenem Gerät gute Erfahrungen gemacht hat. Wir kaufen ein Heft der »Stiftung Warentest«. Wir gehen zum »Vertrauensarzt«, weil man den Unterschied zwischen krank *feiern* und krank*sein* klären will. Man holt sich Berater ins Unternehmen, die gleichsam aus »objektiver« Distanz Handlungsempfehlungen geben sollen (obwohl sie häufig nur die intern getroffenen Entscheidungen extern ummänteln). Oder man nutzt den Betriebsrat als Instanz, um gewisse konfliktäre Verfahren zu regeln.

Was verbindet alle diese Beispiele? Sie beschreiben ein *Dreiecksverhältnis*. Wenn man nicht vertraut oder sich selbst nicht sicher ist, als vertrauenswürdig zu gelten, greift man zu »dritten Parteien«, von denen man sich gleichsam Vertrauen »leiht«. Diese »dritten Parteien« sind Expertensysteme, die Risiko für uns abschätzen und uns informieren. Vertrauen läuft dann also nicht mehr direkt, sondern wird indirekt geleitet.

Das ist die Mechanik: Vertrauenswürdige Institutionen als »dritte Parteien« transferieren Reputation auf Unbekanntes. Wenn Sie oder Ihr Unternehmen durch Zertifikate, Siegel, Prüfungen, Auditierungen, staatliche Zulassungen, Ethiklisten von den Verkäufern dieser Sicherheitsdienstleistungen (»Dritte Partei«) als vertrauenswürdig dekoriert werden, nimmt Sie der Kunde entsprechend wahr. Unter *www.trust.org* oder *www.corporationTrust.com* finden Sie zum Beispiel »Vertrauensklubs«. Von einigen Zertifikathändlern können Sie ein »Trust Seal«, erwerben, mit dem Sie dann Ihre Internetseite schmücken. Eine gewaltige Industrie der Korrekturen verbessert, immunisiert das Gebilde organisierten Unvertrauens und richtet es aus nach dem alten vermessenen Ziel der Aufklärung: Unsicherheit und Risiko aus der menschlichen Existenz möglichst zu verbannen.

Zur Begründung heißt es: Dem Kunden müsse in einer immer komplexeren Welt Orientierung geboten werden. Aber unter dem Deckmantel des Vertrauens und der Qualitätssicherung werden auch Zulassungsberechtigungen erteilt und verweigert, Märkte geschützt und Pfründe gesichert. Als Beispiel seien die Handwerksordnung mit ihrer anachronistischen Meisterprüfung und der ISO-Unfug genannt. Ja, man vertraut, – aber nicht dem Markt, der Qualität *sichert*, sondern dem Zertifikat, das Qualität *behauptet*. Offenbar vertraut man den Händlern von Zertifikaten mehr als den eigenen Zulieferern. Die Konjunktur von ISO und anderen »Third Parties« ist das Wasserzeichen der Krise: »Wir haben alles. Nur kein Vertrauen.«

Ein besonders deutsches Phänomen, wie mir scheint: Wir neigen dazu, Normen und Regeln zu vertrauen, nicht aber Menschen. Die gesamte deutsche Industrie leidet darunter, Institutionen mehr zu vertrauen als den eigenen Mitarbeitern. Ordnungen, Marktschutzmechanismen, ein überregulierter Arbeitsmarkt, Zünfte – alles hat sich ein- und unterzuordnen. Das freie Spiel der Kräfte? Klares Denken? Fehlanzeige! Christel Lane von der University of Cambridge legte für diesen Zusammenhang ein interessantes Beispiel vor. Sie untersuchte die Beziehungen zwischen Kunden und Lieferanten der deutschen Maschinenindustrie. Insgesamt kommt sie zu folgendem Urteil: »Große Konformität gegenüber Regeln lässt deutschen Managern wenig Raum für autonome Entscheidungen und behindert die Eigeninitiative. Technische Normen für Produkte werden von Handelsorganisationen diktiert, was wenig Anreiz für Innovation gibt. Das geschlossene, enge (normorientierte) Vertrauen deutscher

Geschäftsbeziehungen bedeutet, dass die deutsche Industrie weiterhin nur kleine Innovationen und hohe Qualität produziert. Die deutschen Unternehmen sind jedoch schlecht darauf vorbereitet, die radikalen Innovationen der Zukunft zu nutzen. Der Grund liegt darin, dass die deutsche Industrie zu viel falsches Vertrauen hat.« (Leadbeater, S. 165)

Wie problematisch »zu viel falsches Vertrauen« ist, kann man an dem amerikanischen Rechtsanwalt Robert Parker jr. sehen, dessen Weinbenotungssystem dazu führt, dass viele Weinfreunde nur noch die von Parker bewerteten Weine probieren. Sie sind nur noch selten bereit, etwas Neues auszuprobieren. Ungetestete Weine haben kaum eine Chance. Die Wirkung: Das Vertrauen in Parker-Punkte schwächt das Vertrauen der Weinliebhaber in den *eigenen* Geschmack.

Abschied vom Trostpreis-Vertrauen

Ich will nun keineswegs bestreiten, dass all die oben beschriebenen Aspekte einen Einfluss auf das Vertrauensklima haben. Selbstverständlich tragen sie dazu bei, Vertrauen zu ermöglichen. Sie verbessern die Bedingungen von Vertrauen. Aber es sind keine kraftvollen Schritte. Und sie zielen auf eine Schrumpfform von Vertrauen ab. Damit findet man sich ab, weil man in der Praxis wie in der Literatur fast unisono der Meinung ist, es gäbe keinen direkten Weg, Vertrauen zu schaffen. Vertrauen sei ein Abfallprodukt, ein indirektes Ergebnis, es müsse *er*folgen. Seine Erscheinungsweise sei passiv. Damit aber bleibt Vertrauen mystisch, kaum fassbar und schon gar nicht operationalisierbar.

Im Folgenden will ich einen aktiven, direkten Weg anbieten, über den ein starker Sog ausgeübt werden kann. Vertrauen nicht indirekt und langsam als Nebenprodukt, sondern schnell und als Hauptprodukt. Ich schlage vor, Vertrauen gewissermaßen zur Abstimmung zu stellen. Denn ein spürbares, ein wahrnehmbares Vertrauen entsteht erst, wenn es das *Handeln* des Gegenübers erfordert. Erst im Handeln können Sie erkennen, ob jemand bereit ist, in eine Vertrauensbeziehung einzusteigen. Wie aber können Sie den anderen zum Handeln bringen?

Ich möchte an dieser Stelle noch einmal betonen, dass ich hier Vertrauen als Steuerungsmittel anbiete. Ich will den weitgehend unbekannten ökonomischen Mechanismus hinter der Begriffsfassade klären. Ich will, spreche ich es klar aus, mit Vertrauen *Verhalten beeinflussen* – was nur dann ein moralisches Problem darstellt, wenn ich die manipulative Absicht verheimliche.

Um nun von einem negativen Resultat zu einer positiven Bestimmung und damit zur Praxis des Vertrauens überzuleiten, biete ich einen »vertragstheoretischen« Zugang an. Das schmeckt nach staubtrockener Luft, ist aber – im Gegenteil – von vitaler Lebendigkeit. Vor allem aber hoffe ich, dass dieser Zugang für viele Menschen »praktisch« ist. Ich wähle dafür – vereinfachend – die Perspektive »Sie als Chef«. Ich beschreibe Sie selbst als Vertrauens-Geber, den Mitarbeiter als Vertrauens-Nehmer. Also: Was können Sie tun, um Vertrauen aufzubauen? Wie starten Sie den Vertrauensmechanismus, *wenn* Sie ihn starten wollen?

Der »implizite Vertrag« als Steuerungsmechanismus

Wirtschaftssubjekte handeln wechselwirksam. Um ihre Ziele zu erreichen, müssen sie mit anderen Akteuren in eine Beziehung treten, in der Leistungen getauscht werden. Die Basis dieser Tauschbeziehungen bilden mehr oder weniger klare Vorstellungen über die Balance von Geben und Nehmen. Ihre eigenen Interessen mögen sich während des Prozesses zum gegenseitigen Vorteil sogar verändern. Die Akteure kennen sich in der Regel nicht oder oft nicht so gut, dass Vertrauen durch positive Erfahrung gerechtfertigt wäre. Deshalb schließt man Verträge. Für Max Weber war der Vertrag geradezu der Inbegriff der modernen Industriegesellschaft. Verträge sollen Sicherheit erzeugen.

Das gilt auch für die Leistungsbeziehungen innerhalb eines Unternehmens. Auch zwischen Chef und Mitarbeiter werden Leistungen getauscht. In der Regel kennt man sich aber nicht von Beginn an. Es ist auch nicht verwunderlich, dass gleich am Anfang der Beziehung ein Vertrag steht – der Arbeitsvertrag. Manchem scheint es angeraten, diesen später durch weitere Verträge – etwa Zielvereinbarungen – zu ergänzen. Man kann Führung daher als das Management von Tauschbeziehungen beschreiben.

Verträge versetzen Sie in die Lage, ausdrücklich zu bestimmen, welche Leistungen und Gegenleistungen getauscht werden sollen. Meist geben sie auch noch an, welche Entschädigungen fällig sind, wenn die Partner nicht das tun, was sie als gegenseitige Leistung vereinbart haben. Das ist der ausdrückliche, der *explizite* Vertrag.

Das Verhalten Ihres Tauschpartners ist jedoch nicht völlig kontrollierbar. Sie können es sicherlich beeinflussen. Aber eine 100-prozentige Sicherheit und Vorhersagbarkeit ist schlechterdings unmöglich. Alle Verträge (Arbeitsverträge, Zielvereinbarungen, Mietverträge, Eheverträge), die wir miteinander aushandeln, sind *unvollständig*. Sie beinhalten immer auch ein Element des nicht ausdrücklich Geregelten, des Unausgesprochenen. A. Parsons hat dies das »nichtkontextuale Element« des Vertrages genannt. Immer gibt es einen Ermessensspielraum, der nicht ausdrücklich festgelegt ist. Und auch nicht ausdrücklich festgelegt werden kann – andernfalls wären unsere Verträge endlos lang und detailliert. Dies zu vermeiden, versucht etwa § 242 des BGB über Treu und Glauben als Generalklausel für alle »nichtgeregelten« Fälle.

Wenn Sie also mit Ihrem Mitarbeiter zusammenarbeiten, müssen Sie trotz aller Verträge und Absprachen ein Moment des Glaubens investieren: Vertrauen. Keine Befehlskette ist geschlossen genug, keine Überwachung hermetisch, kein Vertrag dicht genug, als dass Sie auf Vertrauen verzichten könnten. Sie, der Vertrauende, erwarten, dass der Mitarbeiter seinen Ermessensspielraum im Sinne der Zusammenarbeit nutzt, zumindest Ihnen nicht schaden wird. Dieser Steuerungsmechanismus kann als *impliziter Vertrag* beschrieben werden, hier zwischen Ihnen und einem Mitarbeiter. Vertrauen stabilisiert mithin unsichere Erwartungen.

Um das Bild zu vervollständigen: Auch der Mitarbeiter hat natürlich mit Ihnen – als Vertreter der Organisation – einen impliziten Vertrag. Dieser implizite Vertrag, der häufig auch als »psychologischer« Vertrag beschrieben wird, ist letztlich also ein Bündel von *gegenseitigen* Erwartungen. Dieses besteht aus Vorstellungen über die gegenseitigen Verpflichtungen, die erwartet werden können, aber nicht schriftlich zugesichert sind. Die Organisation bietet zum Beispiel Beförderung, außergewöhnlich gute Lernmöglichkeiten, Prestige, ein gutes Klima und faire Umgangsformen an. Im Gegenzug bringt der Mitarbeiter Commitment, Innovation, Flexibilität, Lernbereitschaft, Loyalität oder – situativ – hohe Belastung des Privatlebens ein. Die Kalkulation könnte dann aus Sicht des Mitarbeiters etwa sein: »Wenn ich mich jetzt hier richtig anstrenge und das Projekt erfolgreich abschließe, werde ich demnächst befördert.« Der Mitarbeiter kalkuliert Wahrscheinlichkeit. Er kann aber nicht sicher sein, dass seine Erwartung sich erfüllt.

Die Inhalte des impliziten Vertrages können sich ändern. Sie sind abhängig vom gesellschaftlichen Wandel. Wenn die heutige Generation von Angestellten ihren Job eher als kurzfristige, weniger als »lebenslange« Vereinbarung sieht, so geht damit die Erwartung einher, dass sich die Gegenleistung des Unternehmens auch eher als kurzfristig, flexibel und übertragbar gestaltet. Wenn ein Unternehmen »Employer of Choice« werden will, tut es gut daran, den gesellschaftlichen Einstellungswandel sensibel zu beobachten, um nichts anzubieten, was niemand mehr will. Wer das übersieht, hat Mühe, gute Leute zu bekommen und zu halten. So berichtet M. Dickmann von einer Studie in einem großen Klinikum, in dem die Unternehmensleitung den impliziten Vertrag als die Erwartung permanent steigender Gehälter auslegte. In Wirklichkeit ging es den Mitarbeitern um weitgehend selbstverantwortlich gestaltete Dienstpläne – also um selbstgestaltete Arbeitszeit – während Geld nur Rangplatz sieben der Prioritätenliste belegte.

Grundsätzlich ist eine vertrauensvolle Beziehung durch die gegenseitige Erwartung gekennzeichnet, dass die mit der Beziehung eingegangene Abhängigkeit nicht einseitig ausgebeutet wird. Noch einmal: Implizit (respektive »psychologisch«) ist dieser Vertrag nur insofern, als er nicht schriftlich oder mündlich fixiert ist. Der implizite Vertrag *ist* Vertrauen.

Wir haben also immer einen *expliziten* und einen *impliziten* Anteil in einem Vertrag. Für den expliziten Vertrag können wir Sorgfaltspflicht einklagen. Der implizite Vertrag geht darüber hinaus: in die Verantwortung. Wie groß diese Anteile im Verhältnis zueinander sind, lässt sich nicht generell entscheiden. Um ein Beispiel zu nennen: Kreditinstitute haben in der Regel eine extrem hohe Verregelungsdichte, mithin einen großen expliziten Anteil. Werbeagenturen und Partnerunternehmen haben hohe Vertrauensspannen, mithin einen hohen impliziten Anteil. Auch innerhalb eines Arbeitsverhältnisses: Im expliziten Teil lautet das Tauschverhältnis »Geld gegen Leistung«, im impliziten Teil »Sicherheit gegen Loyalität«. Man wird unschwer erkennen, dass sich in vielen Unternehmen die Gewichte zugunsten des expliziten Anteils verschoben haben.

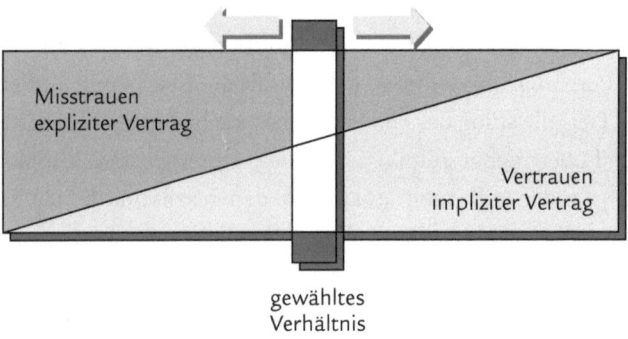

Schaut man genauer hin, so besteht der Inhalt des impliziten Vertrages aus drei Elementen:

1) Der Mitarbeiter tut, was der Chef erwartet beziehungsweise was vereinbart wurde;

2) der Chef verzichtet auf explizite Kontroll- und Steuerungsmaßnahmen;
3) jeder verhält sich dem »Geist« des expliziten Vertrages entsprechend.

Will – um ein Beispiel zu nennen – ein Mitarbeiter sich des in ihn gesetzten Vertrauens als würdig erweisen, so ist das für ihn mit Aufwand und Energieeinsatz verbunden. Er muss sich anstrengen. Das wird er genau so lange tun, wie der für ihn dadurch erzielbare Nutzen höher ist als die Kosten seines Verhaltens. Nur kalt gedacht? So Goethe. Gemütlos? So Schlegel. Es mag noch so berechnend und emotionslos klingen – Nutzen kann vielerlei sein: Geld, Ansehen, Beschäftigungssicherheit, persönlichkeitsförderliche Tätigkeit, soziale Kontakte, Anerkennung. Aber auch Selbstachtung, das Gefühl, fair zu sein, Commitment zu leben, etwas zu tun, was Freude bereitet, einem persönlichen Ehrgefühl zu genügen. Es kann auch für jemanden von großem Vorteil sein, Vertrauen zu bestätigen, wenn ihm Freiraum, Eigensteuerung und Respekt wichtig sind. Und sein Nutzen ist umso höher, wenn dieser mit einem möglichst hohen Nutzen des Chefs identisch ist: Wenn beide richtungsgleiche Interessen verfolgen.

Vertrauen starten

Wie können Sie wissen, dass »der andere« sich auch an die Regeln, die Vereinbarungen, den Geist der Kooperation hält? Mehr noch: Wenn Sie dessen nicht sicher sein können – weshalb sollten dann *Sie* sich daran halten? Schließlich sind Verträge »Menschenwerk«! Wenn Sie sich für Vertrauen entscheiden, gehen Sie durch eine Flammenwand aus Zweifeln, ohne wissen zu können, ob die Entdeckung auf der anderen Seite den Aufwand lohnt. Und Vertrauensbruch beschäftigt doch ständig Gerichte, Anwälte, Moralapostel – uns alle. Also noch einmal: Wer garantiert Ihnen, dass Ihr Mitarbeiter es sich nicht anders überlegt und Sie betrügt?

Niemand. Ihre Erwartungen als Vertrauensgeber können unerfüllt bleiben. Ihr Vertrauensvorschuss kann jederzeit missbraucht werden. Der Mitarbeiter als Vertrauensnehmer kann wählen, ob er das in ihn gesetzte Vertrauen honorieren oder Sie enttäuschen will. Er hat Ihnen gegenüber den Vorteil, besser zu wissen, wie es um seine Leistungsbereitschaft bestellt ist. Oder auch um seine Fähigkeit. Er besitzt intime Informationen über sich selbst, sein Nutzenkalkül, seine geheimen Ziele. Er weiß von sich selbst, ob er vertrauenswürdig, ob er ein vereinbarungsfähiger Mensch ist.

Wenn Sie dennoch vertrauen, wählen Sie bewusst die Unsicherheit, den Kontrollverlust, die Möglichkeit der Enttäuschung. Sie übertragen dem Mitarbeiter eine Aufgabe, ohne zu wissen, ob der Mitarbeiter sich des Vertrauens als würdig erweisen wird, den Handlungsspielraum nicht zu Ihrem Schaden nutzen wird. Für Sie als Chef ist die Platzierung von Vertrauen daher zunächst *riskant*. Diese riskante Vorleistung ist zwar nicht in einem absoluten Sinne zu rechtfertigen, aber sie ist doch – wie wir noch sehen werden – außerordentlich vernünftig.

Wie also starten Sie den Vertrauensmechanismus – *wenn* Sie ihn starten wollen? Wollen Sie den direkten Weg wählen, den schnellen, den aktiven, dann gibt es darauf nur eine Antwort:

Verwundbarkeit startet Vertrauen.

Indem Sie sich aktiv *verwundbar* machen, bringen Sie den Vertrauensmechanismus in Gang. Verwundbarkeit ist das Instrument, mit dem Sie die Vertrauensbeziehung beginnen. Es ist Ihr »Einsatz«, um den Sie fürchten müssen, soll von Vertrauen die Rede sein. Und je größer der für Sie mögliche Schaden, desto größer Ihre Vertrauensleistung.

Wohlgemerkt: *aktiv* verwundbar machen. Das tun Sie, indem sie den impliziten Vertrag erweitern. Auf Kosten des expliziten. Indem Sie auf explizite Sicherungsmaßnahmen verzichten. Regularien abschaffen. Das Kontrollsystem abbauen. Zugangsbeschränkungen lockern. Auf zusätzliche Reportings verzichten. Das muss kein »Entweder-Oder« sein, es kann den Ermessensspielraum ein wenig vergrößern, Art und Menge der anvertrauten Aufgaben verändern. Später will ich dazu einige Beispiele bringen. Wichtig ist: Das eigene Risikoangebot wird von Ihrer Umwelt sehr genau beobachtet. Es sind Signale des Vertrauens.

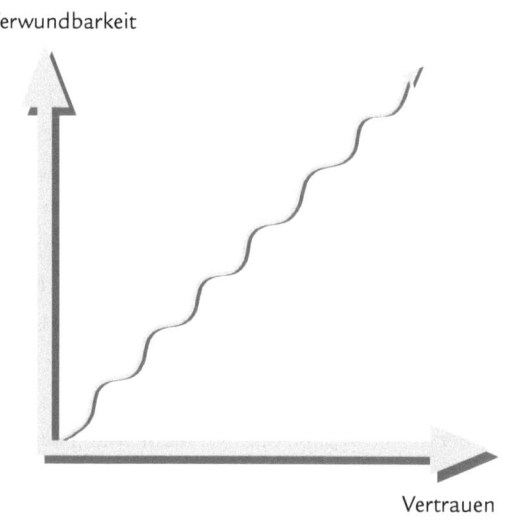

Aktives Vertrauen ist mithin »akzeptierte Verwundbarkeit«. Wollen Sie Vertrauen aufbauen, dann räumen Sie jemandem aktiv die Gelegenheit zur Verletzung ein und sind zugleich zuversichtlich, dass er diese Gelegenheit nicht nutzen wird. Sie sagen sich: »Ich halte einen Betrug zwar nicht für ausgeschlossen, aber eher für unwahrscheinlich.« Vertrauen ist eine Wette auf den Gewinn durch Vertrauen mit dem Risiko des Verlustes.

Den Zusammenhang zwischen Verwundbarkeit und Vertrauen hat der Schauspieler Joseph Fiennes *(Shakespeare in Love)* in einem Interview plastisch beschrieben. Auf die Frage des Journalisten, wie er sich in Nacktszenen fühle, antwortete er: »You are conscious that you are naked, and everyone else is dressed. It's a slightly unnatural setting. But the fear is not physical exposure; it's the way it's going to be shot, edited and perceived. So really it's about trusting a good director.« (in: *InStyle,* 9/2001, S. 268)

Aber mit all dem ist noch nicht gesagt, *warum* Sie damit Verhalten steuern. Warum starten Sie durch Verwundbarkeit den Vertrauensmechanismus?

Die verpflichtende Kraft des Vertrauens

Markus S. hatte während eines Besuchs auf einem Berliner Wochenmarkt unerwartet viele Einkäufe gemacht. Beim Verlassen des Marktes bemerkte er im Vorbeigehen noch ein wertvolles Buch auf einem Antiquariatsstand. Weil das Bargeld aufgebraucht war, sagte er zu seiner Frau: »Schade, das Buch hätte ich gerne noch mitgenommen, aber wir haben kein Geld mehr.« Da sagte die Dame hinter dem Tisch: »Nehmen Sie das Buch nur mit, Sie können mir das Geld überweisen.« »Aber ich komme aus einer anderen Stadt«, antwortete er überrascht, »wir kennen uns doch gar nicht. Was macht Sie so sicher, dass ich das Geld auch überweise? Wollen Sie sich nicht wenigstens meinen Namen notieren?« Markus S. nahm das Buch mit – ohne dass er seinen Namen hinterlassen hatte. Er musste dann über sich selbst lächeln, als er am Montagmorgen später zur Arbeit ging, weil er pünktlich um 8.30 Uhr beim Öffnen der Bank der Erste sein wollte, der einen Überweisungsträger ausfüllte.

Diese Geschichte ist mir so zugetragen worden. Sie verweist auf die größte Leistung des Vertrauens, eine Leistung, der weder Macht noch Geld nahe kommen: Vertrauen *verpflichtet*. Es erzeugt Ansprüche. Es bindet. Es erzeugt einen tief gespürten Sog, dem man sich kaum entziehen kann. Und je größer die riskante Vorleistung, desto größer die verpflichtende Wirkung. Menschen haben schier Unglaubliches geleistet, weil ihnen andere vertrauten. Warum? Welche psychologische Mechanik steckt dahinter?

Wir Menschen suchen den Ausgleich. Geben und Nehmen müssen im Gleichgewicht sein, wenn wir uns entspannt fühlen sollen. Das ist das Gesetz der Reziprozität. Es ruft uns zu: »Gleiche ein Geschenk aus!« Wenn wir etwas bekommen – und sei es noch so schön oder wertvoll – verlieren wir für einen Augenblick unsere Unabhängigkeit. Der andere hat etwas in uns investiert. Dadurch ist unsere Beziehung aus dem Gleichgewicht geraten. Wir fühlen uns dem Geber verpflichtet. Wenn wir für vertrauenswürdig gehalten werden, fühlen wir einen starken Druck, den wir nur mildern können, indem wir etwas zurückgeben. In unserem Fall: wenn wir dem Vertrauen entsprechen. Das *zu*trauende Element wirkt also wie eine Hypothek. »Wie durch Geschenke kann man auch durch Vertrauensbeweise fesseln.« (Niklas Luhmann). Auf der banalen Ebene hat jeder die verpflichtende Wirkung von Vertrauen schon gespürt: Der Chef legt die Hand auf die Schulter des aufstrebenden Jünglings, schaut ihm tief in die Augen und sagt mit fester Stimme: »Ich zähle auf Sie!« Wer könnte sich diesem Sog entziehen?

Jeder kennt das Gefühl fast erstaunten Geehrtseins, wenn einem unerwarteterweise großes Vertrauen geschenkt wird. Man fühlt sich geradezu »entwaffnet«. Und tatsächlich kennt auch jeder das bildhafteste Beispiel für diesen Zusammenhang aus Kriminalfilmen: Der Polizist, der, um mit dem Verbrecher zu sprechen, seine Pistole weglegt. Mit Ausnahme von echten Psychopathen verfügt jeder Mensch über Reflexe des Gewissens, der Selbstachtung, der Scham. Und beugt sich ihnen. Montaigne hat diesen Mechanismus 1580 so beschrieben: »Wem ich auf der Reise die Kassenführung anvertraue, dem überlasse ich sie ganz ohne Kontrolle. Er könnte mich beim Abrechnen ja sowieso leicht betrügen. Und wenn er nicht der Teufel ist, zwinge ich ihn zur Ehrlichkeit durch ein so hingegebenes Vertrauen.«

Aber ist das nicht »moralisch«? Nein, es ist *a*moralisch. Es sagt nicht »Du sollst!«, sondern kalkuliert mit dem Balancegefühl, dem Gespür für Reziprozität, das jeder Mensch in sich trägt. Es ist fast ein Nötigungscharakter, der dieses Vertrauen kennzeichnet. Mag es der eine oder andere auch mit der Idee des »guten Lebens« verbinden, es ist ganz und gar unnötig. Aus welchen Motiven heraus eine Person vertrauenswürdig ist, ist letztlich unbedeutsam. Ob sie aus moralischer Verpflichtung heraus vertrauenswürdig handelt, also aus Gründen der Fairness, oder weil es ihren Interessen entspricht, als glaubwürdig, kreditwürdig et cetera gelten zu können, spielt für das Ergebnis keine Rolle. Der Unterschied liegt im Sympathiewert. Nicht im Ergebnis. Dafür reicht ein »schwaches« Vertrauen völlig aus.

Wichtig ist: Das Schenken von Vertrauen ist eine Leistung, die, *gerade weil sie nicht oder nur schwer einforderbar ist*, Ansprüche erzeugt. Es ist wie eine Einzahlung auf ein imaginäres Beziehungskonto, dass der andere mit einer Gegenleistung ausgleichen muss, will er nicht mit einer spürbaren inneren Schieflage leben. Vertrauen rechtfertigt sich daher oft im Nachhinein selbst, auch wenn es aufgrund situativer Umstände zunächst ungerechtfertigt erscheint. Nicht selten lehnen Menschen auch Vertrauen entschieden ab, um sich der verpflichtenden Wirkung zu *entziehen*. Denn die Vertrauensbereitschaft und -fähigkeit eines Menschen ist begrenzt. Manchmal möchte man vielleicht gar nicht, dass einem vertraut wird, wenn man die eigene Unzuverlässigkeit kennt, aber dem anderen wohl gesonnen ist. Redensarten wie »Ich verdiene dein Vertrauen nicht« oder »Vertraue mir besser nicht zu sehr« signalisieren, dass der Vertrauensnehmer die Verpflichtung fürchtet. Er nimmt die Scham vorweg, falls er das in ihn gesetzte Vertrauen nicht rechtfertigen kann.

Auch Mitarbeiter wollen sich oftmals dem Verpflichtungsdruck des Vertrauens entziehen. Sie bevorzugen dann quantitative und schematische Tauschverhältnisse: Drei Sack Überstunden gegen drei Sack Prämie. Weil sie ihrem Chef und ihren Kollegen nicht trauen (»Wer arbeitet hier zu wenig?«), neigen sie dazu, sich die Anwesenheit und nicht die Aufgabenerledigung bezahlen zu lassen. So wird die sogenannte »Vertrauensarbeitszeit« von den Mitarbeitern oft abgelehnt, weil sie die Vertrauensverpflichtung fürchten. Die Einführung von Vertrauensarbeitszeit scheitert meiner Erfahrung nach weniger am misstrauischen Management noch an rechtfertigungsscheuen Mitarbeitern, sondern schlicht an der Kraft, die vom Vertrauen ausgeht.

Unsere Überlegungen haben nun einen Punkt erreicht, wo die schon eingangs angesprochene Steuerungsproblematik neu beleuchtet werden kann. Es ist deutlich geworden, das zusammengehört, was sich scheinbar auszuschließen scheint: Vertrauen und Kontrolle. Vertrauen steuert das Verhalten eines anderen Menschen. Es ist einfach falsch, Vertrauen gegen Kontrolle auszuspielen. Das Gegenteil ist der Fall:

> *Vertrauen ist Kontrolle.*

Die verpflichtende Kraft des Vertrauens – schön, dass es sogar eine anthropologische Konstante ist. Es gibt keinen Kulturbereich, der dieses Phänomen nicht kennt. In einigen Kulturen ist es die Basis des Sozialen schlechthin. Was wir erwarten können, sagte schon Hotspur zu Heinrich IV: »Aber ich sage Euch, Mylord, aus der Nessel Gefahr pflücken wir die Blume Sicherheit.«

So machen Sie sich verwundbar

Als Andrew Grove zusammen mit Gordon Moore seinerzeit Intel gründete, hatten sie weder ein Produkt noch einen Businessplan. Grove hat später immer wieder betont, dass ihn die Tatsache, dass die Venture-Capital-Firma ihm das Geld einfach aus Vertrauen in seine Person zur Verfügung gestellt hatte, mehr verpflichtet hätte, als jeder Vertrag es je hätte tun können.

Es gibt etliche Beispiele für das nahezu vollständige Fehlen eines expliziten Vertrages: Der von Jahr zu Jahr erneuerte Handschlag, mit dem McDonald's und Coca-Cola ihre Zusammenarbeit verlängern – eine Vertrauensbeziehung, die seit 1954 funktioniert. Da fehlte der schriftliche Vertrag zwischen Elvis Presley und seinem Manager »Colonel« Tom Parker – zwei Menschen, deren Zusammenarbeit erst mit Elvis' Tod beendet wurde. Keinerlei Abnahmeverträge zwischen dem Kosmetikkonzern Laboratoire Biosthétique und seinen Kunden: Alle bekommen denselben Preis, niemand muss das Gefühl haben, schlecht verhandelt zu haben. Die Kunden können ohne Angabe von Gründen zum Monatsende kündigen. Das nur vierseitige Vertragspapier, auf das die Star-Alliance ihre Zusammenarbeit gründet – ein Pakt des Vertrauens, der offenbar funktioniert: Der unfreundliche Übernahmeversuch gegenüber dem Alliancepartner Air Canada wurde jedenfalls gemeinsam erfolgreich abgewehrt. »Eine Machtbalance, die Unternehmensführer fordert, die Macht teilen können, weil sie vertrauen«, so Lufthansa-Vorstand Thomas Sattelberger.

Auf dem Niveau hochtechnologischer Wirtschaftsverhältnisse findet man Vergleichbares: Co-Destiny – die Integration von Zulieferern. Der Käufer beweist dem Verkäufer durch exklusive Lieferungsrechte sein Vertrauen. Damit macht sich der Zulieferer extrem abhängig vom Kunden. Es scheint paradox – aber erst die Wechselmöglichkeit der jeweiligen Partner schafft die Voraussetzung für potenziell langwährende Beziehungen. Wie wir gesehen haben: Vertrauen verpflichtet. Freiheit schafft Bindung. Die Stärke von Netzwerken und losen Koppelungen sind gerade die schwachen Verbindungen, die »Weak Ties«, wie Mark Granovetter sie nennt.

Wenn wir nun zu Ihrem persönlichen Führungsverhalten überleiten, dann haben Sie auch dort Gestaltungsmöglichkeiten. Sie machen sich beispielsweise verwundbar,

- wenn der Mitarbeiter Mühe hat zu kündigen, weil er spürt, dass Sie sich auf ihn verlassen, dass er wirklich *gebraucht* wird;
- wenn Sie Ihrem Mitarbeiter eine wichtige Aufgabe übertragen haben und ihm nicht ständig über die Schulter schauen – sondern darauf vertrauen, dass er zu *Ihnen* kommt, wenn er sich abstimmen möchte oder eine Frage hat;
- wenn Sie in schwierigen Situationen die Dinge nicht an sich reißen und zur »Chefsache« erklären, sondern die Mitarbeiter in der Verantwortung lassen;
- wenn Sie Ihre wichtigsten Markt- und Kundenkontakte nicht für

sich reservieren, sondern Ihre Mitarbeiter damit betrauen (und insofern Ihren Marktwert bedrohen);
- wenn Sie Informationen an Ihre Mitarbeiter weitergeben, deren Missbrauch Sie schädigen würde;
- wenn tatsächlich gilt und spürbar ist: »Ohne euch werde ich scheitern!«

Wenn Sie als Chef Ihr Schicksal in die Hände Ihrer Mitarbeiter legen, wenn Sie sich Ihrer Willkür und Macht »berauben«, wenn Sie Mitarbeiter in die Verantwortung für Ihr Wohlergehen bringen, dann kann sich die verpflichtende Kraft des Vertrauens entfalten. Ist Ihren Mitarbeitern tatsächlich bewusst, dass Sie Nachteile haben werden, wenn sie ihren Job nicht machen? Mit einem einfachen »Ich brauche Ihre Leistung!« ist es da nicht getan. Es muss für den Mitarbeiter schon deutlich werden, dass Sie dann ein Problem haben. Hat der Mitarbeiter aber mit Recht das Gefühl, dass sein Beitrag kaum zählt, wenig bewirkt und austauschbar ist – dann kann sich kein Vertrauen entwickeln.

Diesen Zusammenhang will ich illustrieren am Beispiel jenes Managers, der als harter Sanierer bekannt ist. In Zeiten des Turnarounds, den er mehrfach erfolgreich bewältigte, waren seine Mitarbeiter gut beraten, ihm zu misstrauen. Es bedarf ja auch keiner besonderen Intelligenz zu erkennen, dass ein Unternehmen, das Wert vernichtet, keine wirtschaftliche Existenzberechtigung hat. Jetzt, nachdem dies einige Jahre zurückliegt und das Unternehmen wieder aufzubauen wäre, ruft er ihnen immer noch – nur leicht verklausuliert – zu: »Wenn Sie die geforderte Eigenkapitalrendite nicht bringen, werden Sie verkauft.« Anstatt sein Schicksal an das der Mitarbeiter zu knüpfen, anstatt ihnen nun das Gefühl zu geben »Ihr seid die Richtigen!«, ihnen zu vertrauen, setzt er den alten Weg des Angstmachens fort. Ein Fehler. Das Unternehmen kommt schon seit Jahren nicht mehr von der Stelle.

Und noch ein Beispiel, wie man es *nicht* machen sollte: Der Finanzvorstand der Holding schreitet an das Rednerpult, tippt auf den Starterknopf für die Power-Point-Präsentation, auf der Projektionswand erscheint ein buntes Geflimmer von Zahlen und Säulendiagrammen. Das seien die Ergebnisse der Zielvereinbarungsgespräche, die mit den Vorständen der Einzelgesellschaften abgesprochen wurden, erklärt er den versammelten Führungskräften. Und dann verweist er mit dem Laserpointer auf einen schraffierten Abschnitt am oberen Ende einer Datensäule: Das sei die Sicherheitsreserve, die er im Falle des Nichterreichens der Ziele schon mal vorsorglich eingeplant habe... Wie heißt die erste Botschaft? »Ich vertraue euch nicht!« Wie heißt die zweite Botschaft? »Vereinbarungen sind keine Vereinbarungen!« Wie heißt die dritte Botschaft? »Die ganze Veranstaltung ist gar nicht ernst gemeint!« Der Holding-Vorstand hat sich nicht verwundbar gemacht. Er vertraut sich nicht der Leistung seiner Mitarbeiter an. Und wundert sich, dass Jahr für Jahr die Ziele nicht erreicht werden.

Zurück zur Verwundbarkeit:
- Vertrauen Sie darauf, dass die Menschen einen eigenen Qualitätsanspruch an sich und ihre Arbeit haben. Vereinbaren Sie Ergebnisse – und lassen Sie dann jede Person ihren eigenen Weg finden. Jedermann kann Ergebnisse erreichen auf eine Weise, die ihm besonders liegt. Wenn Sie vertrauen, dann zählen nur Ergebnisse.
- Schaffen Sie die Zeiterfassungssysteme ab. Niemand wird ernstlich behaupten wollen, dass ein achtstündiger Bürotag innovative Ideen in besonderem Maße stimuliert. Und es kann doch nicht darum gehen, dass Menschen ihre Arbeit in der vorgeschriebenen Zeit erledigen. Sondern dass sie sich ihre Arbeitszeit so einteilen, wie es den Bedürfnissen der externen und internen Kunden am ehesten entspricht. Ergebnisverantwortliches Arbeiten verlangt, Arbeit und Zeit selbstverantwortlich einzuteilen. Wer das nicht kann, kann es lernen.
- Nehmen Sie Kundenorientierung ernst. Stehen Sie auch zu unorthodoxen Entscheidungen Ihrer Mitarbeiter. So wie es Mitchell Kertzman, CEO von Sybase, ausdrückt: »Nehmen wir an, ich hätte einen Mitarbeiter, der spät abends einen Kunden besucht. Um das Problem des Kunden zu lösen, muss der Mitarbeiter ihm eine Zusicherung geben, die allerdings Geld kosten wird. Es ist in unser

aller Interesse, dass dieser Mitarbeiter das Richtige für den Kunden tut ... Er braucht nicht mit einer Standpauke zu rechnen, selbst wenn die Zusicherung, die er dem Kunden gegeben hat, sonst nicht üblich ist. Wenn sie dem Kunden in diesem speziellen Fall geholfen hat, dann hat der Mitarbeiter auch richtig gehandelt.«

- Prüfen Sie vorher, vertrauen Sie nachher. Haben Sie einen neuen Mitarbeiter ausgewählt, werden Sie alsbald feststellen, dass er nicht ganz Ihren Erwartungen entspricht. Er ist einfach anders als Sie – Gewohnheiten, Denkweisen, Prioritäten sind anders gesetzt. Das ist Nährboden für Missverständnisse, Streit und Zweifel: »Habe ich da einen Fehler gemacht?« »Ist das wirklich der Richtige?« Nein, Sie sollten sich selbst vertrauen. Sie haben vorher alle Alternativen erwogen und eine Entscheidung getroffen. Jetzt stehen Sie auch zu ihr.
- Stellen Sie sich Ihren Mitarbeitern zur Wahl. Räumen Sie ihnen die Möglichkeit ein, Sie abzuwählen. Das ist das Maximum an Verwundbarkeit, das im betrieblichen Rahmen möglich ist. Und das Maximum an Vertrauen.

Erst wenn Sie sich abhängig machen von der Zustimmung und der Leistung Ihrer Mitarbeiter, dann ist Vertrauen möglich.

Wechselseitige Wählbarkeit (und Abwählbarkeit) ist die Voraussetzung für Vertrauen. Wenn – um ein weiteres Beispiel zu nennen – die Personalarbeit spürt, dass ihr mit Misstrauen begegnet wird, dann kann sie dagegen etwas tun. Sie kann sich verwundbar machen. Wie macht sie das? Indem sie ihre Dienstleistung nicht oktroyiert, sondern zur Wahl stellt. Wenn sie sich abwählbar macht. Wenn die Personalarbeit wirklich von der Werthaltigkeit ihres Angebots überzeugt ist, dann lässt sie den (internen) Kunden entscheiden, ob er etwas will oder nicht. Wenn sie aber der Urteilsfähigkeit der Linienvorgesetzten misstraut und ihnen ihre Produkte aufzwingt, dann wird ihr im Gegenzug das Vertrauen entzogen. Zu Recht.

Auf der Webseite von Western Digital werden Fragen zu technischen Problemen von Mitarbeitern des technischen Kundendienstes innerhalb kürzester Zeit (über 90 Prozent innerhalb einer Stunde) beantwortet. Im Lichte der Vertrauensmechanik ist das Besondere daran: Der gesamte Frage-Antwort-Verkehr ist frei zugänglich. Jeder Kunde hat Zugriff auf frühere Dialoge, kann seine Fragen vielleicht dort schon klären. Den Kunden wird klar: Nicht alle Produkte funktionieren einwandfrei. Es gibt viele Schwierigkeiten und Probleme im Detail. Aber sie spüren auch: Dieses Unternehmen verheimlicht mir dies nicht. Es macht sich verletzbar. Es gibt mir sogar aktiv Gründe, es abzuwählen.

Vertrauen verpflichtet – und es wirkt dabei ähnlich wie Verantwortung. Die Brücke bildet das Verb »zutrauen«. Wo Verantwortung wirkungsvoll wahrgenommen wird, kommt es zu verlässlichen Handlungssequenzen. Dann kann man sich darauf verlassen, dass der Kranke ärztlich versorgt wird, die Nachtschwester die Werte kontrolliert und dass man selbst im Notfall benachrichtigt wird. Verantwortung wirkt wie eine Garantie – zwar nicht auf den Erfolg, wohl aber auf die achtsame Durchführung einer Handlung.

Ein besonders interessantes Beispiel für diesen Zusammenhang habe ich selbst erlebt. Ich wurde in das Werk A eines großen deutschen Automobilherstellers gerufen, dessen Absentismusrate seit Jahren beständig stieg. Im Vergleich mit Werk B desselben Herstellers zeigten sich dramatische Unterschiede: Im Werk A lag sie bei 8 Prozent, in Werk B bei 4 Prozent. Man begann mit den »Gegenmaßnahmen«, entschied sich für Kampagnen und vielfältige Aktionen, um die Rate des Werkes A zu senken. Was passierte? Die Absentismusrate stieg! Sie stieg pro Jahr um durchschnittlich etwa 0,5 Prozent. Warum? Man ignorierte die schlichte Tatsache, dass die Menschen Gründe für ihr Zuhausebleiben hatten. Der Veränderungsdruck erzeugte nur Gegendruck. Das Muster kranker Organisationen: »Wenn du nicht so drücken würdest, müsste ich nicht so drücken.« Welche Gründe aber waren denkbar? Auffällig war, dass in Werk B im Team gearbeitet wurde, aber jedes einzelne Teammitglied eine Spezialaufgabe erfüllte.

In Werk A wurde auch im Team gearbeitet, im Unterschied zu Werk B wurde aber darauf Wert gelegt, das jedes Mitglied die Aufgaben aller anderen – notfalls – ebenso erledigen konnte. Was in vertrauensbasierten Kontexten als »Job-Enrichment« erlebt wird (und auch hier so gemeint war), wurde hier anders wahrgenommen. Der Kontext nämlich ließ keinen Zweifel über die wahren Motive, die von den Mitarbeitern auch hinter der vorgehaltenen Hand gehandelt wurden: Man vertraute nicht der Selbstverpflichtung der Menschen, sicherte sich ab, sorgte für den Notfall vor. Es dominierte ein Kontext des Misstrauens. Die versteckte Botschaft lautete: »Wir glauben nicht, uns auf dich verlassen zu können. Deshalb verteilen wir die Aufgabenerfüllung auf viele Köpfe und Hände.« Was diese Form der Arbeitsorganisation erzeugte war: Die Mitarbeiter fühlten sich *austauschbar*. »Wenn ich es nicht mache, macht es eben ein anderer.« Wer aber austauschbar ist, verspürt nicht die verpflichtende Kraft des »Es kommt auf mich an!«. Er erlebt nicht das Vertrauen, das das Unternehmen in ihn gesetzt hat. In Werk B aber hatte man den Menschen etwas zugetraut. Man glaubte, den Mitarbeitern mehrheitlich vertrauen zu können – auch auf die Gefahr hin, Schaden zu nehmen. Man hatte sich verletzbar gemacht – und wurde mit einer niedrigen Absentismusrate belohnt. Das war die Vertrauensdividende.

Um nicht missverstanden zu werden: Man kann die Arbeitsorganisation von Werk B auch gleichsam »positiv« bewerten, – als ehrliches Bemühen, Arbeitsroutinen aufzulockern und die Aufgaben »anzureichern«. Aber es hat eine Schattenseite: Beliebigkeit und Austauschbarkeit. Was bevorzugen? Alle Extreme funktionieren nicht. Und welche Seite von den Menschen intensiver erlebt wird, hängt ab vom Kontext, vom Klima, vom Verhältnis Vertrauen/Misstrauen. Überwiegt das Vertrauen, dann hat Kontrolle einen informatorischen, unterstützenden Charakter. Überwiegt das Misstrauen, wird Kontrolle eher als einengend und vertrauensverdrängend erlebt.

E-Business ist ein weiteres Beispiel für das Funktionieren von Vertrauen. eBay, die erfolgreichste Internetfirma der Welt, basiert auf zwei Wachstumspfeilern: der weltweiten Verbreitung des Internets sowie der Zuversicht in den Vertrauensmechanismus. Die Kundenkartei von eBay kennt 35 Millionen Namen, Verkäufer und Käufer aus aller Welt, und kaum jemand kennt den anderen. Für 10 Milliarden Dollar jährlich gehen Menschen davon aus, dass jemand am anderen Ende der Welt das Geld auch tatsächlich überweisen beziehungsweise die Ware senden wird. »Wir machen jährlich mehr als 10 Milliarden Dollar Umsatz ausschließlich auf der Grundlage von Vertrauen«, sagt Rajiv Dutta, der CEO von eBay, »weil wir glauben, dass die Menschen grundsätzlich vertrauensfähig sind.« In der überwältigenden Mehrzahl der Fälle wird das Vertrauen voll zurückgezahlt. Die Handelspartner finden sich online, erfreuen sich eines bequemen Handelsweges, tauschen ein paar freundliche Worte, nicht selten entstehen weltumspannende Freundschaften. Die wenigen Ausnahmen sind – so Dutta – zahlenmäßig nicht nennenswert.

Vertrauen zu geben, ist also nur *scheinbar* vernunftwidrig oder irrational. Es ist – wie Wasser – das dauerhaft Stärkere, weil es das scheinbar Schwächere ist. Die schwachen Bindungen sind die starken. Damit ist nicht der explizite Vertrag, sondern der implizite, das Unausgesprochene entscheidend. Robert Bosch schrieb in seinem Vermächtnis: »Der Buchstabe tötet, der Geist macht lebendig.«

> *Was man loslässt, bleibt.*

Als letzte Illustration möchte ich ein Telefongespräch mit einer ratsuchenden Führungskraft wiedergeben, das ich aus dem Gedächtnis zitiere: »Ich habe einen Mitarbeiter, den ich für sehr motiviert halte, aber an seinen Fähigkeiten habe ich Zweifel. Er hat einfach noch nicht die Erfahrung, die man für dieses Projekt braucht. Aber ich vertraue ihm trotzdem!« »Nur in einer eingeschränkten Weise. Sie vertrauen zwar seiner Leistungsbereitschaft, aber nicht seiner Leistungsfähigkeit. Wenn ein großer Erfahrungsschatz für diesen Job erfolgskritisch ist, dann haben Sie den falschen Mitarbeiter ausgewählt.« »Das mag sein, aber ich hatte nur diesen zur Verfügung. So ist das nun einmal. Aber ich habe mit ihm vereinbart, dass er mir jeden Montag eine kleine Übersicht über den Projektfortschritt gibt. Mir scheint das eine vernünftige Lösung zu sein.« »Ja, diese Lösung ist vernünftig. Aber sie folgt der Vernunft des Misstrauens. Wenn Sie hingegen die Vernunft des Vertrauens wählen, dann verzichten Sie auf den wöchentlichen Report. Schicken Sie ihm ein Signal des Vertrauens: Vereinbaren Sie, dass er bei etwa auftretenden Fragen aus eigener Initiative zu Ihnen kommt, im Zweifel vor einer Entscheidung das Gespräch mit Ihnen sucht. Das löst zwar nicht den problematischen Personal-Einsatz, bleibt aber im Vertrauenskontext.« »Ja, aber wenn der Mitarbeiter das Problem gar nicht sieht, das da auf ihn zukommt?« »Nun ja, spätestens bei dieser Frage wird deutlich, dass Sie den Einsatz dieses Mitarbeiters noch einmal überdenken sollten. Wenn der Mitarbeiter nicht in der Lage ist, aufkommende Fragen als Fragen zu erkennen, sollten Sie den Job doch besser selbst übernehmen. Aber selbst wenn Sie an ihm festhalten: Glauben Sie denn, dass Sie selbst immer die Probleme kommen sehen? Es klingt ein wenig so, als wären nur Sie allein umsichtig und vorausschauend, ihr Mitarbeiter aber ein unmündiges Kind. In beiden Fällen würde ich zur Beendigung der Zusammenarbeit raten.« »Sie haben gut reden. Soll ich denn den Mitarbeiter sehenden Auges vor die Pumpe rennen lassen?« »Das können Sie nur in jedem Einzelfall entscheiden. Vielleicht steht da ja gar keine Pumpe mehr, sondern früher war da mal eine. Und selbst wenn er einen Fehler macht und selbst wenn es Geld kostet, Sie können es im schlimmsten Fall immer noch als Investition in seine Ausbildung buchen.« »Es ist nicht besonders lustig, sechsstellige Beträge in die Ausbildung eines Mitarbeiters zu investieren.« »Nein, wahrlich nicht. Aber es ist auch nicht besonders lustig, überfürsorglich zu sein und dann hinterher seine gelernte Hilflosigkeit auszubeuten, um sich unersetzlich zu fühlen.«

Niemand kann glaubwürdig Vertrauen fordern, ohne sich aktiv verwundbar gemacht zu haben.

Aktive Wahrhaftigkeit

Den Vertrauensmechanismus bringen Sie in Gang, wenn Sie – wie eben gezeigt – *selbst* und *zuerst* Vertrauen schenken, das heißt, sich verwundbar machen. Das ist die wichtigste Bedingung. Verwundbar sind Sie dann, wenn der Vertrauensmissbrauch des anderen für Sie selbst massive Nachteile hätte. Bringen wir die *Kommunikation* ins Spiel, dann sind Sie dann verwundbar, wenn Sie sich öffnen, wahrhaftig sind, verletzbar werden. Das bedeutet auf der Zuhörerseite primär Schweigen, inhaltliche Nachfragen bestenfalls, Verstehenwollen, – nicht aber über die eigene Reaktion nachdenken, während noch der andere spricht. Vor allem sich nicht rechtfertigen, nicht verteidigen. Besser ist ein klares »Danke für Ihre Offenheit!«

Das bedeutet auf der Sprecherseite: Dem anderen die eigene Wahrnehmung ungeschminkt und unmanipuliert zur Verfügung stellen. Nichts auf die lange Bank schieben. Keine Wahrheit behaupten, aber Wahrnehmung ungefiltert aussprechen. Kurz: Wirklich wahrhaftig sein. Vor allem aber: Nichts verschweigen. Denn verantwortlich sind Sie nicht nur für das, was Sie tun, sondern auch für das, was Sie *unterlassen*. Dafür wollen aber die wenigsten Verantwortung übernehmen.

Nun ist vielen Menschen Wahrhaftigkeit wichtig. Sie gilt als wesentliche Voraussetzung für vertrauensvolles Zusammenleben. Gemeint ist aber meistens eine Haltung, die etwa mit »Du sollst nicht lügen!« zu umschreiben wäre. Das wiederum meint: Informationen nicht willkürlich zum eigenen Vorteil manipulieren. Tatsachen nicht bewusst falsch darstellen. Auf Fragen nach bestem Wissen und Gewissen antworten. Das ist aber lediglich die *passive* Seite der Wahrhaftigkeit. Nicht zu lügen macht noch nicht verwundbar.

Was aber, wenn Sie nicht gefragt werden? Wenn Sie nicht ausdrücklich aufgefordert werden zu antworten? Es gibt nämlich auch ein Lügen durch Schweigen. Sie lügen auch, wenn Sie deutlich spüren, dass Sie dem anderen etwas mitteilen müssten, weil er sonst glaubt, alles sei in Ordnung. Oder weil er sonst von falschen Voraussetzungen ausginge. Oder wenn Ihre Aussage dem anderen helfen würde. Oder wenn der andere durch Ihr Schweigen Nachteile hätte.

Es gibt also auch eine *aktive* Wahrhaftigkeit, die das Wort ergreift, ohne ausdrücklich gefragt zu werden, die Stellung bezieht, ohne aufgefordert zu werden. Einfach, weil es aus Ihrer Sicht *wichtig* ist zwischen Ihnen. Aktive Wahrhaftigkeit geht in die Verantwortung. Die jüdisch-christliche Idee der Wahrheit enthält Aufrichtigkeit, das Fehlen der betrügerischen Absicht oder der Doppeldeutigkeit in persönlichen Beziehungen. Das hebräische Wort für Wahrheit »*Ehmet*« bedeutet auch – Vertrauen. Der andere weiß, er kann sich auf Sie verlassen: Sie werden ihn nicht ins offene Messer laufen lassen. Wenn etwas aus Ihrer Sicht zwischen Ihnen und für Ihre Zusammenarbeit wichtig ist, werden Sie es ansprechen, auch ohne dass er Sie fragt. Der Rest mag sich hinter Höflichkeit verstecken.

> *Aktive Wahrhaftigkeit stützt Vertrauen.*

Wesley Clark, der Oberkommandeur der Nato-Truppen auf dem Balkan, berichtet von seinem Mitarbeiter Offizier Peter Pace. Als Clark den Einsatz amerikanischer Marines im Balkan anordnet, ist Pace nicht einverstanden. Clark schildert, wie Pace sich einen Termin bei ihm besorgt und ihm eröffnet hat: »Wenn du sie willst, dann sollst du sie haben. Aber wenn das Pentagon fragt, was ich denke, stelle ich mich gegen deine Pläne aus folgendem Grund ...« Clark kommentiert das Ereignis mit den Worten: »Ich war zuversichtlich, dass Pace gegenüber jeder Obrigkeit die Wahrheit sagen würde. Ich konnte ihm vertrauen. Wirkliche Führer vertrauen keinem Ja-Sager.« (in: *Fast Company*, 11, 2001, 72)

Für das Schweigen will niemand verantwortlich sein. Deshalb sucht man nach Entlastung. Die bietet sich – erstens – immer, wenn man sich auf die moralisch »gute« Seite schlagen kann. Man wendet das Problem nach außen, beschuldigt den anderen: »Der ist immer so nachtragend!« »Die ist doch sofort eingeschnappt!« Die Feigheit verbirgt sich hinter der Beschuldigung. Oder man lügt – zweitens – das Schweigen ins Positive um: »Aber ich muss den anderen doch *schonen*!« Ich habe es schon an anderer Stelle betont und wiederhole es hier: Jemanden schonen heißt, jemanden entmündigen. Sie stellen sich über ihn, entscheiden für ihn, was zumutbar für ihn ist und was nicht. Sie verlassen die Ebene der Gleichberechtigung, der Mündigkeit. Sie machen ihn zum Kind. Es verletzt die Menschenwürde, wenn Sie einem Menschen die Fähigkeit, Verantwortung zu tragen, wegnehmen oder in entmündigender Weise mindern.

Die Dinge liegen aber noch vertrackter. Denn in Wirklichkeit wollen Sie weniger *den anderen* schonen – Sie wollen *sich* schonen. Weil Sie Liebesverlust fürchten. Weil Sie sich keine Blöße geben wollen. Weil Sie *nicht verwundbar* sein wollen. Weil Sie fürchten: »Er mag mich nicht mehr, wenn ich aufrichtig bin.« »Vielleicht artet es in Streit aus.« »Vielleicht wird er es mir an anderer Stelle heimzahlen.«

Natürlich ist niemand gerne der Überbringer schlechter Nachrichten. Aber viele Führungskräfte fürchten es so sehr, dass sie sich passiv verhalten. Was sie dabei übersehen, ist die Kraft, die das Ungesagte entfalten kann. Oder es nimmt andere Gestalt an, um zum Ausdruck zu kommen: Aufgestauter Ärger, eine zunehmend ins Negative verzerrte Sicht des anderen, die bald als Interpretationsfolie für jegliches Verhalten dient, das Lästern hinter Ihrem Rücken, später das solidarische Bündnis Ihrer gesamten Abteilung gegen Sie, die Klage des Mitarbeiters an Ihnen vorbei an die Adresse Ihres Chefs ... Machen Sie nicht den Fehler, Ihren Mitarbeiter für dumm zu halten. Er wird das Ungesagte schon lange vernommen haben. So gut können Sie sich nicht verstellen. Neben der Sprache gibt es viele Wege, das Unbehagen gegenüber einer anderen Person auszudrücken.

Wenn Sie es aber unterlassen, Probleme mit Ihrem Mitarbeiter klar und offen anzusprechen, heißt die Antwort: Opposition, Defensive, Rückzug oder Angriff. Die gleiche Reaktion können Sie auch im Gespräch erhalten – der unschätzbare Vorteil aber ist: Beide spielen mit offenen Karten, und Sie sparen sich viele leidvolle Umwege, um zum Kern des Problems vorzudringen.

Wenn Sie sich entschieden haben, aktive Wahrhaftigkeit ins Zentrum Ihrer Gespräche zu stellen, ist aber nur die erste Stufe genommen. Wir scheuen die Wahrhaftigkeit, weil sie eine starke Kraft ist und starke Reaktionen auslösen kann – im Positiven wie im Negativen. Wer eine solche Kraft einsetzt, sollte sich intensiv damit beschäftigt haben, wie man verantwortungsvoll mit ihr umgeht. Gerade Kritik- oder Konfliktgespräche und insbesondere Beurteilungsgespräche müssen so geführt werden, dass Sie durch das Gespräch Probleme lösen und nicht neue schaffen. Auf der Türschwelle lassen sich solche Gespräche nicht führen.

Schaut Vertrauen nach vorne oder nach hinten?

Ist nun Vertrauen eine Voraussetzung gelingender Kooperation? Oder ist es eher ein Ergebnis gelungener Zusammenarbeit? Schaut es nach vorne oder nach hinten? An dieser Frage beißen sich die Experten die Zähne aus. Die Vernunft älteren Datums betont das Resultat, das Vertrauen, das »sich einstellt«. Die Vernunft der Via Moderna betont die Voraussetzung, das Vertrauen, zu dem Sie »sich entscheiden«. Diskutieren wir diese Frage im Licht der bisher gewonnenen Einsichten.

Wenn Sie vertrauen, dann erzeugen Sie auf der Empfängerseite ein starkes Gefühl für Verantwortung. Sie ermutigen ein Gefühl der Verpflichtung. Anderen Menschen zu vertrauen, ermutigt sie, uns zu vertrauen. Vertrauen erzeugt also genau das Verhalten, das – logisch gesehen – seine Voraussetzung zu sein scheint. Durch Ihren Risikoeinsatz können Sie eine Vertrauensspirale in Gang bringen. Seneca schreibt: »Hältst du ihn für treu, so wirst du ihn auch dazu machen.«

Wenn Menschen als verantwortliche Personen behandelt werden, verhalten sie sich als solche: Von dieser experimentell vielfach bestätigten Überzeugung geht dieser Mechanismus aus. Wir wissen aus vielen Forschungen, dass Menschen hoch beeinflusst sind von der Meinung, die andere Menschen von ihnen haben. Der andere ist oder kann eine integre Person werden – wenn Sie ihm Gelegenheit geben, Vertrauen zu bestätigen.

Das gilt auch für den umgekehrten Fall. Wenn Sie anderen misstrauen, beginnen diese, sich entsprechend zu verhalten. Falls Ihr Mitarbeiter ein ehrlicher Mensch ist, Sie ihm aber aus irgendwelchen Gründen misstrauen, dann sprechen Sie förmlich die Einladung aus, die unehrliche Rolle zu akzeptieren. Und Misstrauen ist so eine starke Einladung, dass kaum jemand ihr widerstehen kann. Wenn Sie hingegen einem tatsächlich unehrlichen Menschen misstrauen, verstärken Sie lediglich seine Unehrlichkeit. Das hat eine nachgerade dramatische Konsequenz: *Wenn Sie misstrauen, haben Sie nie die Chance, einem vertrauenswürdigen Menschen zu begegnen.* Mit Ihrem Misstrauen erzeugen Sie dann genau jene Situation, die Sie befürchten. Und anschließend bewirtschaften. Sie gestalten aktiv, was Sie nur passiv wahrzunehmen meinen und worauf Sie vorgeblich nur reagieren. Aber wo das Rettende sich vordrängt, wächst auch die Gefahr. Dadurch. Auf diese Weise kommen Sie aus dem Teufelskreis des Misstrauens nie heraus.

Ermutigen kann uns ein bekannter Befund aus dem therapeutischen Bereich: Man gibt einer Person einen Wertgegenstand, sagt, dass man auf sie zähle, und legt gewissermaßen die Verantwortung für unser Wohlbefinden in ihre Hände. Die andere Person ist überrascht, bewegt und fühlt sich gedrängt, die Erwartung zu bestätigen. Interessant zu beobachten ist: Auch wenn einer erwiesenermaßen unehrlichen Person plötzlich vertraut wird, kann man signifikant häufig erleben, dass das Vertrauen bestätigt wird. Man erklärt es dadurch, dass das moralische Ungleichgewicht zwischen der vertrauenden Person und der eigenen Unehrlichkeit als motivierend erlebt wird, diesen Unterschied auszugleichen. Die Studien zur Sellfulfilling Prophecy zeigen eindeutig: Menschen, die als vertrauenswürdig behandelt werden, tendieren dazu, sich vertrauenswürdig zu verhalten. Jedenfalls ist die Aussage: »Ich vertrauen Ihnen!« zielführender als das »Vertrauen Sie mir!«. Es investiert etwas, bevor es etwas erwartet. Es gibt erst, dann nimmt es.

Natürlich hat auch das Grenzen: In einigen Kontexten würde dieses Vertrauen unangemessen sein. Die Risiken – vor allem gegenüber

Dritten – wären einfach zu groß. Der Bewährungshelfer, der einem Serienstraftäter sagt: »Nun vertraue ich dir, benimm dich, und ich erwarte dich am Sonntag um 21.00 Uhr zurück« würde unentschuldbar fahrlässig handeln.

Dennoch bleibt festzuhalten: Vertrauen ist weder Voraussetzung noch Ergebnis. Es ist beides. Es schwankt zwischen Voraussetzung und Bestätigung hin und her. Vertrauen ist *zirkulär*. Misstrauen auch.

Der erste Schritt

Wer aber sollte den ersten Schritt tun? Diese Frage ist mit den obigen Überlegungen schon fast beantwortet. Dennoch will ich sie vor dem Hintergrund der Schwierigkeiten in der Praxis noch einmal kurz beleuchten.

Ein kontrollierendes Verhalten ist vor allem verbreitet in Situationen mit ungleicher Machtverteilung: Arbeitgeber und Arbeitnehmer, Eltern und Kinder, Lehrer und Schüler, Trainer und Spieler. Vertrauen ist entsprechend – so wird in der Regel behauptet – Vorleistung des »Stärkeren«. Das ist jener, der »es sich leisten kann«, verwundbar zu sein. Dieser Stärkere wird traditionell mit dem Vorgesetzten identifiziert. Dem Mitarbeiter wird die Rolle des Schwächeren zugeschrieben. Führung müsse also in Vorleistung gehen. Gilt diese Grundannahme noch in allen Fällen? Ich denke, das ist so nicht mehr haltbar. Der Stärkere ist nicht mehr notwendig der Vorgesetzte. In Zeiten, in denen das Wachstum vieler Unternehmen durch qualitative und zunehmend auch quantitative Engpässe auf den Arbeitsmärkten limitiert wird, muss man die Optik ändern. Jedenfalls ist die Eindeutigkeit der Rollen verschoben: Der Arbeit*geber*« ist nicht automatisch auch Vertrauens*geber,* und der Arbeit*nehmer* nicht gleichzeitig auch Vertrauens*nehmer*. Wenn die Partner gleichermaßen machtvoll oder autonom sind, scheitern Kontrollversuche.

Diese Rollenverschiebung macht es auch wahrscheinlicher, dass jeder Akteur zugleich Vertrauensgeber und -nehmer des anderen ist. Ein hohes Vertrauensniveau resultiert aus einer *wechselseitigen* Erhöhung der Verwundbarkeit. Vertrauen ist mithin kein Nebenprodukt einer guten Beziehung, sondern deren Hauptmotor. Wir können also in der Regel von einer wechselseitigen Vertrauens- und Vertragsbeziehung ausgehen, wobei sowohl Chef als auch Mitarbeiter mit Blick auf bestimmte *Erwartungen* die Position des Vertrauensgebers und mit Blick auf bestimmte *Verpflichtungen* die Position des Vertrauensnehmers einnehmen. Auch die *inhaltliche* Ausgestaltung einer Rolle ist entscheidend: So ist man beispielsweise als (von den Mitarbeitern aktiv legitimierte) »Führungskraft« tendenziell Vertrauens*nehmer*, als (lediglich von der Hierarchie bestimmter) »Vorgesetzter« eher Vertrauens*geber*. Und den Unterschied kann man in der Praxis deutlich spüren: Man erkennt ihn an den Ergebnissen.

Beziehungen bestehen notwendigerweise aus mindestens zwei Parteien, aber es bedarf oft nur einer, um die Qualität zu ändern. Wer also sollte beginnen? Das kann innerhalb einer Organisationshierarchie der Chef tun. Muss es aber nicht. Es kann auch der Mitarbeiter tun. Wenn Sie aber immer auf den anderen warten, geben Sie das Steuer Ihres Lebens aus der Hand. Wenn niemand der Erste sein will, bewegt sich nichts. Dann ist es an *Ihnen*, den ersten Schritt zu tun. Sie können den anderen nicht kontrollieren, aber Sie können *sich* kontrollieren. Machen *Sie* den ersten Schritt! Go first! Wo auch immer Sie in der Hierarchie stehen, es gibt nur diesen einen Weg:

Wenn Sie Vertrauen geben, flutet es zurück.

Das ist das Paradoxe: Schwäche ist hier Kraft. Auf wirklich direktem Wege schaffen Sie Vertrauen nur durch Verwundbarkeit. Erst, wenn Sie sich verwundbar machen, entwickelt sich die verpflichtende Kraft des Vertrauens. Erst, wenn Sie dem anderen die Möglichkeit einräumen, Ihnen erheblichen Schaden zuzufügen, entfaltet sich der ökonomisch wertvolle Steuerungsmechanismus des Vertrauens. Erst, wenn Sie bereit sind, Macht abzugeben und Führung als Dienstleistung zu begreifen, sind Sie auf dem richtigen Weg.

Das sind natürlich unbequeme Schlussfolgerungen für Manager, die in der Regel alles tun, um das genaue Gegenteil zu bewirken, nämlich Unverwundbarkeit und Macht herbeizusichern – und dabei anderen hohe Verwundbarkeitskosten zumuten: indem sie Vertrauen versagen, indem sie sie mit ihrem Misstrauen verletzen. Eben *weil* viele Führungskräfte nichts so sehr fürchten wie Verletzlichkeit, gibt es so wenig Vertrauen im Unternehmen.

Das im doppelten Sinne »herrschende« Führungskonzept steht also der Entwicklung von Vertrauen massiv entgegen. Denn von Führungskräften wird zumeist verlangt, die Sachen »zu regeln«, »im Griff« zu haben, Verwundbarkeit gerade zu *verhindern*. Auf dem Büchermarkt gibt es Titel wie: »So bin ich unverwundbar!« Damit wird alles Mögliche erzeugt, nur kein Vertrauen.

Führung darf Vertrauen nicht erwarten. Es ist wie ein Bumerang: Man muss Vertrauen eigeninitiativ anbieten, – dann kommt es zurück. Und zwar in irreversibler Reihenfolge. Man kann kein Vertrauen fordern, es zeigt nur, dass da etwas nicht geklappt hat. Wir werden vielmehr beschenkt, wenn wir zutrauen. Der große schottische Schriftsteller George MacDonald schrieb: »Vertrauen zu genießen ist ein größeres Kompliment als geliebt zu werden.«

Wie Sie Vertrauen zerstören

Wer sich nicht mehr auf andere verlassen will, der verlangt erstens Sicherheit und zweitens Sicherheit und drittens Garantien für diese Sicherheit. Dann ist das Vertrauen »erschüttert«. Das Restrisiko, das man nicht beherrscht und das hinzunehmen man gezwungen ist, die persönlich und historisch sich summierenden Enttäuschungen, die extreme Verrechtlichung unserer Lebensverhältnisse, die individuelle Zuspitzung hierarchischer Rechenschaftsverantwortung in den Unternehmen, die Neigung, für alles und jedes vor Gericht zu ziehen, Regress- und Schadenersatzforderungen in Millionenhöhe durchzusetzen, die übelriechende Melange aus Political Correctness und gesellschaftlicher Selbstviktimisierung – all das erzeugt bei vielen Menschen den Ruf nach Schutz und Sicherungen. Allseits wächst ein übersteigertes Interesse an Sicherheit als Anspruch einer so verstandenen Vernunft, die sich als Fähigkeit zu absoluter Rechtfertigung äußert. So, wie das Verhalten unserer gesellschaftlichen Partner in ein engmaschiges Netz von Gewährleistung, Haftung und Zwangsvollstreckung eingespannt wird, so eskaliert auch in den Unternehmen das Zusammenspiel von Vertrauensverlust und Sicherheitsforderung.

Die Melancholie der Vorsicht: Gerade in Hierarchien, wo die Gewichte von der *Aufgaben*verantwortung dramatisch zugunsten der *Rechenschafts*verantwortung verschoben sind, kommt es zu einer Daueranklage der betriebsinternen Verhältnisse. Überall erzeugt das »Wo warst du, Adam?« jene Mischung aus Unsicherheit und Angst, die das Vertrauen gleichsam als Systemzwang verengt. Indem man sich entschließt, einem Risiko, das am Anfang noch gering sein mag, durch eine Sicherheitsmaßnahme abzuhelfen, wird ein Stück Vertrauen geopfert. Auf dem dann erreichten Niveau von Sicherheit und Kontrolle wird jeder Unfall, jedes Versagen, jede Panne zum Anlass verschärfter Sicherheitsforderungen. Neue Normen, Grenzwerte, technische Regeln werden eingeführt. *Jede neue Regel erzeugt neuen Regelungsbedarf.* Das Vertrauen schwindet noch mehr. Ein Teufelskreis beginnt. Wie bei Herrn Peters und Frau Winter ...

Herr Peters und Frau Winter arbeiten in derselben Firma. Sie kennen sich seit Jahren. Herr Peters hatte schon ein negatives Bild von Frau Winter, bevor er im Unternehmen anfing. Er hatte von einem weitläufigen Bekannten, der ebenfalls in diesem Unternehmen arbeitete, gehört, dass Frau Winter in einer früheren Firma der Unterschlagung verdächtigt worden war, was aber damals nicht bewiesen werden konnte. Als er sie das erste Mal traf, schien sie ihm übernervös und fahrig. Sie konnte ihm offenbar kaum in die Augen schauen. Herr Peters fühlte sich in seinen Vorinformationen bestätigt. Obwohl er sich dagegen wehrte und keinem Hörensagen aufsitzen wollte, blieb das ungute Gefühl. Er konnte sich des Verdachts nicht erwehren, dass mit Frau Winter etwas nicht stimmte. In der Folge gab er Frau Winter nur die unbedingt nötigen Informationen, selbst wenn sie in Projekten eng zusammen arbeiteten. Als er zeitweise ihr Chef war, engte er ihren Bewegungsspielraum ein. Er schloß sie aus einigen Informationskreisen aus und erhöhte die Reportingfrequenz. Für Frau Winter war klar, dass Herr Peters ihr nicht vertraute. Unklar war ihr nur, warum. Sie war immer eine kompetente und verlässliche Fachkraft in dieser Firma gewesen. Für sie war das Verhalten von Herrn Peters unerklärlich beziehungsweise getrübt von Vorurteilen. Sie verhielt sich zunehmend gereizt. Sie vermutete bei Herrn Peters persönlich gefärbte Feindseligkeiten und sprach in ihrem privaten Kreis von Mobbing.

Auf den Einzelfall bezogen: Warum sollte ich jemandem *nicht* vertrauen, wenn er einen anderen Menschen nachweislich angelogen hat? Bin ich genau über die Umstände informiert? Was wäre in diesem Fall denn »die Wahrheit« gewesen? Inwieweit hat der Belogene die Lüge durch Rechtfertigungsdruck mit induziert? Wenn ein Mensch Verträge mit anderen bricht, um mir zu helfen, warum sollte ich ihm – bezogen auf meine Person – nicht vertrauen?

Da aber Misstrauen die unabweisbare Tendenz hat, sich im sozialen Miteinander zu bestätigen und zu verstärken, beginnt jene *Misstrauensspirale*, die wie wenig vergleichbare Paradigmen die innere Verfasstheit heutiger Unternehmen prägt. Ich bitte daher den Leser an dieser Stelle um *erhöhte Aufmerksamkeit!* Wir kommen zum Kern meiner Argumentation.

Der Prozess läuft wie folgt: Wenn Sie aus irgendeinem Grund misstrauisch werden, tun Sie das, was Sie unter Kollegen »enger führen« nennen. Sie intensivieren Beobachtung, Steuerung und Kontrolle. Internes Reporting, Monitoring und andere Sicherungsmaßnahmen werden verstärkt eingesetzt. Regeln werden eingeführt, die das Erlaubte vom Verbotenen trennen. Die Arbeitszeit wird erfasst. Die Zielvereinbarungen werden schärfer formuliert. Nicht nur Ergebnisse werden vereinbart, sondern auch die Wege dorthin. Das wird vom Mitarbeiter als Vertrauensentzug erlebt. Mithin als *Bruch des impliziten Vertrags*.

Der Mitarbeiter meint, nicht einmal mehr Wohlwollen Ihrerseits zu spüren. »Geringe Wertschätzung«, auch und vor allem gegenüber »älteren Mitarbeitern«, wird beklagt, ebenso die »Kaltblütigkeit, wie mit Personen in unserem Bereich umgegangen wird«. Wenn nun das Gefühl entsteht, nicht mit einem konsistenten und auch wohlwollenden Handeln rechnen zu können, zerfällt das aufgebaute Vertrauen sowohl im Sinne kognitiver Sicherheit wie auch emotionaler Geborgenheit. Und da in einer Arbeitsgesellschaft die Beziehung zum Arbeitgeber identitätsstiftend ist, verunsichert dieses Misstrauen existenziell. Die Stabilität und Verlässlichkeit der sozialen Realität löst sich auf. Die Sicherheit im gegenseitigen Umgang geht verloren, man ist auf der Hut. Ihr Handeln als Chef wird reflexhaft als nachteilig für einen selbst gedeutet.

Obwohl – oder gerade weil – dieser Bruch häufig mehr *gespürt* als analytisch durchdrungen wird, sind die Folgen überaus konkret und weitreichend. Der Mitarbeiter fühlt sich weniger an Sie gebunden, weniger verpflichtet. Er reduziert seine Bemühungen, das in ihn gesetzte Vertrauen zu rechtfertigen. Seine innere Motivation sinkt. Mehr noch: Kontrolliert und misstrauisch beobachtet, fühlt sich der Mitarbeiter zu unkooperativem Verhalten geradezu ermutigt, *da die inneren psychologischen Kosten eines schlechten Gewissens entfallen.*

Noch einmal, weil es mir wichtig ist: Wenn Sie dem Mitarbeiter das Vertrauen entziehen, muss er das Beziehungskonto nicht mit einer Gegenleistung ausgleichen. Er spürt keine innere Schieflage mehr, die nach Balance drängt. Er hat kein schlechtes Gewissen mehr, Sie zu betrügen, weil Sie ihn ohnehin nicht für vertrauenswürdig halten. »Ihr misstraut mir, ich betrüge euch.« Oder: »Ist der Ruf erst ruiniert, lebt sichs gänzlich ungeniert!« Seneca schrieb schon vor 2000 Jahren: »Sie haben dem anderen durch Argwohn ein Recht gegeben, sich an ihnen zu versündigen.«

Nach ersten – oft heimlichen – Unmutsäußerungen ändert der Mitarbeiter sein Verhalten. Er strengt sich weniger an, geht kein Risiko mehr ein, hält Informationen zurück. Seine Arbeitsmoral sinkt weiter

– was wiederum Ihr Misstrauen zu rechtfertigen scheint. Sie fühlen sich bestätigt: »Hab ich es doch gewusst!« Sie reagieren auf die Verschlechterung des Arbeitsergebnisses und versuchen, durch zusätzliche Steuerungsmaßnahmen den Verlust an Eigenmotivation auszugleichen. Sie verdichten die Kontrolle. Das kostet Zeit und Geld. Mit mäßigem Wirkungsgrad: Denn das verdichtete Überwachungssystem funktioniert nur so lange, bis Wege gefunden werden, dieses erneut zu umgehen. Bekanntlich fördert Kontrolle lediglich die Kreativität der Kontrollierten, die Kontrolle möglichst wirkungsvoll auszuhebeln. Jede Regel schafft neue »Systemumgehungsintelligenz«: Innovative Kontrollmechanismen erzeugen einen noch innovativeren Umgang mit ihnen. Das kann man bei italienischen Autoknackern und amerikanischen Computerhackern immer wieder mehr oder weniger amüsiert beobachten. Man stärkt, wogegen man kämpft.

Eine solche Spirale führt nicht selten zum völligen Zusammenbruch der Vertrauensbeziehung. Jeder kann eine Geschichte erzählen, wie Misstrauen eine Beziehung zerstört hat. Ein alter Gedanke:

Was man festhält, flieht.

Alles, was man in seiner Freiheit beschneidet, strebt zum Ausbrechen. Es ist ein Irrtum zu glauben, man könne mit Fesseln – seien sie aus Eisen, Geld oder Papier – einen Menschen binden. Und wenn er bliebe: Was wäre gewonnen? Gelassenheit resultiert aus Niederlagen in Kämpfen, die zu gewinnen eine Katastrophe wäre.

Misstrauen als sich selbst erfüllende Prophezeiung. Je enger Sie den Spielraum machen, desto wahrscheinlicher wird die Regelverletzung. Je kleiner der implizite Vertrag, desto eher werden Vereinbarungen gebrochen. Will der Mitarbeiter sich in engen Grenzen überhaupt bewegen, muss er sie notwendig verletzen. Der Chef erlebt das seinerseits als Vertrauensbruch und beutet das enttäuschte Vertrauen aus, um die Regelungsdichte weiter erhöhen zu können.

Auch Folgendes ist oft zu beobachten: Misstrauische Führungskräfte reden gerne von Vertrauen (statt richtigerweise von »Erwartungen«) und gehen plötzlich und überraschend in die Passivität. Sie ziehen sich übergangslos aus der Überzuständigkeit in die Unterzuständigkeit zurück. Viele Mitarbeiter sind dann überfordert, machen Fehler, geben sich orientierungslos, wodurch sich viele Führungskräfte bestätigt fühlen: Regeln müssen her!

Und da diese Regeln ja überwacht werden müssen, nehmen Manager plötzlich an sich selbst wahr, dass sich ihr Handeln *dadurch* ändert, dass sie sie überwachen müssen. Sie haben sich »erfolgreich« selbst zugerichtet.

Misstrauen lebt vom Vertrauensmissbrauch. Deshalb kann Robert K. Merton schreiben: »Misstrauische Vorgesetzte werden es immer erleben, dass Mitarbeiter das Misstrauen durch ihr Verhalten nachträglich rechtfertigen.« Es offenbart sich die für das Vertrauensdilemma so typische Doppelung der Tendenzen, einerseits Vertrauen bestätigt sehen zu wollen, andererseits genau diese Bestätigung zu hintertreiben, weil man erwartet, von einem fremden Willen getäuscht zu werden. Das sind die erloschenen Köpfe gelehrter Untröstlichkeit, die in Enttäuschung schwelgen. Noch ein letztes Mal Seneca: »Manche haben anderen das Betrügen beigebracht, weil sie fürchteten, betrogen zu werden.«

Ein Beispiel: Mein Sohn – damals 16 Jahre alt – hatte während der Sommerferien in einem Warenhaus gearbeitet. Bei seinem kurzen Einstellungsinterview kreisten die meisten Fragen um Diebstahl: »Was denkst du übers Stehlen?« »Hast du schon mal was gestohlen?« »Was tust du, wenn du einen Kollegen beim Stehlen beobachtest?« Stichprobenartig wurden die Mitarbeiter durchsucht. Große Plakate hingen an der Wand: »Wir bringen jeden Diebstahl zur Anzeige!« Nach der Reaktion der Mitarbeiter auf diese Kontrollen befragt, erzählte mein Sohn: »Die Leute sind von den Kontrollen so genervt, dass sie sich einen Sport daraus machen, Ware zu stehlen und durch die Kontrollen zu schmuggeln. Manche lassen die Ware dann hinter den Kontrollen einfach liegen.«

Die experimentell vielfach bestätigte Beobachtung der sich selbst erfüllenden Prophezeiung spricht eine wichtige Warnung aus: »*Misstraue jemandem, und er wird dein Misstrauen bestätigen!*« Eine Person, der misstraut wird, sieht sich außerstande, den anderen vom Gegenteil zu überzeugen. Mehr noch: Misstrauen verleitet dazu, unehrlich zu sein. Warum ehrlich sein, wenn der andere mich ohnehin als unehrlich einstuft? Warum Vertrauen bestätigen, wenn der andere mir ohnehin misstraut?

Vertrauen ist das bessere Haftmittel. Gewiss scheint es oft klüger, pessimistisch zu sein. Aber wenn Sie mit Misstrauen starten, brauchen Sie gar nicht erst anzufangen, dann produzieren Sie selbst das Phänomen, das Sie nachher beklagen und als dessen Opfer Sie sich erleben. Weil es mir an dieser Stelle besonders wichtig ist, verstanden zu werden: *Intensivierte Sicherungsmaßnahmen können den Vertrauensmechanismus nicht nur nicht ersetzen, sondern setzen ihn außer Kraft.* So erspart sich der Pessimist vielleicht die Blamage. Aber er zerstört zugleich betriebswirtschaftlich wertvolles Kapital: Wenn das Vertrauen zerstört ist, ist mehr zerstört als nur Vertrauen.

Die einzige Möglichkeit, vertrauenswürdigen Menschen zu begegnen, ist zu vertrauen.

Wenn Sie vertrauen, besteht die große Chance, dass der Mitarbeiter sich als vertrauenswürdig erweist, dass er Ihr Vertrauen rechtfertigt. Beim Misstrauen nicht. Wenn Sie jemandem misstrauen, kann ein Mensch niemals beweisen, ob er Vertrauen rechtfertigen will und kann. Bei Vertrauen können Sie gewinnen oder verlieren. Bei Misstrauen verlieren Sie immer.

Das finden wir schon im Privaten: Der Mensch, der im Wissen um die Unberechenbarkeit des anderen von vornherein mit dem Scheitern kalkuliert, geht gleichsam mit angezogener Handbremse in eine Beziehung hinein. Er beginnt eine Beziehung mit einem Sicherungsvorbehalt. Er wird sich nicht wirklich einlassen, er wird sich nicht hingeben – und er wird auch nicht die Wonnen des Sichhingebens erleben. Er bräuchte eigentlich erst gar nicht anzufangen. Denn mit seiner Reserve verhindert er die Möglichkeit der vollen Blüte. Weil er nicht verlieren will, kann er nicht gewinnen. Mit seinem Misstrauen erzeugt er das Verhalten, das er anschließend beklagt. Wenn er vertraut, kann er nicht sicher sein, dass es gut gehen wird. Wenn er misstraut, kann er sicher sein, dass es schief gehen wird.

Shakespeares Othello bittet Jago um einen »sichtbaren Beweis« für Desdemonas Untreue. Das fällt Jago leicht: Zweifel ist heimtückisch. Misstrauen wird immer zur Quelle des eigenen Beweises. Umgekehrt wäre es schwerer, nahezu unmöglich: den sichtbaren Beweis für Desdemonas Treue zu erbringen. Indem sie sich tötet? Vertrauen kann man nicht positiv beweisen. Man vertraut, weil Gegenbeweise fehlen. Das macht es anfällig. Wirklich tiefes Misstrauen ist kaum zu entkräften. Es führt zu einem Verhalten, das die Gültigkeit von Misstrauen stützt. Bald ist es unmöglich zu wissen, ob es jemals tatsächlich gerechtfertigt war. Es hat die Realität selbst erzeugt, die es bewirtschaftet. Es hat sich selbst erfüllt. Es ist nun »rational«. Auf jeden Fall aber hält es Menschen davon ab, sich experimentell auf die Alternative einzulassen – es mal mit Vertrauen zu probieren. Wenn Sie aber nicht dem Vertrauen vertrauen und dem Misstrauen misstrauen, werden Sie nie herausfinden, ob nicht Vertrauen gerechtfertigt wäre. Misstrauen und überzogene Kontrolle heißt: Es gibt keine Gelegenheit, sich als vertrauenswürdig zu erweisen. Vertrauen also beginnt, wenn Sie handeln, *als ob* Sie vertrauten.

Eine überraschungsfreie Welt gibt es nicht. Sicher ist bekanntlich nur der Tod und die Steuer. Auch eine maximal mögliche Sicherheit zerstört, was wir zum wirtschaftlichen Erfolg brauchen. Wir brauchen gerade so viel Sicherheit, dass das Spiel nicht durch einen Irrtum zu Ende geht. Es reicht aber völlig, wenn wir den Raum der Selbsterhaltungsvernunft nicht verlassen. Vertrauen ist daher heute die permanente Neuinterpretation des jeweils angemessenen Verhältnisses von explizitem und impliziten Vertrag, von Kontrolle und Kontrollverzicht, von Vorschrift und Ausnahme, von Sorgfaltspflicht und Verantwortung.

Das ist keine Einladung zur Selbstmörderparty. Das ist nicht die Aufforderung, mit der Brandfackel durch Ölfelder zu laufen. Aber wir müssen unsere Unternehmen so anlegen, dass man es mit einem Streichholz nicht in Brand stecken kann. Wir brauchen keine Sicherheitsneurose. Wir brauchen allenfalls ein Mindestmaß an Sicherung, gerade so viel, dass die »Bad Guys« nicht ermutigt werden. Im Übrigen kann übertragen werden, was Sicherheitsexperten für ganz andere Zusammenhänge empfehlen: Besser, als sich gegen alle Eventualitäten abzusichern, ist es, einen Krisenreaktionsplan auszuarbeiten. Deshalb sollte man in Hotels nicht höher als im neunten Stock wohnen. Im Fall der Fälle reichen die Evakuierungsleitern der Feuerwehr nicht höher.

Abschweifung: Scham und Schuld

»Am Ende des Tages brachte Kain von der Frucht der Felder Jahwe eine Spende, und auch Abel brachte von den Erstlingen seiner Schafe eine Spende.
Jahwe achtete auf Abel und seine Spende, auf Kain und seine Spende achtete er nicht.
Da entflammte Kain und sein Antlitz fiel. (...)
Als sie aber auf dem Felde waren, tötete Kain seinen Bruder Abel.«

Eine archaische Szene: Zwei Brüder opfern, das Opfer des einen wird von Gott angenommen, das des anderen abgelehnt. Daraufhin erfolgt die schreckliche Tat, der Brudermord. Manche Leser werden sich fragen: »Was soll das jetzt? Was hat das mit Vertrauen zu tun?« Ich möchte Sie auf einen Affekt hinweisen, der weitgehend verdrängt wird und in der Führungsliteratur bislang völlig ignoriert worden ist, der aber Reaktionen auf abgelehntes Vertrauen beziehungsweise explizites Misstrauen erklärt: das Erleben von Scham. Für die folgenden Gedanken verdanke ich vieles der Interpretation der alttestamentarischen Kain-Abel-Parabel von Till Bastian und Micha Hilgers.

Wenn Sie etwas opfern, dann verzichten Sie auf etwas, um etwas anderes, was Ihnen wertvoll erscheint, zu bekommen. Sie erbringen eine Vorleistung, weil Sie etwas erwarten. Das ist risikoreich. Nicht jedes Opfer wird erhört. Diese Situation ist dem Vertrauen ähnlich. Auch Vertrauen ist nicht kostenlos. Wenn Sie Vertrauen bestätigen, dann verzichten Sie ebenfalls. Sie verzichten auf den Vorteil, den Sie hätten haben können, wenn Sie das Vertrauen des anderen ausgenutzt hätten. Sie haben die Chance ungenutzt verstreichen lassen. Das sind Ihre Kosten. Aber nicht jede Investition rentiert sich.

Versetzen Sie sich bitte kurz in die Rolle eines Mitarbeiters. Stellen Sie sich vor, Sie halten sich für vertrauenswürdig, suchen eine Zusammenarbeit auf der Basis wechselseitiger Achtung, wünschen sich, von Ihrem Chef als integre Person anerkannt zu werden und gehen mit der entsprechenden Einstellung auf ihren Chef zu ... Auch die beiden Brüder Kain und Abel nähern sich der »höheren Macht« im Vertrauen darauf, von ihr wohl wollend aufgenommen zu werden. Sie wünschen sich, dass ihr Opfer angenommen wird. Und dann geschieht das Unverständliche: Das Opfer Kains wird verschmäht. Ohne ersichtlichen Grund. Jedenfalls schweigt Gott sich aus. Kain fühlt sich grundlos zurückgewiesen, zutiefst beschämt. Er ist völlig hilflos, ohnmächtig, kann nichts tun, um seinen Gott zu bewegen, sein Opfer anzunehmen. Er sieht nur einen Ausweg, der ohnmächtigen Beschämung zu entfliehen, nämlich das Gesetz des Handelns wieder an sich zu reißen, seine Würde wiederherzustellen: die Verwandlung von Scham in Schuld, den Brudermord.

Wir alle haben Angst vor dem Abgewiesenwerden, uns als getrennt zu erleben, sozial degradiert zu werden. Wir wollen geborgen sein, wollen dazugehören, wünschen, dass uns mit Vertrauen und Wohlwollen begegnet wird. Auch Kain hat diesen Geborgenheitswunsch. Er ist verletzlich, sucht Schutz, will nicht getrennt sein, erhofft opfernd die Zuwendung Gottes. Er vertraut darauf, dass sein Opfer angenommen wird. Aber Gott vergibt seine Gnade offenbar nach unkalkulierbaren Prinzipien. Er lehnt das Opfer ab. Weist es sprachlos zurück. Kain ahnt nicht, was er anders hätte tun sollen, er erfährt nicht, worin sein Fehler lag. Und genau darum erlebt er zugleich tiefste Verwundung und Hilflosigkeit. Was tut er? Er wendet das Passive ins Aktive. Er tauscht Scham mit Schuld. Er kann mit einer Schuld besser umgehen als mit Scham. Warum? Beschämt, weiß er nicht, was er hätte anders machen sollen. Er entspricht offenbar nicht der Erwartung, aber er kennt die Erwartung nicht einmal. Bei der Schuld kann er wählen: Er könnte die Tat auch unterlassen. Er tut etwas, was verboten ist. Das ist ihm lieber: Ohnmacht, sich ausgeliefert und hilflos zu fühlen, ist so schwer zu ertragen, dass er es vorzieht, ins Verbrechen zu flüchten. Dann ist die Ablehnung für ihn sinnvoll, sie ist für ihn verstehbar.

Scham ist *nicht verstandene* Ablehnung. Wir können etwas nicht, sind nicht »wie erwartet«, sind offenbar »verkehrt«, »unrichtig«. Etwas liegt nicht in unserer Macht. Wir sind Opfer, erleiden die Situation. Wenn wir uns schämen, dann wollen wir nicht gesehen werden, bleiben stumm, können weder fragen, noch sagen. Scham bedeutet Erniedrigung und den Verlust von Respekt.

Schuld ist *verstandene* Ablehnung. Wir tun etwas, was verboten ist, aber wir hätten es auch lassen können. Dann liegt es in unserer Macht. Jetzt sind wir Täter, haben die Situation gewählt. Wenn wir schuldig sind, dann werden wir gesehen, sind nicht mehr sprachlos, können uns verteidigen, zur Sprache kommen, vielleicht sogar die Gründe für die Ablehnung erfragen. Wir wissen dann wenigstens, warum wir »verkehrt« sind.

Der Tausch von Scham in Schuld: Dasselbe geschieht, wenn uns mit grundsätzlichem Misstrauen begegnet wird. Mit individuellem Verdacht seitens unseres Chefs oder unserer Kollegen, mit strukturellem Verdacht durch die vielen institutionalisierten Misstrauenssymbole in den Unternehmen. Wenn wir unverstehbar abgelehnt werden, wenn uns an allen Ecken und Enden »Ich vertraue dir nicht!« offen oder unterschwellig zugerufen wird, wenn wir nicht als vereinbarungsfähiger Partner anerkannt werden, wenn der andere uns gegenüber Betrugsvorsorge trifft, wenn wir die Überwachungsgesten realisieren, wenn wir spüren, dass das Auge der »höheren Macht« nicht wohl wollend auf uns ruht, wenn wir uns selbst für vertrauenswürdig halten und nicht wissen, warum uns der andere dennoch überwacht. Das ist schwer zu ertragen. Unser Eigenwert ist verletzt, wir fühlen uns unverstanden, sind davon überzeugt, nicht »richtig« gesehen zu werden. So wie die archaische Wucht der Scham Kain in die Schuld drängt, weil sie für ihn leichter handhabbar ist, so werden wir nach Mitteln und Wegen suchen, uns gegen die Ohnmacht zu stemmen. Das tun wir, indem wir uns lieber in die verbotene Handlung flüchten, als uns hilflos und ausgeliefert zu fühlen.

Dann bestätigen wir lieber das Misstrauen, dann wissen wir wenigstens, weshalb wir abgelehnt werden. Genau das tun die Menschen, denen die Gesellschaft kein Angebot macht, gebraucht zu werden, einen Beitrag leisten zu dürfen, als Mitglied willkommen zu sein – und in den Rechtsradikalismus abwandern. Genau das tut der Gekündigte, der sich von seinem Chef zurückgesetzt fühlt, nicht versteht, warum ihm ein anderer vorgezogen wird, – und amoklaufend Chef und Kollegen umbringt. Das tut der ganz normale Mitarbeiter, der spürt, dass ihm nicht vertraut wird, der keine Chance hat, sich als vertrauenswürdig zu erweisen, der Vertrauen nicht bestätigen kann, weil es ihm von vorneherein vorenthalten wird, – und daher bei vielen kleinen Handlungen seinen Ermessensspielraum nur zu seinen eigenen Gunsten nutzt.

Welche nicht nur mörderischen, sondern sogar selbstmörderischen Konsequenzen es hat, wenn wir unseren Mitarbeitern nicht vertrauen und das von ihnen in uns gesetzte Vertrauen nicht bestätigen – das lehrt uns unser verstoßener Bruder Kain.

Vertrauensprothesen

Zielvereinbarungen

Wie schaffen Sie es, dass die Menschen das tun, was Sie wollen? Wie machen Sie das Verhalten der Menschen vorhersehbar? Wie besiegen Sie die Angst? Viele Menschen brauchen Gründe für Vertrauen. Aber diese Gründe können nicht von einem Menschen kommen, dem sie misstrauen. Deshalb greifen sie zu Vertrauensprothesen. Zum Beispiel zu Zielvereinbarungen. Immer wieder wird behauptet, Zielvereinbarungen schafften Verbindlichkeit. Meine grundsätzlichen Zweifel an diesem – in seinen Grenzen zweifellos nützlichen – Instrument (vergleiche *Aufstand des Individuums*, 2000) will ich aus der Perspektive der Vertrauensökonomie noch verstärken. Zunächst sind Zielvereinbarungen – ist man wirklich ehrlich zu sich selbst – aus Misstrauen geboren. Sie wurden erfunden, als man den Überblick verlor, keinen Sichtkontakt mehr hatte, nicht mehr kontrollieren konnte, ob der andere sich auch voll einsetzt. Oder weil man mit der Leistung eines Mitarbeiters unzufrieden war, weil man antreiben wollte, weil man etwas Schriftliches brauchte, um besser Belohnen und Bestrafen zu können, oder, anders herum, weil man glaubte, sich gegenüber »willkürlichen« Vorgesetzten schützen zu müssen.

Lassen wir das Grundsätzliche beiseite, so kommt es vorrangig darauf an, *wie* die Ziele zustande gekommen sind. Wenn sie von oben oktroyiert werden, sollten Sie mit Recht misstrauisch sein, ob der Mitarbeiter wirklich alles tut, um sie zu erreichen. Wenn Ziele aber im Gegenstromverfahren verhandelt und dann vereinbart worden sind, sollten Sie dem Mitarbeiter die Wahl der Wege zutrauen und letztlich auch vertrauen, dass sie erreicht werden. Wenn Sie einen Zielerreichungsbonus dahinter hängen, signalisieren Sie Misstrauen und Vorsorge für den Fall der Nichterreichung. Vereinbarungstreue erzielen Sie auf diese Weise nicht.

Falls sich etwas im Marktumfeld negativ ändert, also die Leistungs*möglichkeiten* schwinden, müssen Sie darauf vertrauen können, dass der Mitarbeiter eigenaktiv auf Sie zukommt und nachverhandelt. Sie müssen vertrauen können, dass der Mitarbeiter von sich aus kommt, wenn ein Ziel nicht mehr erreichbar scheint. Am Ende eines Jahres sagen »Dumm gelaufen!« setzt wiederum nur die Spirale des Misstrauens in Gang. Die setzen Sie allerdings auch in Gang, wenn Sie den Mitarbeiter nicht ernst nehmen und schon mit einem 20-prozentigen Aufschlag in die Verhandlung gehen, um am Ende dann Ihre

Zielvorstellungen doch durchsetzen zu können. Und das ist ja immer noch im Bewusstsein vieler Manager tief eingelagert: Ziele zu diktieren, sie möglichst hoch anzusetzen und ständig zu erhöhen, damit die Menschen unter Dauerdruck stehen.

Zielvereinbarungen als Instrument werden also niemals die Probleme von Misstrauen beseitigen. Der Grund ist klar: Das Verhandeln, Vereinbaren und Überprüfen von Zielen setzt Vertrauen voraus. Die Menschen müssen davon ausgehen, dass der andere es ernst meint, ehrlich verhandelt. Genau das ist aber in der Praxis der Zielvereinbarungen nicht der Fall. Fragen Sie sich selbst: Geben Sie Arbeitsziele direktiv vor? Sind Ihre Erwartungen so ambitioniert, dass sie nur unter äußerst günstigen Umständen erreicht werden können? Oder sind sie so angelegt, dass man sie auch gut übertreffen kann? Um sich dann darüber *freuen* zu können?

Wie auch immer Sie diese Fragen beantworten – aus den obigen Überlegungen zur verpflichtenden Kraft des Vertrauens fällt ein viel schärferes Licht auf das Führungsinstrument der Zielvereinbarungen. Sein Verpflichtungsgrad ist schwach (was jeder Praktiker sofort bestätigt). Es öffnet mit seiner angehängten »Wenn-dann-Geld-oder-nicht-Geld«-Mechanik das Ausfallstor für entwürdigende Opfergeschichten aller Art. Es ist an Ceteribus Paribus, an das Gleichbleiben der Umstände zum Zeitpunkt der Vereinbarung gebunden. Es kalkuliert »vorsorglich« mit dem Bruch der Vereinbarung.

Ganz anders das Vertrauen: Es kalkuliert mit der Vereinbarungstreue. Es zieht die Integrität des anderen nicht in Zweifel. Es baut nicht vorsorglich Rückzugsbastionen auf. Und das spüren die Menschen. Dies also an die pessimistischen Kesselpauker aus dem Orchestergraben der Unternehmen, die jedes Andersdenken mit Realitätsferne verwechseln:

Nicht Zielvereinbarung schafft Verbindlichkeit, sondern Vertrauen.

Dazu will ich eine Geschichte erzählen, die mir vom *dm*-Chef Götz

W. Werner zugetragen wurde: Der Küchenjunge auf einem Fischereikutter erhält vom Koch den Auftrag, dem Kapitän morgens um 10 Uhr eine Tasse Kaffee auf die Brücke zu bringen. Das Ziel ist somit vorgegeben und klar definiert: jeden Morgen um 10 Uhr eine Tasse Kaffee auf die Brücke. Vom ersten »Auftrag« zurückgekommen erzählt er: »Ich habe eine Ohrfeige bekommen, weil der Kaffee übergeschwappt ist. Aber das ist ja auch kein Wunder bei Windstärke neun!« »Dann mach die Tasse nicht ganz voll«, rät ihm der Koch, was der Junge am nächsten Morgen auch beherzigt. »Ich habe schon wieder eine Ohrfeige bekommen«, beschwert er sich danach, »weil die Tasse nicht ganz voll war.« »Jetzt weiß ich auch nicht mehr weiter«, sagt der Koch, »lass Dir selbst was einfallen!« Am nächsten Morgen kommt der Junge vom Kaffeebringen zurück, der Koch fragt: »Wie war's?« »Prima«, antwortet der Junge, »alles in Ordnung. Ich habe die Tasse voll gemacht, einen großen Schluck davon abgetrunken, bin bis vor die Tür hochgelaufen, habe den Kaffee wieder reingespuckt, und dann ... bin ich gelobt worden!«

Wenn wir jemandem vertrauen, dann vertrauen wir darauf, dass er tut, was *unter den Umständen* das Richtige ist. Was immer die Umstände sind. Wenn wir jemandem vertrauen, dann nehmen wir an, das er sich vernünftig und flexibel in verschiedenen Situationen verhält und auch unvorhergesehene Probleme löst. Dass er den Spielraum des Ermessens in unserem Sinne nutzt. Wenn wir misstrauen, gehen wir davon nicht aus. Wir sind uns nicht sicher, ob er tatsächlich das Verhalten zeigt, das die Probleme löst. Wenn wir misstrauen, fühlen wir die Notwendigkeit, das Verhalten des anderen zu *garantieren*. Aber eine solche Garantie ist in Zielvereinbarungen – wie bei allen Regeln auch – nicht eingebaut. Wenn Regeln funktionieren sollen, dann brauchen wir Zuversicht in das Wohlwollen und das situativ angemessene Verhalten des anderen. Wenn wir das haben, sind es nicht wirklich die Regeln, auf die wir vertrauen.

Da sich die Umstände laufend ändern, Regeln niemals alle Eventualitäten umfassen, müssten wir die Regeln permanent anpassen. Das ist teuer. Regeln brauchen Interpretationen und Anwendungsbedingungen. Die Realität ist reichhaltiger als Worte. Nehmen wir die aufgewühlte See aus dem Küchenjungen-Beispiel als Sinnbild für turbulente Märkte: Mögen Zielvereinbarungen in ruhigem Fahrwasser (beispielsweise Abschöpfungsmärkte) hilfreich sein, mögen sie Energie bündeln und die Leuchtbojen eines gemeinsamen Weges bilden, mögen sie gar sinnvollerweise Erwartungen abgleichen – wenn auf turbulenten Märkten der Nachverhandlungsaufwand zu hoch erscheint, dann bleibt Ihnen gar nichts anderes übrig: Dann müssen Sie auf Zielvereinbarungen verzichten. Dann ist Vertrauen flexibler und insofern realistischer. Dann müssen Sie ernst machen mit dem »Jeder gibt sein Bestes!«. Das – und nur das – nennt man »Commitment«. Und ist der Ehre dieses Wortes wert.

Eheverträge

Wer als Paar lange unverheiratet zusammenlebt, kann sich der Skepsis sicher sein. »Sie geben sich kein Commitment!«, heißt es dann. »Er (meistens) wird seine Gründe haben ...«, man kenne sie ja, die Männer, die noch vor der Heirat Scheidungsbücher lesen. Oder: »Sie haben sich nicht wirklich füreinander entschieden.« Obwohl ich nur wenige Menschen kenne, die Verheiratetsein richtig toll finden (die meisten davon *waren* einmal verheiratet), fühlen sich viele Verheiratete von Unverheirateten geradezu »angeschossen«. Immer wieder wird gestichelt, immer wieder wird nachgefragt: »Na, wann ist es denn soweit?« Wollen sie die anderen mit hineinziehen? Wollen sie das Nichtnormale bekämpfen? Oder *spüren* sie innerlich, was hier lang und breit und mit Rückgriff auf die Vertrauensmechanik erklärt werden soll?

Alexis de Tocqueville schreibt in seinem Bericht »Über die Demokratie in Amerika«: »Ein Liebesverhältnis unverheirateter Menschen wird schwer geahndet. Man lässt dem Richter für die Bestrafung der Schuldigen die Wahl zwischen drei Strafen: Buße, Auspeitschung oder Ehe.« Manche wählen lange Zeit beharrlich die Buße oder die Auspeitschung. Sie halten sich an Mae Wests Bonmot: »Die Ehe ist eine großartige Institution, aber ich bin nicht gemacht für Institutionen.« Wenn dann doch irgendwann die Hochzeitsglocken läuten, heißt es in vielen Anzeigen: »Wir trauen uns!« Das spielt mit der Dreifaltigkeit des Verbs: Erstens – wir haben Mut. Zweitens – wir vertrauen einander. Drittens – wir heiraten (Im »sich trauen lassen« steckt ja schon dem Wort nach das Ver*trauen*). Allseits ist das Aufatmen unüberhörbar: »Jetzt sind sie sich sicher, jetzt vertrauen sie einander.«

Ist das so? Jedermann / -frau weiß: Eine Hochzeit hat mit Ehe soviel zu tun wie Kindererziehung mit bunten OshKosh-Kleidchen. Und wenn es in der Ehe darum geht, sich Sicherheit und Begleitung zu versprechen auf dem lebenslangen Weg von dem verliebten Pärchen auf der Parkbank hin zu den zwei weisen alten Menschen, die in Schaukelstühlen auf Veranden sitzen, warum werden so viele Menschen unglücklich und lassen sich scheiden? Ehe ist, betrachtet man die Scheidungsraten, schon lange kein sicherer Hafen mehr. Ist das Verfall der Moral? Nur postmoderne Bastelbiographik? Hat Ehe ihr oft negatives Image wesentlich daher, dass sie – weil historisch überlebt – permanent romantisch umgelogen wird? Kann es sein, dass wir die Basis für eine lebenslange Partnerschaft durch die Ehe nicht erzeugen, sondern schwächen?

Meine These ist: Bei der Heirat wird kein Vertrauen gegeben, sondern Vertrauen *zerstört*. Eine verdeckte psychologische Dynamik untergräbt, was sie beschwört.

Das ist natürlich ein Urteil auf Bewährung. Es wird nachvollziehbarer (wenn auch für viele nicht zustimmungsfähiger), wenn wir uns den Vertrauensmechanismus genauer anschauen. Denn das ist es, worauf das Zusammenleben ohne vertragliche Regelung basiert: Vertrauen. Die Partner haben keine oder kaum wechselseitige rechtliche Ansprüche. Ein Vertrauensbruch hat maximal zur Folge, dass man eben nicht mehr zusammenlebt. Mag man sich auch ewige Liebe versprechen, mag man auch Absprachen treffen und Spielregeln vereinbaren: Vertragspsychologisch ist nichteheliches Zusammenleben ein *impliziter Vertrag*. Inhalt dieses impliziten Vertrages ist – wie oben dargestellt – dreierlei: *Erstens* – wir halten uns an die vereinbarten

Spielregeln und Absprachen. *Zweitens* – wir verzichten auf ausdrückliche Kontroll- und Sicherungsmaßnahmen. *Drittens* – wir verhalten uns entsprechend dem Geist unseres Zusammenlebens. Soll der implizite Vertrag also erhalten bleiben, müssen die Partner sich wechselseitig immer wieder ihr Vertrauen bestätigen. Sie müssen sich umeinander bemühen.

Nun ist dem Vertrauen wesentlich, dass es missbraucht werden kann. Der jeweils andere kann jederzeit und leicht – zumindest formal leichter als in der Ehe – die Gemeinschaft aufkündigen. Diese Form des Zusammenlebens ist also riskant, sie macht verwundbar. Und genau diese Verwundbarkeit *verpflichtet*. Sie erzeugt Ansprüche. Sie bindet. Sie hat eine schöpferische Kraft, die aus dem Freiheitscharakter der Selbstverpflichtung resultiert. Und je größer die Verwundbarkeit, desto größer die verpflichtende Wirkung.

Wichtig ist: Vertrauen bindet weit mehr, als es ein ausdrücklicher Vertrag je könnte.

Das kann man vor allem dann sehen, wenn die Partner sich nicht mehr aufeinander verlassen wollen: *wenn Vertrauen durch explizite Sicherungsmaßnahmen ersetzt wird*.

Betrachten wir die Ehe nüchtern, so ist dieses Netz an Ge- und Verboten sowie wechselseitigen Ausbeutungsrechten im Wesentlichen *aus Angst geboren*. Ehe wurde für schlechte Zeiten erfunden.

In ihrer noch heute weitgehend gültigen Form hat sie sich aus einer mittelalterlichen Problemlage heraus entwickelt. Dazu will ich kurz historisch ausholen: Die Verrechtlichung der Ehe in der heutigen Form ist ein Nebenprodukt der Kreuzzüge. Der adlige Ritter verließ Haus, Frau und Kind, um das heilige Land gegen die Ungläubigen zu verteidigen (und sich nebenbei wirtschaftlich zu bereichern), wurde aber oft genug nie wieder gesehen. Paare lebten damals etwa zwischen zwölf und 15 Jahre zusammen, dann wurde einer der beiden durch Krieg oder Krankheit dahingerafft. Die Ländereien, Haupteinnahmequelle der zurückgebliebenen Familie, waren nunmehr dem ritterlichen Schutz enthoben. Die Frau und Kinder konnten daher ihre Rechte gegen die wirtschaftlich starken, aufstrebenden, aber unfreien »Meier« immer weniger durchsetzen. Es war einfach unklar, welche Güter abgabepflichtig waren und welche nicht. Man kam auf die Idee, vor der Abreise des Ritters ins Morgenland die Rechte und Pflichten, Besitztümer und Ländereien der Zurückgelassenen aufzuschreiben, um sich rechtlich durchsetzen zu können. Das machte man in einem Buch. Und das Buch lag in der Kirche. Und daraus entwickelte sich mit katholisch konziliarem Beistand jene Form der Ehe*schließung*, die wir heute kennen.

Die Ehe sollte also ursprünglich bei Abwesenheit und Tod der Kreuzfahrer die Rechte der zurückgebliebenen Ritterfamilien schützen. Das ist im Wesentlichen heute immer noch so. Nur dass heute die »Springprozessionen der Partnerwahl« die Rolle der Kreuzzüge übernommen haben: wenn die Liebe weg ist und der Staat über Geld und Kinder regelt. Ehe ist ein patriarchalischer, feudaler Vertrag, um Sex, Haushaltführung und Kindererziehung gegen äußere Sicherheit, Kleidung und Nahrung einzutauschen. Auch die so genannte Liebesheirat ist eine Mode: Sie wurde vor etwa 175 Jahren erfunden.

Einerlei jedoch, aus welchen individuellen Gründen geheiratet wird – aus Liebe, Sicherheitsbedürfnis, Tradition, Romantik, Bindungswille, Steuervorteilen, ob mit oder ohne Ehevertrag – die Eheschließung ist nicht nur ein Symbol des Zusammengehörens, sie bildet vielmehr eine fundamentale qualitative Zäsur. Sie ist – ich spreche es aus – der *Bruch des impliziten Vertrages*. Die Heirat ersetzt den impliziten Vertrag durch einen expliziten. Sie ersetzt die Selbstverpflichtung durch Fremdverpflichtung. Sie ersetzt Vertrauen durch scheinbare Sicherheit. Sie ersetzt »Weak Ties« durch ein justiziables Regelwerk. Sie ersetzt vertrauensbasiertes Commitment durch Strafandrohung.

Weil der Bruch des impliziten Vertrages mehr gefühlt als verstanden wird, sind die Folgen überaus weit reichend. Die Bindewirkung des gelebten Vertrauens fehlt, man fühlt sich weniger tief verpflichtet. Das wechselseitige Vertrauen muss man nicht mehr permanent rechtfertigen und immer neu bestätigen. Man muss sich – scheinbar – nicht mehr so sehr umeinander bemühen, wie man das in der Zeit der relativen Verwundbarkeit noch tat. Die kleinen Respektlosigkeiten häufen sich. Nicht selten beginnt so der lange, langsame Weg ins Schweigen. Mehr noch: Viele Partner fühlen sich zur Untreue geradezu ermutigt, da die inneren psychischen Kosten eines schlechten Gewissens durch den wechselseitigen Vertrauensentzug entfallen.

Viele Paare reagieren auf die Verschlechterung des Eheklimas paradoxerweise mit verstärkten Absprachen und Kontrollen. Aber Kontrollsysteme funktionieren bekanntlich nur so lange, bis Wege gefunden werden, diese zu umgehen. Das kann man allseits erleben: Ehe scheint die formale Berechtigung zum Fremdgehen zu sein. Die Geliebte, die erleichtert ist, als ihr Geliebter eine andere heiratet: Sie weiß, dass er ihr dauerhaft erhalten bleibt.

Wenn Sie Ihrem eigenen Wert nicht trauen, wenn Sie nicht glauben, dass der andere um Ihrer selbst willen bei Ihnen bleibt, wenn Sie nicht gewiss sind, dass Geben und Nehmen im Gleichgewicht sind – dann versuchen Sie zu fesseln. Auch wenn Sie eifersüchtig sind, das heißt, wenn Sie das Gefühl haben »Ich bin des anderen nicht würdig«, dann haben Sie das Vertrauen *in sich* verloren. Stellen Sie sich vor, er bliebe tatsächlich: Gäbe es etwas Schlimmeres? Wie gesagt: Es gibt Kämpfe, die zu gewinnen eine Katastrophe wäre.

Nun werden Sie vielleicht darauf beharren, auch in der Ehe müsse man einander vertrauen. Einverstanden. Aber Vertrauen ist nicht mehr Vertrags*kern* der Beziehung. Es wird dann auf der Ebene der Sollsätze herbeimoralisiert: eben weil Vertrauen weniger fundamental, weniger *not*wendig ist, eben weil da keine »Not zu wenden« ist. Vertrauen funktioniert aber schlecht als Zeigefinger, weit besser als ökonomischer Mechanismus. Wie ich hoffe gezeigt zu haben.

Meine These »Ehe aus Angst« werden aber vor allem jene empört ablehnen, die ihre Vergangenheit verteidigen wollen. Es kann dann nicht sein, was nicht sein darf. Aber selbst jene Leser, die den hier vorgetragenen Gedanken nachvollziehen können, werden ihn dennoch eher unsympathisch finden. Aber deshalb ist er nicht falsch. Man bedenke, dass ich nicht von juristischen Erwägungen, unfairem bis niederträchtigem Verhalten oder gesellschaftspolitischen Strukturen spreche. Mein Argument ist: Ehe erzeugt nicht Sicherheit, sondern verhindert sie. *Liebe ist ein zärtliches Band, niemals eine Fessel.* Der Vertrauensmechanismus, der die beiden Unverheirateten einander wirkungsvoll verpflichtete, wird durch den expliziten Vertrag der Ehe zerstört. Ehe bricht Vertrauen – und auf verdeckte Weise werden jene Phänomene erzeugt, die wir beklagen. Schon der große Staatsphilosoph Hegel hatte seine Zeitgenossen eindringlich davor gewarnt, Liebe und Ehe zu vermischen. Er wusste wohl, warum: Das Geheimnis jeder guten Partnerschaft ist das Bewusstsein ihres Bedrohtseins.

Was uns daran hindert zu vertrauen

Eingeschränkte Wahlfreiheit

Rationales Verhalten in Unternehmen müsste – so meint man gemeinhin – vertrauensbasiertes Handeln begünstigen. Bevor wir uns diesem Thema zuwenden, sollten wir uns nüchtern anschauen, was Vertrauen trübt. Denn tatsächlich stehen einige problematische Bedingungen einer Vertrauenskultur entgegen.

Zunächst ist Vertrauen nur berechtigt in Verhalten, das grundsätzlich für eine Vertrauensbeziehung zugänglich ist. Wenn zum Beispiel einige Unternehmen wie FedEx, Deere, Harley Davidson, S.C. Johnson Wax und Southwest Airlines eine »No-Lay-off«-Policy verkünden, dann sind diese Unternehmen entweder nicht am Markt, blind oder unredlich: Sie versprechen etwas, was nicht zu versprechen ist und insofern auch kein Vertrauen verdient. Auch in Deutschland haben die Mitarbeiter ehedem patriarchalisch geführter Unternehmen lange geglaubt, sie blieben von den frostigen Winden der Globalisierung verschont. Als dann seit den frühen 90ern auch viele dieser deutschen Traditionsunternehmen begannen, Menschen zu entlassen, wurde das – fälschlicherweise – vielfach als Vertrauensmissbrauch seitens der Unternehmensleitungen gedeutet. Dabei hätten die Mitarbeiter gar kein Vertrauen geben dürfen. Arbeitsplatzsicherheit *kann* unter Wettbewerbsbedingungen nicht Gegenstand eines Kontraktes sein. Es ist unseriös, Menschen glauben zu machen, irgendetwas in ihrem Leben sei sicher. Sicherheit ist eine Illusion. Glücklicherweise.

Zudem muss grundsätzlich in einer Vertrauensbeziehung *Wahlfreiheit* bestehen. Auf *beiden* Seiten: Vertrauen zu schenken oder nicht zu schenken auf der einen, Vertrauen zu bestätigen oder zu enttäuschen auf der anderen Seite. Indem Sie vertrauen, gehen Sie als Chef davon aus, dass der Mitarbeiter Ihr kooperatives Verhalten nicht ausbeutet. Deshalb verzichten Sie darauf, seine Handlungsmöglichkeiten einzuschränken. Falls Sie hingegen den Handlungsspielraum des Mitarbeiters eingrenzen, bleibt für Vertrauen weniger Raum. Wenn die Handlungsspielräume des Mitarbeiters so klein, so verregelt und so überkontrolliert sind, dass er faktisch keine Möglichkeit hat, Ihre Erwartung auch zu enttäuschen, dann kann er diese Option nicht wählen. Dann ergibt sich daraus für den Mitarbeiter auch keine verpflichtende Wirkung. Bewegung braucht Raum. Und Raum braucht Vertrauen. Und Vertrauen braucht Freiheit.

Niklas Luhmann hat das so zugespitzt: »Einem Souverän kann man nicht vertrauen.« Wer sich als unantastbar, unansprechbar, unverwundbar, kurz: als souverän darstellt, erwirbt *gerade dadurch* kein Vertrauen. Für Unternehmen heißt das: Niemand kann glaubwürdig Vertrauen fordern, ohne sich aktiv verwundbar gemacht zu haben.

Der Mitarbeiter muss also die Wahl haben, Vertrauen bestätigen oder enttäuschen zu können. Wenn nahezu restlose Handlungskontrolle möglich ist, spielt Vertrauen keine Rolle. Wenn Sie überhaupt nicht verwundbar sind, gibt es zwischen Ihnen und Ihrem Mitarbeiter keinen impliziten Vertrag. Ohne Verwundbarkeit ist schlicht kein Vertrauen notwendig. Bei Akkordlöhnen zum Beispiel wird die Arbeitsleistung über das Ergebnis nahezu vollständig kontrolliert. In Schreibcentern kann ein Sachbearbeiter angemahnt werden, wenn er seine Computertastatur länger als 30 Sekunden nicht betätigt. In diesen Fällen erzeugt ein Vertrauensmissbrauch seitens des Mitarbeiters keinen wesentlichen Schaden für den Chef. Es kann daher auch nicht von einer riskanten Vorleistung gesprochen werden, die ihrerseits verpflichtende Wirkung erzeugt.

Auf der anderen Seite setzt eine Vertrauensbeziehung auch die Wahlfreiheit des Chefs voraus. Er muss die Möglichkeit haben, »Nein« zu einer Kooperationsbeziehung zu sagen. Auch er muss sein Risiko begrenzen können. Dazu stehen ihm grundsätzlich drei Möglichkeiten offen: (1) eine Kooperationsbeziehung erst gar nicht einzugehen, (2) sie beenden zu können oder sie (3) mit Sicherungssystemen oder Verengung der Handlungsspielräume risikoarm zu machen. Wählt der Chef die Alternative (3), kommt er – wie oben gezeigt – zu steigenden Kosten aus der Misstrauensspirale nicht heraus. Deshalb müssen vernünftigerweise die Alternativen (1) und (2) offen stehen: eine Zusammenarbeit beenden oder sie gar nicht erst eingehen zu können. Wenn diese aber aufgrund externer Rahmenbedingungen verbaut oder tabuisiert sind, bleibt nur noch Alternative (3), – mit den bekannten Konsequenzen.

Normalerweise beenden Menschen, die sich nicht vertrauen, ihre Beziehung. Das wäre konsequent und langfristig in beiderseitigem Interesse. Aber in der Arbeitswelt ist das nicht so leicht. Hoch verrechtlichte Beziehungen be- und verhindern die Bewegungsfreiheit. Wie unsinnig die Einschränkung der Wahlfreiheit respektive die Ausweitung des expliziten Vertrages ist, kann man an dem völlig überzogenen, aber vorgeblich arbeitnehmerfreundlichen Kündigungsschutz erkennen. Dieser verhindert zwar nicht, *dass* man sich trennt, aber wenn, dann vorrangig von den ganz Jungen (billig) und den ganz Alten (subventioniert). Vor allem aber führt er dazu, dass die Verpflichtungswirkung, die aus der Freiheit wächst, kaum noch greift. In abgeschwächter Form findet sich diese Mechanik auch bei dem Bemühen vieler Unternehmen, abwanderungswillige Mitarbeiter mit Geld zum Bleiben zu bewegen. Ein Bärendienst. Es ersetzt den impliziten Vertrag durch einen erweiterten expliziten. Es ersetzt freie Selbstverpflichtung durch goldene Handschellen. Es ersetzt das Besondere durch das Allgemeine. Es ersetzt das, was wirklich bindet, durch das, was austauschbar macht.

Wenn zwar der Mitarbeiter das Arbeitsverhältnis aufkündigen kann, dem Chef dies aber nicht oder nur zu hohen Kosten möglich ist, dann kann auch daraus keine Vertrauensbeziehung erwachsen. Je größer der explizite Vertrag, der die wechselseitige Wahlfreiheit einschränkt, desto überflüssiger ist Vertrauen. Unkündbarkeit setzt den Vertrauensmechanismus außer Kraft. Die Ökonomie des Vertrauens lässt da keinen Zweifel, und ich scheue mich nicht, es auszusprechen: *Vertrauen spielt unter den Kooperationsverhältnissen des öffentlichen Dienstes keine Rolle.*

Vertrauen setzt die Freiheit voraus, wählen zu können, das heißt, auch Kooperation vermeiden zu können. Es scheint paradox – aber erst die Wechselmöglichkeit der jeweiligen Partner schafft die Voraussetzung für potenziell langwährende Beziehungen. Vertrauen bindet. Wenn Sie eine Kooperation nicht abwählen können, können Sie sie auch nicht wählen. Und wenn Sie sie nicht vermeiden können, resultiert daraus mit mechanischer Konsequenz Misstrauen. So wird abermals deutlich: Vertrauen ist *kein* moralisches Handeln. Es besteht nicht notwendigerweise aus dem Glauben an die guten Absichten des anderen. Es ist durchaus der rationalen Sphäre zuzuordnen. Es besteht aus einer vernunftgeleiteten Nutzenmaximierung, einer vorteilskalkulierenden Klugheit. Sie können sich zum Vertrauen *entschließen*. Jeder Mensch muss als Vertrauensgeber kalkulieren, wenn er Vertrauen platzieren will. Und er muss als Vertrauensnehmer kalkulieren, ob geschenktes Vertrauen zu honorieren ist. Wenn wir die Handlungsfolgen im Unternehmen sauber darstellen – und das ist: *sich* zu wählen oder *nicht* zu wählen –, brauchen wir nicht mehr in den Moralen und Absichten der Menschen herumzustochern. Wir brauchen sie nicht zu beknien, sich doch endlich an Vereinbarungen zu halten, wir können endlich die Gesinnungsnötigung beenden, die so viele würdelose Unternehmensrituale und Personalsysteme begründen. Und wir bewahren die Menschen vor moralischer Überforderung. Wenn wir Handlungen nicht anhand der ihnen zugrunde liegenden Absichten, sondern anhand ihrer Folgen beurteilen, wird auch ein radikaler moralischer Egoist bestrebt sein, sich korrekt zu verhalten.

Wie sehr Vertrauen – Freiheit – Verantwortung miteinander in der

Praxis verknüpft sind, zeigen interessante Ergebnisse einer Allensbacher Studie vom Herbst 1999.

Von jenen Menschen, die ein hohes Freiheitsgefühl an ihrem Arbeitsplatz hatten und bestätigten, dass ihnen viel Vertrauen entgegen gebracht würde, hatten 54 Prozent an keinem einzigen Tag krankheitsbedingt gefehlt. Von den Befragten mit geringem Freiheitsgefühl und wenig subjektiv erlebtem Vertrauen waren gerade 23 Prozent an jedem Arbeitstag anwesend. Es ließen sich auch Auswirkungen auf die Verbundenheit mit der Arbeit erkennen. Das Institut bediente sich dabei eines projektiven Tests, bei dem die Einstellungen der Einzelnen aus ihren Ratschlägen für eine konkrete Situation erschlossen werden konnten: »Ich möchte Ihnen einen Fall erzählen von zwei Kollegen, die beide an einem Auftrag arbeiten, der am nächsten Morgen fertig werden muss. Als der eine abends seinen Teil erledigt hat, merkt er, dass sein Kollege seine Arbeit nicht fertig gemacht hat und gegangen ist. Finden Sie, er sollte die Arbeit seines Kollegen zu Ende führen, damit der Auftrag rechtzeitig fertig ist, oder finden Sie, das braucht er nicht zu tun?« Von den Befragten mit großem Freiheitsgefühl am Arbeitsplatz sagten 69 Prozent: »Er sollte die Arbeit seines Kollegen zu Ende führen«, aber nur 28 Prozent derer, die sich bei der Arbeit nur wenig frei fühlten. Das wird von der Praxis immer wieder bestätigt: Wenn man Menschen vertraut, gehen sie aus der Sorgfaltspflicht in die Selbstverantwortung, aus dem expliziten Vertrag in den impliziten, – dann kann man darauf vertrauen, dass sie sich auch in ungewöhnlichen Situationen verpflichtet fühlen.

Macht

Nicht erst in Zeiten der Großfusionen sind Gefühle der Macht- und Einflusslosigkeit eine der größten Bedrohungen für Vertrauen. In unüberschaubaren, jedes menschliche Maß vermissenden Organisationen verkümmern auch letzte Reste von Vertrautheit. Es kommt zu »Ich-Die«-Unterscheidungen, die eine Verantwortungsübernahme für den Erfolg des Ganzen nahezu unmöglich machen. »Rädchen-im-

Getriebe«-Gefühle und »Was-soll-ich-denn-schon-bewegen-können«-Einstellungen sind die Folgen erlebter Bedeutungslosigkeit des eigenen Beitrags. Darüber hinaus wachsen Anonymität, Beziehungslosigkeit und Hierarchie. Und mit den zarten Pflänzchen »Überschaubarkeit« und »Selbstbestimmung« sterben die günstigen Rahmenbedingungen für Vertrauen.

Aber auch in firmeninternen Mikrosituationen überwiegt nicht selten das Gefühl des Ausgeliefertseins, der »Ohn-Macht«. »Mein Chef verlangt Überstunden, also muss ich Überstunden machen. Sonst versetzt der mich noch in eine andere Abteilung oder ich bin Opfer der nächsten Restrukturierungswelle.« »Der Vorstand hat das so entschieden – da hab ich doch keine Wahl!« Menschen erleben sich gegenüber ihrem Vorgesetzten häufig als »macht-los«. Dasselbe gilt auch zwischen den Unternehmen, wenn etwa ein übermächtiger Partner den anderen an die Wand drückt. So ist seinerzeit VW mit Herrn Lopez auf der Suche nach kostengünstigeren Zulieferern bisweilen so rücksichtslos vorgegangen, dass die umgebende Lieferantenlandschaft bis heute mit tief sitzendem Misstrauen kontaminiert ist.

Macht durchzieht alle gesellschaftlichen Lebensbereiche. Wenn zwei Menschen zusammenkommen, stellt sich reflexhaft eine Machtstruktur ein. Aber wie kommt die Macht zur Macht? Angeboren ist sie den Mächtigen jedenfalls nicht. Mächtig sind sie nur, so lange es jemanden gibt, dem sie befehlen *können*. Und der diese Befehle befolgt. Der große Philosoph Hegel hat in seinem berühmten »Herr-und-Knecht«-Kapitel zu erklären versucht, dass es eigentlich der Knecht ist, der die Macht hat. Er kann sich nämlich einen neuen Herrn suchen. Ohne Knecht ist der Herr dann kein Herr mehr. Zur Macht gehören immer zwei: einer, der sie ausübt, und einer, der das zulässt. Anders gesagt: Macht ist immer nur verliehen. Auch Unternehmen sind ja weitgehend offene Veranstaltungen. Ein Ein- und Austritt ist möglich, ein Mensch kann sich einem Leben *im* Unternehmen vollständig entziehen, sogar – wenn auch nicht ohne Rest – einem Leben *mit* Unternehmen.

Macht ist also keine feste Institution oder Struktur, sondern wird zwischen Menschen in je spezifischen Situationen mit ihren Erfordernissen, Hindernissen, Spielern und Randbedingungen jedes Mal neu definiert. Traditionell wird immer dem Mitarbeiter die Rolle des Machtlosen zugeschrieben. Rein statistisch – mit Verlaub – trennen sich aber erheblich mehr Arbeitnehmer von ihrem Arbeitgeber als umgekehrt. Ein tyrannischer Vorgesetzter erscheint dann hinterher wie ein ausgemusterter Gartenzwerg. Macht kommt also nicht von »oben«. Macht existiert im Verhältnis eines jeden Individuums zu einem anderen, sofern es frei ist, das heißt, Handlungsmöglichkeiten hat. Unter Wirtschaftsbedingungen wird Macht im Wechsel der Beziehungen und in ständigem Zusammenspiel der Akteure durch Angebot und Nachfrage definiert. Systemisch gedacht ist also die Frage, wer wen beeinflusst und wer der Mächtigere ist, unsinnig. Der Kommunikationsablauf ist kreisförmig. Sollten wir nicht deshalb – dennoch – vertrauen?

Konkurrenz

»Glauben Sie mir«, rief Bertram Reuss aus, »dieses Geschäft ist großartig.« Herr Reuss sitzt in seinem Hotelzimmer in São Paulo und leitet eine Telefonkonferenz, die drei Zeitzonen überspannt. Herr Reuss war gerade in die zweite Ebene unterhalb des Vorstandes berufen worden und galt für viele als »Shooting Star«. Einigen Kollegen galt er als Karrierist, der über Leichen geht. Er hatte über acht Monate an dieser Akquisition gearbeitet, von der er wusste, dass sie für die Expansionspläne seines Unternehmens und insbesondere für die Interessen des Vorstandsvorsitzenden von großer Bedeutung waren. Jetzt war Zeit zu handeln. Es war eine Deadline gesetzt worden, um für das mehrere Millionen Euro teure Akquisitionsobjekt mitbieten zu können. Reuss spürte, dass seine Teamkollegen zögerten. Er hatte ihnen nur wenig Zeit gelassen, die Papiere zu prüfen. Er war dafür bekannt, extrem enge Zeitlimits zu setzen, um den Entscheidungsdruck zu erhöhen. Aber seine Teamkollegen erhoben etliche Fragen zur Stichhaltigkeit des Zahlenmaterials, zu kulturellen Unterschieden und zu den Marktchancen. Nach etlichen Stunden mühseliger Diskussion stimmten sie dem Gebot zu, ohne dass ihre Bedenken zerstreut worden wären. Was Bertram Reuss zu diesem Zeitpunkt nicht wusste: Sein Hauptwettbewerber hatte gerade an diesem Morgen den Zuschlag erhalten. Herr Reuss war zu spät gekommen.

Neue Produktionskonzepte und weltumspannende Zusammenarbeit stellen hohe Anforderungen an die Subjektivität und Selbststeuerung des einzelnen. Das alte Kontrollparadigma, das die Subjektivität gerade ausschalten wollte, ist dem nicht gewachsen. Menschen arbeiten aber nur dann schnell und effizient zusammen, wenn sie sich gegenseitig vertrauen. Vertrauen ist dabei – wie wir gesehen haben – sowohl eine Voraussetzung als auch eine Folge der Zusammenarbeit. Dieses Vertrauen baut zunächst darauf, dass die Mitglieder eines Unternehmens oder einer Arbeitsgruppe sich kooperativ verhalten, sich gegenseitig unterstützen, informieren, den gemeinsamen Erfolg nicht zu persönlichen Vorteilen nutzen, dass also die entsprechenden Werte und Ziele von allen geteilt werden. Falls das Vertrauen bestätigt wird, ermutigt es zu weiteren Schritten der Vertrauenszunahme. Jill Pages, ein Mitglied der sechsköpfigen Artistengruppe »Flying Pages«, drückte es so aus: »Du bist nicht wirklich ein Mitglied der Gruppe, bis du dir das Vertrauen der anderen erworben hast. Und Vertrauen entwickelt sich, wenn du das Ziel der Gruppe über dein eigenes Ego setzt. Die Gruppe kommt immer zuerst.« (in: *Fast Company* 8, 2001, S. 46).

Vernünftigerweise müsste Zusammenarbeit vertrauensvolles Verhalten stärken. Sollte man meinen. Dem entgegen stehen individuelle Orientierungen wie Unzuverlässigkeit, Unehrlichkeit oder Illoyalität. Vor allem aber das Sinnprinzip des *Wettbewerbs*, das in unseren Kulturkreisen insbesondere beim firmendominierenden Geschlecht besonders ausgeprägt ist: Bei Männern ist nur die Konkurrenz konkurrenzlos. Ihr Wettbewerbsverhalten hat nicht selten das Niveau von Rangordnungskämpfen im Primatenrudel. (Die zuvor zitierte Gruppe »Flying Pages« besteht übrigens aus einem Mann und fünf Frauen.) Aber gerade konkurrenzorientierten – männlichen – Personen wird gewöhnlich Leistungsorientierung und hoher Ergebnisanspruch unterstellt. Dieser Ergebnisanspruch umfasst im Regelfall nicht die Produktion von Vertrauen, – und er verschiebt das soziale Dilemma zwischen individuellen und gemeinsamen Interessen ganz eindeutig zugunsten der Ersteren.

Hierarchie ist für Wettbewerb eine besonders förderliche Interaktionsbedingung. Sie unterstützt strukturell die Konkurrenzorientierung. Sie macht mehr oder weniger alle Mitglieder einer Organisation zu Gegnern. Sie alle befinden sich im Wettbewerb um ein knappes Gut: Positionen, die die Pyramide den Siegern bereithält. Wettbewerb ist definiert als Nullsummenspiel: Der Sieg des einen ist die Niederlage des anderen – und umgekehrt. Der hierarchische Flaschenhals nötigt den Einzelnen geradezu, den Unterscheidungswettkampf zu gewinnen und mindestens besser auszusehen als sein Kollege. Mehr noch: Unter kompetitiven Bedingungen ist Misstrauen intelligentes Verhalten. Dann ist es eher unwahrscheinlich, dass die Menschen unter der Bedingung des internen Wettbewerbs sich die helfende Hand reichen. Warum auch sollte ich mein Wissen mit meinem Konkurrenten teilen?

Die Zunahme wettbewerblicher Steuerungsformen in den Unternehmen fördert ein Verhalten, bei der sich im Extremfall jeder Mitarbeiter als Profitcenter versteht. Wenn die Mitarbeiter aber nur ihren eigenen Erfolg sehen, besteht die Gefahr, dass sie Vertrauensverhältnisse ausbeuten. Die hoch individualisierten Bezahlungssysteme ermutigen die Menschen nicht gerade zu vertrauensvoller Zusammenarbeit. Daran kann kein Zweifel sein: Unternehmerisches Verhalten einzufordern heißt auch, die eigene Organisation auszubeuten. Und wenn mit Beraterhilfe Hierarchien und damit Aufstiegsmöglichkeiten weiter abgebaut werden, verschärft sich das Flaschenhalsproblem: Flache Hierarchien vermindern Karrierechancen. Verschärft wird die Situation noch durch die Quartilenregel: Die unteren 25 Prozent der Leistungsskala sind vom Ausscheiden bedroht. Der Mitarbeiter weiß aber nicht, ob er schon dazu gehört. Das macht alle Kollegen zu Gegnern.

Gleichzeitig propagiert das Topmanagement, durch immerfort

wechselnde Managementmoden angestachelt, den Wandel in Permanenz. Den Mittelmanagern wird nahe gelegt, dass sie sich durch Wandlungsbereitschaft für höhere Aufgaben empfehlen. Zwangsläufig steigt dadurch der unternehmensinterne Wettbewerb um Karrieren. Wer also empfiehlt, die Hierarchien abzubauen – weil er zum Beispiel mit besten Absichten die Kommunikation erleichtern will –, macht indirekte Wettbewerber zu direkten. Und je weniger Aufstiegspositionen zu verteilen sind, desto mehr Verlierer werden erzeugt. Wer argumentiert, Hierarchie in klassischem Sinne sei in flachen Organisationen kaum mehr möglich, der Wettbewerb um Positionen entfalle somit, übersieht, dass er nicht ersatzlos ausfällt: Er wird nur auf die Ebene der symbolischen Differenzierungen, der finanziellen Spreizung, der Zugangsmöglichkeiten zu interessanten Projekten verschoben.

Die ideologische Behauptung, Wettbewerb und der »Kampf ums Überleben« sei die dominante Grundstruktur allen Lebens, wie man ja vor allem im Tierreich sehen könne, ist von Biologen längst widerlegt worden. Dass dennoch ein maßvoller Wettbewerb hilfreich ist, lässt sich andererseits kaum bestreiten. Das Problem liegt in der Mischung von Kooperation und Wettbewerb. Es besteht ja auch ein Unterschied, wie Robert Hinde meinte, zwischen dem Ausstechen eines Konkurrenten oder dem Erstechen.

Was tun, um Kooperation zu stärken?

Was meinen wir, wenn wir »wir« sagen? Nach außen, zum Kunden hin, wird zur Beantwortung dieser Frage viel Geld in die Hand genommen. Zum Beispiel in Werbung investiert. Nach innen, zum Mitarbeiter, ist man weniger großzügig. Meist serviert man geschmacksarme Sättigungsbeilagen wie Unternehmenskultur, Vision und Identifikation. Oder man schmückt die Hochglanzbroschüren mit dem immunisierenden Fahnenwort »Team«. Damit ist es aber nicht getan. Unternehmen sind auf *Zusammenarbeit* ausgerichtet. Sie sind abhängig vom horizontalen Vertrauen zwischen denjenigen, die die Güter erzeugen und die Ziele erreichen sollen. Wir müssen uns also grundsätzliche Gedanken darüber machen, was die Kräfte des »zusammen Arbeitens« stärkt. Knappe Güter und überschießende Bedürfnisse machen Individuen grundsätzlich zu Konkurrenten. Selbst bei besten Absichten. Wir können gar nicht alle väterlich-fördernd, mütterlich-freundlich, geschwisterlich-stützend sein. Unsere Interessen kollidieren unvermeidlich. Das Wohlverhalten unter Menschen entsteht mithin nicht von selbst, sondern muss den Verhältnissen abgerungen werden. Was uns zusammenführt, was uns Rücksicht nehmen lässt, sind *gemeinsame Probleme*. Wie Volker Gerhardt aufgewiesen hat, haben wir jenseits persönlicher Verbundenheit und sexueller Attraktion eigentlich nur etwas miteinander zu tun, sofern wir gemeinsame Probleme haben. Zusammenarbeit erwächst aus der Verständigung über Probleme, die wir als *gemeinsam* anerkennen und nur *gemeinsam* lösen können und wollen. Wenn wir uns also mit anderen verbunden fühlen, dann nur im Blick auf Aufgaben, die Verbindlichkeit für alle hervorrufen. Ohne eine Frage keine Suche nach einer Antwort. Das schafft Verständigung sogar unter Gegnern: In der Lösung eines gemeinsamen Problems kann ich auch mit meinem stärksten Konkurrenten verbunden sein. Allerdings nur dann, wenn das zu lösende Problem individuell als größer eingeschätzt wird als die persönlichen Vorteile der karriereorientierten Selbstoptimierung.

Probleme, die uns zusammenarbeiten lassen, müssen mindestens zwei Bedingungen erfüllen: Erstens, es müssen *wichtige* Probleme sein – also direkt oder indirekt unser wirtschaftliches Überleben berühren; zweitens, es müssen *selbst erklärende* Probleme sein, die nicht erst durch eine Gebrauchsanweisung oder ein Hochschulstudium plausibilisiert werden. Von da aus ist auch die Organisation aufzustellen. Die meisten Unternehmen haben erst die Organisation, dann folgt das Problem.

Vertrauen ist also vor dem Hintergrund gemeinsamer Probleme *vernünftig*. Das ist die konkrete Haltung: Trotz entgegengesetzter Interessen sich um eine gemeinsame Deutung der Probleme zu bemühen, den anderen verstehen zu *wollen*, Verpflichtungen einzuhalten,

Spielräume nicht zum Schaden des anderen auszunutzen und kompromissbereit zu sein. Arbeit, die als sinnvoll erlebt wird, ist immer Arbeit für andere. Ein Betrieb, dessen Mitarbeiter nur miteinander und nicht *füreinander* arbeiten, wird deshalb langfristig scheitern. Im Geschäftsleben werden Sie erfolgreich, wenn Sie anderen Menschen helfen, das zu bekommen, was sie wollen. Das ist einfach, das ist offensichtlich, – und das ist so schnell zu vergessen.

Es muss also gelingen, das Unternehmen als Problemlösungsgemeinschaft mit Blick auf eine gemeinsam zu gestaltende Zukunft zu entwerfen. So es denn Zukunft haben soll. Alles, was das Gemeinschaftliche fördert, ist dazu hilfreich. Zum Beispiel überschaubare Unternehmensgrößen. Alles, was es trennt, nicht. Zum Beispiel Profitcenter.

Das sind Fragen, an denen Sie sich dabei orientieren können:

- Brauche ich den anderen? Brauchen wir uns gegenseitig?
- Wie können wir es schaffen, dass Erfolg als gemeinsamer Erfolg, Misserfolg als gemeinsamer Misserfolg erlebt wird?
- Welchen Nachteil habe ich, wenn es dem anderen schlecht geht?
- Welchen Vorteil habe ich, wenn es dem anderen gut geht?

Aus den Antworten auf diese Fragen kann Gemeinsamkeit und Wir-Gefühl, kann *kollektive Identität* erwachsen.

Kollektive Identität heißt keineswegs, Selbstverantwortung und individuelle Zurechenbarkeit zu schwächen. Undifferenziertes Gruppendenken ist eine Degenerationsform. Kollektive Identität resultiert daraus, wenn es dem Management gelingt, Probleme als *gemeinsame* Probleme zu präsentieren. Das wird es langfristig nur auf der Basis erprobter Glaubwürdigkeit tun können. Vertrauen ist hier alles. Wer also dem Vertrauensmechanismus im Unternehmen Platz schaffen will, sollte zumindest die ohnehin im Übermaß vorhandene Wettbewerbsenergie *nicht noch weiter anheizen*. Das ist die Leitidee:

Minimiere den Wettbewerb, maximiere die Kooperation.

Dass vor diesem Hintergrund die Auswahl von Frauen für wertsetzende Positionen die bisweilen bessere Alternative ist, liegt auf der Hand. Diesem Gedanken will ich einige Überlegungen widmen.

Abschweifung: Frauen haben alles, was für Führung nötig ist!

»Daran wird man sich wohl gewöhnen müssen«, sagt der Herr neben mir auf dem Abendflug nach Düsseldorf, halb zu mir, halb in seine Zeitung. Ich brummte und nickte leicht, meine Zustimmung signalisierend. Woran gewöhnen? »Flugkapitän Nicole Brackmann und ihre Besatzung begrüßen Sie sehr herzlich ...« Eine Frau! Eine Frau fliegt uns!
Man(n) macht sich so seine Gedanken über eine Pilotin. Wer macht sich Gedanken über einen Piloten? Frauen genießen hier offenbar nicht das Vertrauen, das Männern entgegengebracht wird. Ist es nur das Ungewöhnliche? Oder liegt es tiefer? Was traut man ihnen nicht zu? Dass sie nicht kraftvoll genug die Kippschalter umlegen? Dass sie nicht entschieden genug das Höhenruder herumreißen? Dass sie aus lauter Spaß an der Freud noch ein paar zusätzliche Warteschleifen fliegen?
Nein, wir wissen natürlich, dass Männer nur noch ihre größere Maximalkraft in die Waagschale werfen können, ansonsten aber Frauen entwicklungsgeschichtlich vollständiger ausgestattet sind. Aber das irritiert den herrschenden Männerklub allerdings nicht sonderlich, schon gar nicht, wenn es um die Besetzung von Führungspositionen geht. Abermals eine Vertrauensfrage: Männer als Führungskräfte besitzen von vornherein einen großen Vertrauensvorschuss und zwar unabhängig von ihrer Leistung, die sie mit ihren Mitarbeitern erreichen. Frauen werden – wenn überhaupt – erst bei auffällig guten Ergebnissen akzeptiert. Frauen müssen sich erst einmal beweisen, bevor sie anerkannt werden. Ein Mann ist für seinen Beruf tauglich, bis er sich als untauglich erwiesen hat – wird aber von der Selbstschutzgemeinschaft der »barmherzigen Brüder« weiter in Amt und Würden gehalten. Eine Frau ist für ihren Beruf un-

tauglich, bis sie sich als tauglich erwiesen hat – obwohl das Misstrauen stets sprungbereit lauert.

Daher ist es immer noch erheblich risikoreicher und damit erklärungsbedürftiger, eine Frau zur Führungskraft zu machen, mehr noch: sie einem Mann vorzuziehen. Denn wenn es hart auf hart kommt, dann vertraut man doch eher einem Mann. Wer sich also für eine Frau als Führungskraft entscheidet, übernimmt eine größere Verantwortung. Der Rechtfertigungsdruck wächst.

Einmal inthronisiert haben es Frauen doppelt schwer. Sie stehen unter einem größeren Beweisdruck als Männer. Im Business müssen sie die besseren Männer sein – und dann wirft man ihnen vor, dass sie vermännlichen. Da man ja heute Frauen nicht mehr an den Herd zurück prügeln kann, ist Spott das beste Disziplinierungsmittel: Ist sie schlagfertig, hat sie »Haare auf den Zähnen«, zeigt sie Gefühle, ist sie eine »Heulsuse«, beherrscht sie sich, ist sie ein »Eisberg«, arbeitet sie lang und hart, ist sie »mit ihrem Beruf verheiratet«, hat sie Erfolg, ist sie ein »Karriereweib«. Logik ist bei ihr kühle Berechnung, Intelligenz ein Schönheitsmakel.

Dennoch warten Frauen – und unter ihnen vor allem die Mütter – zu Hunderttausenden auf ihren Einsatz, seit Jahren, mitten in diesem Land. Ungeachtet der Schwierigkeiten halten sie das Leben in Unternehmen für erstrebenswert. Aber lässt man sie? Die Arbeitszeiten sind vielfach immer noch starr, Kinderbetreuung selten. Die Familienpolitik hat nichts dazu getan, dass sich Frauen ermutigt fühlen, wieder eine berufliche Herausforderung anzunehmen. Gerade mal 16 Prozent der Mütter von Grundschulkindern sind im Westen der Republik voll berufstätig. Im Management sind sie immer noch selten, im Topmanagement kommt ihnen gar Exotenstatus zu. Ganz an der Spitze findet man sie fast nie. Weil sie weniger Alkohol vertragen? Langsamer essen? Schlechter einparken? Die Kienbaum-Beratung kommt bei einer Studie zur Einkommenspolitik (2001) bei 1017 einbezogenen Geschäftsführern auf 28 Frauen – das sind 3 Prozent. Dass sie zudem deutlich schlechter bezahlt werden als ihre männlichen Kollegen, bestätigt nur eine sich seit Jahrzehnten abzeichnende Entwicklung. Aber bei der Karriere geht es ja auch weder um Intelligenz noch um Leistung, sondern vor allem um Präsentationsleistung, kurz: Selbstdarstellung.

Muss erst die demographische Entwicklung wieder herhalten, die Frauen zu aktivieren? Nein, es sind die Talente der Frauen, es sind die geschlechtsspezifischen Unterschiede, die moderne Firmen nutzen können. Die Wirtschaft hat noch gar nicht erkannt, welche Vorzüge Frauen mitbringen. Unternehmen, hört hin: Frauen haben alles, was ihr sucht!

Zum Beispiel ist vieles von dem, was unter den zu erwartenden wirtschaftlichen Bedingungen an Führungsqualitäten gebraucht wird, den Frauen schon anthropologisch in die Wiege gelegt. Vor allem haben sie im Lauf von Jahrmillionen die Bereitschaft und die Fähigkeit entwickelt, sich zugunsten anderer zurück zu nehmen. Brauchen wir etwas Dringenderes in den Unternehmen? Was Männer erst mühsam lernen, so mancher Testosteronvulkan niemals lernen wird, das haben Frauen bereits: Organisationstalent, vernetztes Denken, Paradoxien erkennen und handlungsfähig bleiben, soziales Breitbandempfinden, situationsangemessenes Entscheidungsvermögen, Kommunikationstalent mit wechselnden Adressaten, Multitasking, das parallele Lösen vieler Aufgaben. Gerade das Zirkuskunststück »Die chinesischen Teller«, das »Wie-soll-ich-das-alles-gleichzeitig-schaffen«-Problem – Mütter haben gelernt, eine kaum noch übersehbare Anzahl von Aufgaben souverän zu erledigen. Sie haben es gelernt, indem sie sich mit Kindern, Schulen, Behörden, Handwerkern und anderen Dienstleistern herumschlugen, die Doppelrolle von Beruf und Mutter austarierten und nebenbei noch soziale Anlaufstation für Bekannte und Verwandte waren. Sie sind, wie Birger Priddat treffend schreibt, »Geschäftsführerinnen der Familien-GmbH«.

Mehr noch, die Forschung sagt uns:

- Während Männer dazu neigen, Probleme mit der Strategie »Überbieten« zu lösen, steht Frauen eine Vielzahl von Problemlösungsstrategien zu Gebote, ein situationsbunter Zugang, ohne Verlierer zu produzieren. Es mag sein, dass zwischen Daimler und Chrysler eine »Hochzeit im Himmel« geschlossen wurde. Aber es war doch eine Männerhochzeit. Ist sie deshalb beinahe zum Kulturkampf ausgeartet?

- Frauen denken auf natürliche Weise systemisch. Beachten Sie mal Frauen und Männer beim Besteigen von Flugzeugen. Bei den Männern scheint der soziale Intelligenzquotient in Richtung Körpertemperatur zu sinken. Frauen zeigen hier »Prozesskompetenz«: Sie handeln in der Regel vorausschauend, umsichtig, rücksichtsvoll, bemüht, andere nicht zu behindern. Das Verhalten der meisten Männer ist entweder unverschämt oder ungeschickt bis zur Lächerlichkeit.
- Frauen haben nicht mehr Gefühle als Männer. Das wird zwar immer wieder behauptet, ist auch von einiger alltagspraktischer Plausibilität, ist aber zum Glück Unsinn. Sie haben aber in der Regel mehr *Kontakt* zu ihren Gefühlen, sie lassen sie zu. Neben dem rationalen Zugang gibt es auch das Spüren, das zugelassen wird, das innere Erleben, das eine bisweilen deutlichere und realitätsnahere Sprache spricht, als das scheinrationale Gerede männlicher Kognitionsautomaten. Damit sind Frauen auch sensibler für Beziehungen, für Unterschwelliges, können es zur Sprache bringen und tun es auch. Sie reagieren auf das Frühwarngefühl »Es geht mir nicht gut damit.«. Brauchen wir nicht jetzt und überall »Beziehungsmanagement«? Hingegen grenzt der männliche Umgang mit Emotionen bisweilen an Debilität.

Vielfach wird gesagt, wir könnten im Grunde genommen erst dann zufrieden sein, wenn genauso viele weibliche Schwachleister Karriere machen wie männliche. Das sind die alten Gefechte! Es geht nicht darum, »Frauen an die Macht!« zu rufen und Quoten zu verhandeln. Das ist der falsche Weg. Viele weibliche Fehlbesetzungen leben von einem schier unaufzehrbaren Frauenbonus. Es geht nicht um Proporz – es geht um strategischen und kompetenzgerechten Personaleinsatz. Und natürlich gibt es nicht »die Frauen«, genauso wenig wie es »die

Männer« gibt. Aber es gibt Unterschiede. Frauen sind nicht besser oder schlechter, sondern schlicht *anders*. Sie bringen geschlechtsspezifische Fähigkeiten mit, haben soziobiographisch anderes im Gepäck, was sinnvoll eingesetzt werden kann. Überall da, wo kommunikatives Handeln erfolgskritisch ist, da gehören sie hin. Nein, damit meine ich nicht die PR-Abteilung Ihres Unternehmens, damit meine ich auch nicht den Kundenservice oder den Vertrieb. Damit meine ich *sämtliche* Führungspositionen in Ihrem Unternehmen, Ihre eigene Position eingeschlossen.

Gute Führungskräfte haben nur wenige Aufgaben, diese aber sind wesentlich mit kommunikativer Kompetenz verbunden: Strategien im Team entwickeln und von dort weiter vermitteln, statt zu oktroyieren, die wichtigsten Kunden und Partner langfristig zu binden. Verhandlungen zu führen, aus denen beide Vertragspartner als Gewinner hervorgehen, vor allem aber im permanenten Gespräch mit Mitarbeitern zu sein, um für diese die Rahmenbedingungen optimaler Leistung zu schaffen. Das beste Team ist dasjenige, das durch die Leistung der Mitarbeiter glänzt und nicht durch die Leistung des Vorgesetzten. Die Bereitschaft aber, in den Schatten der Mitarbeiter zu treten, werden Sie bei Männern eher selten antreffen.

Wer mutig und im Sinn des Unternehmens handelt, wird die Annahme zu überprüfen haben, warum er Männern mehr vertraut.

Dennoch-Vertrauen

Betrachtet man zusammenfassend die strukturellen und persönlichen Bedingungen, die Vertrauen trüben, dann könnte man fast entmutigt das Thema zur Seite legen. Das sollten Sie nicht tun. Ich halte es aber für unredlich, vor den Schattenseiten die Augen zu verschließen, sie diplomatisch zu übergehen oder einem ideologischen Wiederaufrichtungsappell zu opfern. Während aller Überlegungen ist immer wieder deutlich geworden:

Im Unternehmen ist Vertrauen immer ein Dennoch-Vertrauen.

Manches wäre einfacher, wenn auch die öffentlichen Vertrauensprediger die Trübungen offen ins Auge fassten und zu einem »Dennoch!« ermutigten statt den plattesten Optimismus zu predigen, den kein Schulkind ihnen abzunehmen bereit ist. Und für dieses »Dennoch!« gibt es gute Gründe. Zum einen gibt es unter den zu erwartenden wirtschaftlichen Umständen schlicht keine vernünftige Alternative zur Vertrauensorganisation. Zum anderen gibt es auch Bedingungen und Verhaltensweisen, die Vertrauen entstehen, ja sogar wieder entstehen lassen. Denen will ich mich jetzt zuwenden.

Selbst-Vertrauen

Führungskräfte, die sich als »Ermöglicher« verstehen, wissen, dass man Erfolg nicht herbeikontrollieren kann. Sie haben erkannt, dass viele betriebswirtschaftlich wichtige Güter nicht »gemanagt« werden können. Dass Menschen nicht steuerbar sind, dass auch Organisationen nicht steuerbar sind – aber beeinflussbar. Sie unterstützen die Zusammenarbeit der Menschen, sie stellen Gelegenheiten, Möglichkeiten, Räume zur Verfügung, in denen die Menschen ihre selbstgesuchten Aufgaben lösen können. Sie vertrauen den Menschen und der Situation. Sie vertrauen dem Leben. Und sie müssen *sich selbst* vertrauen.

Das mag das Härteste sein. Die Fußnoten der Wirtschaftsgeschichte sind voll von Namen zaghafter Manager. Begabt, aber mutlos. Damit ein Manager wirklich erfolgreich sein kann, muss er sich auf das offene Meer hinaus begeben und das rettende Land für eine Weile aus den Augen verlieren. Er muss das Risiko wegen des Risikos schätzen. Er muss sich dem Jenseitigen, dem Unvertrauen stellen. Das geht nicht ohne Staunen und Schrecken. Die Antwort des vielbewunderten Jack Welch auf die Frage eines »Freshman« der Fairfield University nach der wichtigsten Führungsvoraussetzung kann daher nicht

verwundern: »Selbstvertrauen (Self Confidence)! Das ist das Wichtigste. Und dafür habe ich aus meinen Fehlern genauso viel gelernt wie aus meinen Erfolgen. Beides zusammen baut aufeinander auf und ergibt Selbstvertrauen.« (in: *c-span*, 21.8.2001)
Aber was hat der Vertrauensmechanismus mit Selbstvertrauen zu tun? Sprachgeschichtlich lässt sich Vertrauen aus dem mittelhochdeutschen »trûwen« (trauen) ableiten. Der ursprüngliche Wortgebrauch umfasste »hoffen, glauben«, später dann »Vertrauen schenken« und das reflexive »Sich zutrauen« beziehungsweise »wagen«. Das Zirkuläre ist hier also schon sprachgeschichtlich angelegt: Vertrauen schafft nur, wer sich *traut*, das heißt, wer sich verwundbar macht.

Aber wirklich verwundbar machen Sie sich nur, wenn Sie sich innerlich sicher fühlen. Sie müssen über ein gewisses Maß an innerer Gelassenheit und Ich-Stärke verfügen, um die *Spannung zwischen Vertrauenserwartung und der Verratsmöglichkeit* aushalten zu können.

Können Sie das nicht, und fühlen Sie sich ängstlich, dann versuchen Sie die Umwelt zu kontrollieren, die Reaktion des anderen vorhersehbar zu machen, die Enttäuschungswahrscheinlichkeit zu minimieren. Sie werden Ihre Umwelt mit einem Netz an Sicherungsaktivitäten überziehen. Wenn Sie grundsätzlich davon überzeugt sind, dass Sie einem Menschen nicht trauen können, dann wird Sie auch ein noch so dauerhaftes Vertrauensverhalten des anderen nicht vom Gegenteil überzeugen. Verdacht ist Ihr ständiger Begleiter. Die Bereitschaft und Fähigkeit, Vertrauen zu geben und zu nehmen, gründet also letztlich in individuellem *Selbst*-Vertrauen. Ohne Selbstvertrauen kann man keinem anderen trauen, nicht mal an Gott glauben.

Nur wer sich selbst vertraut, kann anderen vertrauen.

Selbstvertrauen – wenige Eigenschaften stehen auf der Liste der Wünschbarkeiten höher, wenige werden mehr bewundert. Das ist die innere Gewissheit: »Ich bin verlässlich«, »Auf mich kann man zählen«, »Wenn ich ›Ja‹ sage, meine ich ›Ja‹.«. Aber wie auch beim Vertrauen, so wird Selbstvertrauen uns oft erst bewusst, wenn wir es vermissen: Wenn wir zögern, verzagt sind, wenn wir uns zu schnell den Meinungen anderer unterwerfen, unter ihrer Kritik leiden, sozialem Druck nachgeben oder Initiative vermissen lassen, wo entschiedenes Handeln angezeigt wäre. Wenn wir uns selbst vertrauen, dann verfügen wir über ein unabhängiges Urteil. Dann wissen wir selbst, was zu glauben und zu tun ist. Wir werden zwar die Sichtweisen und Meinungen anderer berücksichtigen, sie löschen aber nicht unsere eigenen Einsichten aus.

Um ein Beispiel zu nennen: Die Wissenschaft hat bis heute nicht nachweisen können, dass eine bestimmte Art der Ernährung gesünder ist als die andere. Ernährungsempfehlungen, so plausibel sie auch sein mögen, sind sinnlos – etwa so intelligent wie jemandem eine bestimmte Schuhgröße zu empfehlen. Will ein Mensch gesund leben, muss er für sich selbst erkunden, was ihm bekommt und was ihm schadet. Das gilt auch für unser Leben im Unternehmen. Wenn Sie sich selbst vertrauen, dann ist Ihnen das Vertrauen in Ihre eigenen Ideen wichtiger als die Anpassung an die Meinungen anderer. Sie haben Zuversicht in Ihre eigene emotionale, intellektuelle und moralische Kompetenz. Sie glauben an Ihre Absichten und Fähigkeiten. Sie glauben an Ihre Zuverlässigkeit. Sie sehen sich als integre Person, sehen sich in einem positiven Licht. Es ist das innere, nichtrelative Gefühl eigener Wertschätzung.

Um ein Versprechen abgeben zu können, müssen Sie sich selbst vertrauen können. Sie müssen sich als denjenigen kennen, der nicht mit Überraschungen in sich selbst rechnen muss. Irgendwelche Instabilitäten aus einer vermeintlichen psychischen Tiefe müssen Sie tendenziell ausschließen können, um zurechnungsfähig zu sein. Aber auch bei Überraschungen von außen: Selbstvertrauen umfasst die Fähigkeit, mit dem Unerwarteten umzugehen. Das zu tun, was eine überraschende Situation – zum Beispiel auch ein Vertrauensbruch – erfordert. Im Enttäuschungsfall behalten Sie die Fassung. Mithin akkumuliert sich im Selbstvertrauen die Gewissheit, zurechnungsfähig zu sein, – vor allem und ganz praktisch auch als die Erfahrung, Vereinbarungen *gegen Widerstand* einhalten zu können.

Aber auch das ist natürlich wieder eine Frage des Maßes. Die Eigenschaft, die hier gemeint ist, entspricht nicht einer demonstrativen »Hoppla, jetzt komm ich!«-Inszenierung. Selbstvertrauen ist kein Überbietungswettbewerb. Sondern jene ruhige, gelassene Einstellung, die innerlich überzeugt ist, dass sie auch einen Vertrauensbruch »überleben« wird. Denn enttäuscht zu werden ist unvermeidlich. Es gibt letztlich keine Chance, diesem Gefechtsfeld zu entgehen. Immer wieder wird dort die Erwartung als Täuschung und das Verständnis als Irrtum verbluten. Es ist ein unvermeidlicher Teil eines jeden Lebensweges, der notwendig zwischen Erfolg und Niederlage hin und her pendelt. Weil es eben keinen Berg ohne ein Tal gibt. Manche Menschen verwandeln sich nach einer Kette von Enttäuschungen in zutiefst misstrauische Gestalten, die nichts und niemandem trauen und hinter allem die Tücke wittern. Selbstverhärtung als Folge katastrophendurchglühten Lebens. Aber nur, wenn wir bereit sind, die Niederlage zu ertragen, können wir den Erfolg genießen.

Es liegt auf der Hand, dass dieses Selbstvertrauen verschiedene Stärken hat und in verschiedenen Kontexten relativ ist. Niemand vertraut sich selbst absolut, in jeder Hinsicht, bei jeder Aufgabe, – und niemand sollte es. Aber Sie wissen: Sie können sich auf sich selbst verlassen! Sie wissen, dass Sie handeln können und werden. Sie wissen, dass Sie Vorsätze realisieren, Pläne einhalten, vereinbarungsfähig sind. Sie wissen, was die Forschung bestätigt und Ihre Erfahrung lehrt: Vertrauensbrüche passieren immer wieder, egal, wie eng Sie den Maschendraht ziehen. Aber davon lassen Sie sich nicht niederzwingen. Der feste Boden unter einem selbstvertrauenden Leben lautet daher:

> *»Ich vertraue, und manchmal werde ich enttäuscht,*
> *aber das nehme ich in Kauf.«*

Das ist die innere Einstellung, die Vertrauen im Unternehmen möglich macht. Das ist die Qualität des Bewusstseins, mit der Sie dem

Mitarbeiter begegnen, wenn Vertrauen überhaupt eine Chance haben soll. Das ist jene Selbstgewissheit und Orientierungsstärke, die um die Möglichkeit der Enttäuschung weiß und dennoch vertraut. Das ist die Fähigkeit, mit Vertrauensbrüchen angemessen und souverän umzugehen.

Woraus erwächst dieses Selbstvertrauen? Als Kind in dieser Welt begrüßt worden zu sein, geliebt, als wertvoller Mensch respektiert zu werden – das baut Selbstvertrauen auf. Auch die Erfahrung des Erfolges nach Phasen des übenden Scheiterns trägt dazu bei. Wenn man zum Beispiel junge Menschen, die gerade ins Berufsleben einsteigen, ermutigt, *selbst* zu denken, zu entscheiden und zu handeln – statt ihnen immer zu sagen, was sie zu tun haben. Überschaut man aber die Forschungsergebnisse, so schält sich als das Wichtigste heraus: die wiederholt gemachte Erfahrung, *sich mit eigener Kraft aus Schwierigkeiten befreit zu haben.* Sich an den eigenen Haaren aus dem Sumpf gezogen zu haben. Die Gewissheit, es daher auch künftig zu können. Nach Niederlagen sich selbst aus eigener Kraft wieder aufgerichtet zu haben. Sich selbst als vertrauensfähig erlebt zu haben, zum Beispiel – und noch einmal! – Vereinbarungen gegen massiven Widerstand gehalten zu haben. Dadurch an Handlungsstabilität gewonnen zu haben. Davon auszugehen: »Es wird schon gut gehen!«, und »Wenn es schief geht, werde ich es schon irgendwie wieder hinkriegen.« Mit einem Risiko leben, weil es dazu keine vernünftige Alternative gibt. Und wenn das Vertrauen bestätigt wird, sich darüber zu freuen.

Das gilt nicht nur für den Einzelnen, es gilt auch für Firmen. Auch Firmen müssen Erfolge feiern. Betont und ausgiebig feiern. Nur dann wächst bei den Menschen die Zuversicht, dass sie morgen noch besser werden können.

Ein Mensch kann also nur bei relativ sicherem und ausgedehntem Kontakt zu seiner eigenen, innerlich gespürten Zuverlässigkeit vertrauensfähig sein. Leid ist hierfür nicht zu meiden, sondern vielmehr äußerst produktiv. Deshalb sollte man Kinder auch nicht überfürsorglich erziehen, denn man nimmt den Kindern dadurch die Möglichkeit, sich aus eigener Kraft wieder aufzurichten. Das aber ist eine wichtige Erfahrung, die man nie verliert, eine Fähigkeit, die man immer bei sich trägt. Menschen wissen von sich, dass sie vereinbarungsfähig sind, dass sie sich selbst trauen, *selbst vertrauen* können. Vereinbarungstreue ist das Kernstück von Vertrauen. Um sich selbst zu schützen, sollte man Vereinbarungen halten, seinen Selbstrespekt bewahren. Wer Vertrauen bricht, Vereinbarungen nicht hält, verletzt sich selbst. Das Glück auf Kosten anderer währt in der Regel nicht lang.

Vertrauen ist nicht nur eine Art, die Welt zu betrachten, sondern eine Kraft, das Leben zu bewältigen. Es ermöglicht, Rückschläge auszuhalten. Vertrauen ist eine Energie, die die Zukunft niemals dem Gegner überlässt, sondern sie für sich selbst in Anspruch nimmt. Was auch das psychische Wohlbefinden steigert. Julian Rotters Forschungen über »interpersonales Vertrauen« zeigen, dass Menschen mit einem hohen Selbstvertrauen in der Regel glücklicher und weniger konfliktbeladen sind. Als Freunde werden sie mehr geschätzt als ihre weniger vertrauensvollen Zeitgenossen. Zwar ist es möglich, dass ihre erhöhte Vertrauensbereitschaft häufiger enttäuscht wird. Andererseits erleiden misstrauische Menschen einen mindestens ebenso hohen Schaden dadurch, dass sie auch dort misstrauen, wo sie durch Vertrauen Vorteile hätten. Ich habe noch nichts erlebt, was diesen Gedanken widerlegt hätte: Der Vorsichtige riskiert in Wahrheit genauso viel wie der Kühne, er verzichtet nur obendrein auf den Rausch der Kühnheit.

Die Schwäche des Gedankens: Vertrauen kann zu großen Gewinnen führen, die allerdings nicht oder nur schwer direkt auf Vertrauen zurückzuführen sind. Vertrauen kann aber auch zu großen Verlusten führen, die sehr wohl auf Kontrollverzicht zurückzuführen sind. Der Verlust durch Misstrauen hingegen lässt sich nicht messen. Woran orientiert sich der Manager? Als Erfolgssuchender am Vertrauen. Als Misserfolgsvermeidender am Misstrauen. Vertrauen wäre ihm viel zu risikoreich. Denn er sieht *nur noch* das Risiko. Nicht den möglichen Gewinn. Was ihm fehlt ist – ein gutes Auge.

Ein gutes Auge

Vertrauen ist ohne ein »Sich-etwas-trauen« nicht denkbar – und erfordert deshalb Mut. Es ist eine Wette auf die Zukunft, die angesiedelt ist zwischen Wissen und Nichtwissen. Es enthält unter Umständen lebensgefährliche Risiken. Aber auch lebenswichtige Chancen. Es erfordert Mut, Kontrolle zu reduzieren, Macht abzugeben, Mitarbeiter ihre eigenen Wege finden zu lassen. Es erfordert Mut, seine Werte zu vertreten, aufzustehen und zu sprechen, wo viele schwiegen – etwa wenn ein Unternehmen öffentlich Vertrauen proklamiert, es aber nicht lebt. Es erfordert Mut, unangenehme Wahrheit anzusprechen, Mut, sich nicht von der herrschenden Meinung irritieren zu lassen, Mut, der eigenen Intuition, dem eigenen Urteil zu vertrauen.

Mut wurzelt in echtem Selbstvertrauen, aber es muss mit der Achtung vor dem Anderen einhergehen. Mut muss unbedingt mit dem Interesse am anderen Menschen gekoppelt sein. Mut heißt deshalb *nicht* »keine Furcht haben«. Mut heißt *trotzdem* etwas sagen und sich damit verwundbar machen. Mut allein reicht natürlich nicht, aber ohne Mut funktioniert es nicht.

Mut ist die Grundlage dafür, sich frühzeitig um Konflikte zu kümmern und sich um eine konstruktive Lösung zu bemühen. Das ist eine Lösung, die niemanden zum Verlierer macht. Ich kenne kaum ein Führungsproblem, das nicht aus vermiedenen, verschleppten oder falsch angegangenen Konflikten resultierte.

Es ist daher ausgesprochen wichtig, Mut gegen Furchtlosigkeit abzugrenzen. Furcht hilft dabei, ein Mindestmaß an Überlebenssicherung festzulegen. Zudem gibt es Menschen, die in bestimmten Situationen deshalb keine Furcht haben, weil ihnen Menschen nichts bedeuten. Dann kann man *scheinbar* mutig jeden Konflikt bestreiten. Und es gibt Menschen, die immer von einem Extrem ins andere fallen. Ihnen fehlt jede Form von Angemessenheit der Reaktion – zum Beispiel auf enttäuschtes Vertrauen.

Max Weber hat den Begriff des »Augenmaßes« eingeführt. Dieses wird verfehlt, wenn sich Unternehmen an Maximalrisiken ausrichten, wenn sich jede Pommesbude an der Gefahrenklasse von Atomkraftwerken orientiert, wenn ein Einzelhandelskaufmann sein Unternehmen wie ein Experimentallabor der Großchemie organisiert, wenn eine Bank so tut, als ginge es bei jeder Kreditvergabe um die Abwehr des nationalen Super-GAUs. Im Umgang mit Vertrauen braucht Führung Augenmaß. Wenn ich in diesem Buch für Angemessenheit streite, für ein neues *Maß* des Vertrauens, dann plädiere ich dafür, eine neue Urteilskraft zu entwickeln. Dürers Ritter, der mitten zwischen Tod und Teufel hindurch reitet, der sein vormodernes Vertrauensprogramm ersetzt hat durch die mutige Entscheidung, der sich sagt: »Ich kann durchkommen, und wenn ich es nicht wage, werde ich es niemals wissen«, der wie Kierkegaard »Angst als das Schwindelgefühl der Freiheit« kennt, der mutig ist – aber den Übermut meidet.

Wenn ich sage, dass Führung ein gutes Auge braucht, dann ist diese Aussage erfahrungsgesättigt. Wie oft habe ich Führungskräfte bei enttäuschtem Vertrauen unverhältnismäßig reagieren sehen! Ein »gutes Auge« meint eine ausbalancierte Erfahrung der Realität, oder, besser, die Bereitschaft, sich der paradoxalen Grundstruktur des Lebens zu stellen. Ich weiß, dass es diese Balance in idealer Form nicht gibt. Dennoch beharre ich darauf, dass einige Menschen bereiter und fähiger sind, die Mehrdeutigkeit der Phänomene zu sehen und nicht zu einem binären »Entweder-Oder« zu simplifizieren. Eine Form realistischer Aufrichtigkeit. Ein Gefühl für Proportionen. Ein Gefühl für Einschätzungen. Das ist die Fähigkeit, gelassen Urteile über die *relative* Wichtigkeit von diesem oder jenem zu fällen. »Dieses«, sagt die Urteilskraft, »sollte nicht übersehen werden.« Ein gutes Auge ermöglicht es, Extremes von Angemessenem zu unterscheiden, abzuwägen, vor allem aber: Vertrauenszonen von Gebieten des Misstrauens abzugrenzen und diese Grenzen zu verteidigen. »Siehst du den Kampf gegen Betrug und Treuebruch?« »Ich sehe demotivierte Menschen und schleppende Unternehmensprozesse.« Das Management ist gut beraten, sich verstärkt an Letzterem zu orientieren.

Vertrauen nach dem Vertrauensbruch

Vertrauen steht immer im Test. Und dieser Test wird nicht immer bestanden. Der Krankenversicherung, die mit dem Slogan wirbt »Ich vertraue der XY-Versicherung« und dabei ein Brautpaar abbildet, wird nicht verborgen geblieben sein, dass Ehen heute durchschnittlich etwa sieben Jahre halten. Wie es die Schauspielerin Hannelore Elsner zuspitzte: »Ich glaube an die Liebe und Treue auf ewig. Nur werden die Ewigkeiten immer kürzer.« In der Tat: Vertrauen ist ein zerbrechliches Gut, um das Sie sich stets von neuem bemühen müssen. Sie können dabei mehr oder weniger erfolgreich sein, und es kann Rückschläge geben. Das einmal erreichte Vertrauen kann wieder schwinden. Mit Ihrer Verwundbarkeit können Sie die Bedingungen der Möglichkeit von Vertrauen schaffen. Sie können den anderen aber nicht »zwingen«, Ihnen zu vertrauen. Deshalb gibt es Blaumachen, Dienst nach Vorschrift und den Verrat von Betriebsgeheimnissen. Deshalb gibt es Bilanzbetrügereien und Kursmanipulationen. Deshalb füllen Vertrauensbrüche die Nachrichten und Klatschspalten. Ein kurzer Krieg macht eben bessere Schlagzeilen als ein langer Frieden ... was nur jene empörend finden, die glauben, Vertrauen sei kostenlos zu haben. Das ist und bleibt ein Wunschtraum. Was also, wenn der Test nicht bestanden wird? Was, wenn Vertrauen zerstört wurde? Wie gehen Sie mit Vertrauensbruch um? Konkret: *Wie sanktionieren Sie einen Vertrauensbruch?*

Für den Aufbau einer Vertrauensbeziehung ist diese Frage von eminenter Bedeutung. Denn ob eine Vereinbarung eingehalten, eine Regel befolgt, eine Soll-Vorschrift ernst genommen wird, hängt nicht zuletzt ab von der Antwort auf die Frage: »Und wenn nicht, was dann?«

Dazu müssen wir den »Vertrauensbruch« eingrenzen: Wenn jemand nicht leisten *will*, ist das zweifellos ein Vertrauensbruch. Wenn einer nicht *kann*, ist es keiner. Zudem wird Vertrauen häufig mit »Erwartung« vermengt. Aber: Wer Erwartungen enttäuscht, hat noch kein Vertrauen missbraucht. Insbesondere dann nicht, wenn man anfänglich überhöhte Erwartungen an den anderen heranträgt, ihn gar idealisiert, und ihm dann übel nimmt, dass er dem Ideal nicht standhält – dass er nicht so ist, wie man ihn gerne hätte. »Sie haben mich enttäuscht!« ist nicht dasselbe wie »Sie haben mein Vertrauen missbraucht!« Einen Vertrauensbruch haben wir erst bei Erwartungen Zweiter Ordnung: Wenn die Erwartung enttäuscht wird, dass Vereinbarungen (in denen ja Erwartungen abgeglichen wurden), eingehalten werden. Ebenso bricht jemand Vertrauen, wenn er Vereinbarungen nicht einhält, ohne den Versuch gemacht zu haben, nachzuverhandeln. Ich kann es nicht besser präzisieren, als mich zu wiederholen: Vertrauensbruch ist der *Bruch des impliziten Vertrages*.

Nicht wenige Menschen sind mit dem Vertrauensbruch schnell bei der Hand, stets blinzelt der Verdacht aus den leicht zusammengekniffenen Augen. Dabei neigen wir dazu, unser eigenes Verhalten durch die rosarote Brille zu betrachten, während wir dem anderen vorschnell Missgunst, Fahrlässigkeit, gar böse Absichten und was weiß ich nicht alles unterstellen. Wenn wir kleine Anzeichen für Unzuverlässigkeit oder Unehrlichkeit sehen, reagieren wir – häufig unangemessen übereilt und heftig – mit Misstrauen. Aber nicht jedes Missverständnis ist gleich ein Vertrauensbruch. Mindestens aber sollten wir uns fragen: Was ist mein eigener Anteil am Vertrauensbruch? Schiebe ich Verantwortung ab, die ich eigentlich selber habe? Was hätte ich anders machen können?

Bezogen auf einen einzelnen Menschen mag Misstrauen sogar noch berechtigt sein. Dieses Misstrauen zu *generalisieren* – wie es in den Unternehmen zumeist reflexhaft geschieht – ist unintelligent und kontraproduktiv. Unsere Neigung, kleinste Beobachtungen zu anthropologischen Grundmustern aufzutürmen, unsere Neigung zum Etikettieren, zum Stereotypisieren kommt dem entgegen. Sicher haben Sie schon oft gehört: »Der typische Ingenieur ...« oder »Wie halt Verkäufer so sind!«

Häufig handelt es sich gar nicht um ein konkretes Misstrauen, sondern um die schiere *Möglichkeit* des Vertrauensbruchs. Es handelt sich um Lebendigkeiten, um überraschungsoffene Situationen, schlicht um

Risiken, die ja oft keine Ausgeburten der Welt, sondern Gespenster der Statistik sind. Auch bei Panikverkäufen auf dem Börsenparkett spricht man ja von »Vertrauenskrise«. Diese ist ebenfalls ein psychologisches Phänomen, welches kaum auf betriebswirtschaftlichen Fakten sattelt. Sondern auf Phantasien, auf den »Zeichen an der Wand«, die weisen, »wohin die Reise geht.«

Auf die bare Möglichkeit des Betruges reagiert so manche Führungskraft mit einem Generalverdacht: Weil der Schutz der Sicherheit nicht mehr erst *nach* der Verwirklichung der Gefahren beginnt, sondern generell bei der Bekämpfung ihrer Möglichkeit, steht nicht mehr nur ein Tatverdächtiger unter Verdacht, sondern jeder, der verdächtig sein könnte, Vertrauen zu missbrauchen, im Prinzip also: jeder. Vorsorglich werden schon einmal Sicherungssysteme aufgebaut, weil die statistische Möglichkeit schnell in Wahrscheinlichkeit umgedeutet wird. Man will schützen und vorbeugen. »Man kann ja nie wissen!« Und da reichen Gefahrvermutungen, Besorgnisse und Risiken völlig aus. Jeder Mitarbeiter hat ein Recht auf Sicherungsverwahrung!

Diese Einstellung wird unterstützt durch die im Management beliebte Metapher von der Kindererziehung, die gerne mit der Mitarbeiterführung schlankweg analogisiert wird. Dazu ist zweifellos hilfreich, dass Kinder eher als Gruppe und nicht primär als Individuen wahrgenommen werden. Hier ist also nicht individuell die Vertrauenswürdigkeit zu prüfen, sondern man denkt und entscheidet »flächendeckend« und »prinzipiell«, nicht einzelfallbezogen. Wenn man *einem* Menschen nicht trauen kann, kann man *allen* nicht trauen.

Da hilft es wenig, daran zu erinnern, dass jeder Mensch einzigartig ist. Heraklit wies seine Schüler an: »Erwarte das Unerwartete!« Dem hat einige 100 Jahre später Elle Woods in *Legally Blonde* zugestimmt: »Du solltest den Menschen mehr Vertrauen entgegenbringen. Vielleicht wärst du überrascht«, rät sie ihrem Freund. Vergeblich übrigens. Sicher ist: Wenn wir das Schlimmste suchen, werden wir es wahrscheinlich finden.

Die tatsächliche Existenz von einigen Vertrauensbrüchen darf nicht in einem generalisierten Misstrauen münden. Bestimmte begründete Zweifel sind eine andere Sache. Wir müssen den Einzelfall berücksichtigen, abwägen, Proportionen beachten, auch das Ziel der Sicherheit selbst in Frage stellen, wenn es durch die technische Aufrüstung der Wächteraugen allzu hohe Kosten verursacht. Was heißt das für die Praxis?

> *Vertrauen im Allgemeinen. Misstrauen im Besonderen.*
> *Nicht anders herum.*

Warum halten sich Menschen nicht an diese schlichte Empfehlung? Hier stoßen wir auf eine äußerst wichtige *wirkungspsychologische Verschiebung*, an der leider auch dieses Buch wenig ändern wird. Erklären lässt sich das nämlich nur durch die Tatsache, dass bestätigtes und missbrauchtes Vertrauen auf sehr verschiedene Weise wahrgenommen werden. Der Gewinn durch bestätigtes Vertrauen bleibt unsichtbar, er wird schlicht nicht wahrgenommen. Der Verlust durch missbrauchtes Vertrauen wird sichtbar, er wird sofort erlebt. Die 1000 Male bestätigten Vertrauens, die nichtgestohlenen Dinge, die nichtenttäuschten Erwartungen fallen nicht weiter auf. Sie werden dem Selbstverständlichen zugeordnet und bleiben konsequenzlos. Die vielen gelungenen Kooperationen, die unermesslichen Gewinne durch vertrauensbasiertes Handeln, sie werden kommentarlos eingebucht, ja, sie werden nicht einmal bemerkt. Sie sind zu sichtbar, um aufzufallen. Der *eine* Vertrauensbruch – der wird hingegen intensiv erlebt. Und er ist es auch, der Handeln auslöst. Auf ihn wird reagiert. Er fordert sofort »Konsequenzen«.

Wir haben hier ein eklatantes Missverhältnis der Wahrnehmung und des aus ihr resultierenden Verhaltens. Deshalb verschlechtern sich die Verhältnisse in den Unternehmen beständig: Die Hypertrophie der Richtlinien, die 5 Prozent der Menschen daran hindern sollen, etwas zu tun, was 95 Prozent nie tun würden. Das heißt: 95 Prozent der Menschen werden in ihren Bewegungsmöglichkeiten eingeschränkt, weil 5 Prozent sie missbrauchen könnten. Ist das angemessen? Ist das verhältnismäßig? Steht das in einer vernünftigen Relation? Wie auch immer Sie sich entscheiden – die schlechte Nachricht lautet: Die 5 Prozent, die kriegen Sie nie. Die rutschen Ihnen immer durch. Die Spieltheorie jedenfalls sagt uns, dass es unmöglich ist, diese 5 Prozent Unschärfe aus den Systemen zu eliminieren.

Aber es geht offenbar nicht darum, etwas ökonomisch Sinnvolles zu tun, Chancen und Risiken abzuwägen, den Preis der Verregelung dem Sicherungsgewinn gegenüber zu stellen. Nein, es geht vor allem darum, sich rechtfertigen zu können. Man habe alles getan, was menschenmöglich war, aber wenn dann dennoch etwas passiert, dafür könne man nichts … Dann kann das Management wenigstens die Hände in Unschuld waschen. Ob das wirtschaftlich sinnvoll ist – who cares? Jedenfalls tritt die ökonomische Vernunft hinter den Rechtfertigungszwang ins zweite Glied.

Um nicht missverstanden zu werden: Es mag sein, dass Regeln, ja sogar extrem strenge Regeln gelten müssen, je bedrohlicher die Schadenspotenziale tatsächlich sind. Wir dürfen nicht den Raum der Selbsterhaltungsvernunft verlassen. Im Rahmen eines Unternehmens, das die Vertrauensrendite gewinnen will, können diese Regeln aber nur ultima ratio sein. Wir müssen das Maß immer mitbedenken und den Preis, der durch den Verlust vertrauensbasierter Interaktion zu zahlen ist. Die Regulierungswut vieler Unternehmen steht dazu in scharfem Kontrast. Es kann nicht sein, dass um des Selbstschutzes willen im Unternehmen jede Bewegung verboten ist, die nicht ausdrücklich erlaubt ist.

Wie aber konkret und sinnvoll auf einen individuellen Vertrauensbruch reagieren, unter der Bedingung, dass Sie sich nicht sofort von Ihrem Mitarbeiter trennen wollen? Hartnäckig hält sich das Vorurteil, besonders unter Deutschen, dass Unternehmen durch das harmonische Zusammenspiel und Einverständnis der Mitarbeiter zusammengehalten werden. Nur ganz selten wird klar, dass gerade der Umgang mit Konflikten den eigentlichen sozialen »Kitt« unserer Unternehmen bildet. Damit Vertrauen unter dem Strich mehr Gewinn als Verlust ergibt, hat die Evolution eine sehr erfolgreiche Strategie entwickelt, die unter dem Namen »Tit for Tat« bekannt geworden ist. Die Strategie wurde zunächst von Spieltheoretikern beim Durchrechnen des Gefangenendilemmas entdeckt und dann erst in der Evolutionsforschung angewandt, und siehe da: sie funktioniert offensichtlich schon auf der Ebene von Bakterien. Sie lässt sich – A.K. Treml hat es nachgewiesen – auf allen Stufen des Lebendigen entdecken. Vertrauen bedarf danach offenbar keinesfalls altruistischer Handlungsmotive – solche können wir auch kaum bei Bakterien voraussetzen –, sondern alleine eines möglichen Spielgewinns.

»Tit for Tat« bietet einem anderen Spieler – setzen Sie hier Ihren Mitarbeiter ein – immer zuerst Kooperation und Vertrauen an. Bestätigt er dieses Vertrauen, beantworten Sie dieses Verhalten wiederum mit Vertrauen. Auf diese Weise ist *gemeinsam* ein höherer Nutzen zu erzielen, als wenn der eine Spieler Gewinne auf Kosten des anderen macht. Verhält sich der andere plötzlich unkooperativ, missbraucht er das in ihn gesetzte Vertrauen zu seinem alleinigen Vorteil, so reagieren Sie als der »enttäuschte« Spieler sofort ebenfalls mit dem *Abbruch der Kooperation*. Sie stellen die Kommunikation ein. Sie entziehen ihm das Vertrauen. Dies in aller Entschiedenheit und Klarheit. Aber nur zeitweilig! Nach einer angemessenen Zeit – nach einer weiteren Spielrunde – bieten Sie ihm wieder Vertrauen an. Sie geben ihm dadurch die Möglichkeit, Ihr Vertrauen wiederum zu honorieren und damit seinen ersten Vertrauensbruch gleichsam »gutzumachen«. Er hat Erfahrung sammeln können und erhält von Ihnen die Chance, aus dieser Erfahrung zu lernen. Bieten Sie ihm dieses Vertrauen aber nur noch einmal, kein drittes Mal mehr an. Offene, klare Konfrontation schafft Vertrauen, macht berechenbar. Harmonieideal, Burgfrieden und fehlende Sanktionsmöglichkeiten erzeugen nur neues Misstrauen.

Das ist die *Ethik der Zweiten Chance*. Ihre Regeln lauten:

1. Kooperiere! Biete immer zunächst Kooperation an!
2. Wenn sie erwidert wird, stelle das Vertrauen auf Dauer! Wenn nicht, bestrafe sofort und unnachsichtig!
3. Mache nach einer gewissen Zeit wieder ein Vertrauensangebot!

Die zweite Chance kann – kulturell unterschiedlich – sogar höher bewertet werden als die erste. In den USA haben Unternehmer, die bereits einmal in Konkurs gegangen sind, bei Banken und neuen Arbeitgebern deutlich gestiegene Chancen. Sie haben das Scheitern erlebt und gelten mithin als vertrauenswürdiger, als jene, die noch nicht unter den Trümmern ihres Erfolges lagen.

Als ein gelungenes Beispiel für die »Ethik der zweiten Chance« will ich jene Mutter nennen, die neben ihren beruflichen Aufgaben auch für ihre drei »Männer« – Ehemann und zwei erwachsene Söhne – kochte. Die Absprache lautete: »Ich koche für euch, aber ihr macht anschließend die Küche sauber. Wie ihr das untereinander regelt, ist eure Sache.« Das funktionierte einige Zeit ganz gut. Dann aber begannen die Männer, ihre »Gegenleistung« nicht mehr so genau zu nehmen. Die Mutter bemerkte die Nachlässigkeit, machte klar, dass sie damit nicht einverstanden war und – nachdem die »Männer« ihr Verhalten nicht änderten – handelte sie: Sie stellte das Kochen ein. Man kann sich die überraschten Gesichter vorstellen. Offenbar hatte man mit Ärger oder Zornesausbrüchen gerechnet, nicht aber mit *Handeln*. Einige Tage hing der Haussegen schief, man hielt sich mit Pizza-Taxi und dergleichen über Wasser. Dann begann die Mutter wieder zu kochen. Ihre Männer nahmen das Angebot dankbar an, sie waren offenbar froh, noch eine Chance zu bekommen. Seitdem halten sie sich penibel an die Absprachen – meines Wissens bis heute.

An diesem Beispiel mögen Sie ersehen:

Vertrauensbruch ist kein *Gegenbeweis gegen den Vertrauensmechanismus.*

Die Reaktion »Bestrafe sofort und unnachsichtig!« wird Ihnen vielleicht unsympathisch sein. Sie entspricht so gar nicht dem Selbstbild des großzügigen Souveräns. Aber sie funktioniert. Wenn Ihnen Vertrauen wichtig ist, sollten Sie bewusst Kosten in Kauf nehmen, um unkooperative Mitspieler zu disziplinieren. Wenn Sie nicht bereit sind, den Preis dafür zu zahlen, ist Ihnen Vertrauen auch nicht wichtig. Keinesfalls aber dürfen Sie wegsehen. Lassen Sie nicht zu, dass jemand Ihnen gegenüber den impliziten Vertrag bricht. Wenn Sie nicht handeln, stimmen Sie zu! Dann sagen Sie unausgesprochen: »Es ist in Ordnung, Vertrauen zu missbrauchen!« Viele gefallen sich in der generösen Attitüde des Verständnishabens, noch schlimmer: des Verzeihens. Wenn Sie die Schuldgefühle des anderen ausbeuten wollen, tun Sie das tatsächlich am erfolgreichsten, indem Sie »Verständnis zeigen«, indem Sie verzeihen. Wenn es Ihnen aber darum geht, wieder eine symmetrische Beziehung herzustellen, eine Partnerschaft auf Augenhöhe, die vertrauensbasiertes Handeln ermöglicht, dann sollten Sie auf jedwede gönnerhafte Herablassung verzichten. Nur das funktioniert: Ein Preis ist fällig. Der andere muss – zumindest eine Zeitlang – für seinen Vertrauensbruch büßen. Erst danach sind die Dinge wieder im Gleichgewicht.

Immer wieder wird gesagt: Vertrauen könne in einem Klima der Furcht nicht wachsen. Das ist schlicht falsch. Es ist vielmehr umgekehrt: Wenn wir nicht darauf vertrauen können, etwa, dass die Polizei ihren Job macht, dass Spielregeln durchgesetzt werden können, dann besteht kein »Rahmen« für verlässliche Kooperation. Auch ein Unternehmen funktioniert nur, wenn sich seine Mitglieder an die Vereinbarungen halten. Wo dies nicht geschieht, muss es Handhabungen geben, den Vereinbarungsbruch zu sanktionieren. Sonst kommt es nicht zu klaren Kooperationsverhältnissen. Nicht Furcht destabilisiert Vertrauen, sondern die Abwesenheit von Furcht.

Auf den Bruch des Vertrauens muss man zudem schnell reagieren, sonst könnte er als normal anerkannt, ja, als Recht gelten. Nachdem am 28. Juni 1914 ein Serbe das österreichisch-ungarische Thronfolgerpaar ermordete hatte, stellte Österreich-Ungarn erst vier Wochen später Serbien ein Ultimatum (am 23. Juli 1914). Die Weltöffentlichkeit hatte sich in dieser Zeit darauf eingestellt, dass das Attentat konsequenzlos hingenommen würde. Als Österreich-Ungarn dann dennoch zuschlug, stieß es auf Unverständnis. Ähnliches – wenn auch nicht Vergleichbares – geschah bei der Daimler-Chrysler-Fusion: Gerade die Angst, in den USA als die besserwisserischen deutschen Invasoren zu erscheinen, hat die Daimler-Leute daran gehindert, rechtzeitig bei Chrysler einzugreifen. Durch ihr Zögern wirkte ihr spätes Eingreifen autoritär, unelegant und »typisch deutsch«.

Das heißt für Führung: Reagieren Sie schnell. Ob das sofort ist oder nach der berühmten »Nacht-drüber-schlafen«, hängt von der Situation ab. Aber warten Sie nicht zu lange. Kleben Sie keine Rabattmarken. Es ist unangemessen und für den Mitarbeiter nicht nachvollziehbar, wenn Sie auf ein letztes Zuviel warten und dann den Freiraum des Mitarbeiters auf Handtellergröße zurückfalten.

»Tit for Tat« gilt auch für den Fall, dass *Sie* etwas falsch gemacht haben. Vertuschen Sie es nicht, sondern sprechen Sie es klar an: »Mein Verhalten war nicht in Ordnung, und es ist mir nicht egal. Geben Sie mir eine zweite Chance?« – Kaum jemand wird sich dem entziehen. Die von Anatol Rapoport entwickelte »Tit-for-Tat«-Strategie belegt eindrucksvoll die in den von Robert Axelrod initiierten Computerturnieren geprüfte These, dass die langfristig erzielbaren Kooperationsgewinne unter Vertrauensbedingungen höher sind als unter Misstrauensbedingungen.

Maturana erzählt dazu die Geschichte von einigen Studenten in einem Wohnheim. Ein junger Asiate war Opfer mancherlei Schikanen und kleinen Nickeligkeiten der anderen. Heute würde man es wahrscheinlich »Mobbing« nennen. Sie verknoteten seine Hemden, legten tote Mäuse in sein Bett und taten alles, um ihm das Leben schwer zu machen. Eines Tages besannen sie sich und erklärten ihm, sie würden nun auf weitere Schikanen verzichten. Er konnte es kaum glauben: »Das heißt, ihr verknotet nicht mehr meine Hemden und legt mir keine toten Mäuse mehr ins Bett?« »Nein«, antworteten sie, »solche Dinge machen wir nicht mehr.« »In Ordnung«, sagte er, »dann pinkel ich euch auch nicht mehr in den Kaffee.«

Die »Tit-for-Tat«-Strategie ruft uns zu: Zusammenarbeit sollten Sie immer mit einem kooperativen Zug eröffnen! Es ist pragmatisch, der Welt mit maßvollem Vertrauen entgegenzugehen, davon auszugehen, dass die Menschen normalerweise gute Absichten haben und wohl meinend sind – bis zu dem Zeitpunkt, wo wir Gründe haben für das Gegenteil. Das mag moralisch sein – vor allem ist es eigennützig. Wir brauchen keineswegs den moralischen Hochsitz zu erklimmen. Vertrauen aus Eigennutz ist eine weit wirkungsmächtigere Strategie. Alle pädagogischen Versuche, altruistische Handlungsmotive zu installieren, sind weitgehend wirkungslos geblieben. Ein auf kurzfristigen Vorteil bezogener Eigennutz ist dumm. Der kluge Egoist kooperiert. Deshalb lautet ein evolutionärer Ratschlag: Sei eigennützig – kooperiere! Einiges finden wir davon im Alltag. Die Bäckerin ist nicht (nur) freundlich zu uns, weil sie uns sympathisch findet, sondern weil sie will, dass wir wiederkommen. Wäre sie mehrfach unfreundlich, gingen wir zur Konkurrenz. Und umgekehrt kann die »Tit-for-Tat«-Regel die aufregende Hoffnung begründen, dass vertrauensbrüchiges Verhalten in einer Welt, die zunehmend zu einer Weltgesellschaft zusammenwächst, abnehmen wird. Und das natürlich nicht deshalb, weil plötzlich alle Menschen anfangen, sich zu lieben, sondern weil sie damit rechnen müssen, irgendwann einmal wieder miteinander zu tun zu haben. Schon heute gilt: Man trifft sich im Leben immer zweimal. Damit lohnt sich die anfängliche Investition in Vertrauen.

Kann man auf diese Weise auch Vertrauen wiederherstellen? Ja, allerdings sehr langsam. Als Beispiel will ich ein Unternehmen anführen, das aus einer langen misstrauisch-patriarchalischen Tradition heraus große Anstrengungen unternahm, unter einem neuen Geschäftsführer ein Klima der Offenheit zu gestalten. Es entschied sich unter anderem, jedem der 130 Außendienstmitarbeiter ein Budget von jährlich etwa 5 000 Euro für Marketingzwecke zur freien Verfügung zu stellen. Es wurde deutlich kommuniziert, dass sie über das Geld keinerlei Rechenschaft abzulegen brauchten. Kurz vor Ablauf des Jahres wurde der Geldabfluss von den Konten geprüft: Kein einziger Euro war abgebucht worden. Auch in diesem Falle bedurfte es einer zweiten Chance, um das Misstrauen zu besiegen.

Vertrauen in Vertrauen

Die Regeln der Kooperation zu befolgen ist nur sinnvoll, wenn ich davon ausgehen kann, dass der andere sie auch befolgt. Sonst ist man

»der Dumme«. Genau das aber fürchten viele. Es fehlt allgemein die Überzeugung, dass »die anderen« kooperieren und man selbst schließlich als »Dämlack« dasteht. Man vertraut nicht darauf, dass andere vertrauen. Entsprechende Äußerungen lauten so: »Ich habe mit Vertrauen kein Problem. Ob man aber den anderen vertrauen kann, da bin ich mir nicht so sicher.« Oder, noch treffender: »Ich *hätte* mit Vertrauen kein Problem!« Und da jeder so denkt, bewegt sich nichts.

Die erwiesenermaßen falsche (aber allgemein für richtig gehaltene) Unterstellung über die Betrugsbereitschaft »aller anderen« verhindert, dass sich die von nahezu allen bevorzugte Vertrauensatmosphäre tatsächlich entwickelt. Man ist erstarrt in einer gleichsam halbierten Vertrauenswelt.

Dabei neigen wir dazu, unsere eigene Vertrauenswürdigkeit zu überschätzen und die anderer zu unterschätzen. Lügen, Meinungsverschiedenheiten und enttäuschte Erwartungen werden in einen Topf geworfen, ebenso Unzuverlässigkeit und kulturelle Unterschiede, und schon hat man alles zusammen: »Man kann dem anderen einfach nicht trauen!«. Dann beginnt die Abwärtsspirale, in der jeder den anderen als möglichen Trittbrettfahrer des eigenen Gutmeinens beargwöhnt. Was Martin Heidegger für das »Man« beschreibt, das gilt in einem übertragenen Sinne auch für die Unternehmen: »Das Miteinander im Man ist ganz und gar nicht ein abgeschlossenes, gleichgültiges Nebeneinander, sondern ein gespanntes, zweideutiges Aufeinanderaufpassen, ein heimliches Sich-gegenseitig-abhören. Unter der Maske des Füreinander spielt ein Gegeneinander.«

Auf dem Weg zu einer Vertrauens*kultur*, die wirklich diesen Namen verdient, ist daher vor allem das »Vertrauen in Vertrauen« (Tanja Ripperger) notwendig, das Vertrauen in die Vertrauensbereitschaft anderer. Jeder Akteur, hierarchieunabhängig, also egal ob Chef, Kollege oder Mitarbeiter, ist zugleich Vertrauensgeber und -nehmer des anderen. Er verzichtet auf explizite Sicherungsmaßnahmen im Vertrauen darauf, dass der andere ebenfalls vertraut und sich dieser Gemeinsamkeit bewusst ist. Das ist das Vertrauen in die Funktion und allgemeine Anerkanntheit des Vertrauensmechanismus im Unternehmen. Es bezieht seine schöpferische Kraft aus der kollektiven Vorteilhaftigkeit von Vertrauen. Zum Beispiel stellt eine Abteilung Ressourcen zur Verfügung im Vertrauen darauf, im Bedarfsfall ihrerseits Ressourcen von einer anderen Abteilung zu erhalten. Dieses Vertrauen gründet auf der Erwartung, dass die Gemeinsamkeit des Vertrauens den Beteiligten bewusst ist. Das funktioniert in Orchestern, Kirchen, Krankenhäusern, Partnerunternehmen trotz oft extrem hoher »Vertrauensspannen«.

Aber dieses Vertrauen ist nicht planbar. Deshalb ist es für das traditionelle Management so unhandlich. Falls es an Mut zu Verwundbarkeit fehlt, baut es sich in Interaktionsbeziehungen nur sehr langsam auf und entfaltet sich erst durch häufige Erprobung. Dem gegenüber steht die bekannte schnelle Zerstörbarkeit von Vertrauen: Eine einzige Enttäuschung reicht häufig aus, Vertrauen langfristig zu erschüttern. Wichtig ist dabei für Unternehmen der »Halo-Effekt«, der Ausstrahlungseffekt eines Ereignisses: Vertrauenszerstörende Verhaltensweisen verlassen den Ort ihrer Entstehung und strahlen in die gesamte Organisation aus.

Entwicklung und Bestand einer Vertrauenskultur hängen wesentlich davon ab, wie viele andere den Vertrauensmechanismus ebenfalls nutzen. Vertrauen ist wie Wissen eine Ressource, die sich durch Gebrauch verändert. Sie atrophiert, wenn sie nicht gebraucht wird und verstärkt sich mit häufigem Gebrauch. Je mehr Vertrauen genutzt wird, desto mehr wird es gleichsam »produziert«. Beim Vertrauen kommt es daher nicht nur auf den Ausgleich an, sondern auch auf den *Umsatz*. Auf Geben und Nehmen. Ein kleiner Umsatz bringt kleinen Gewinn. Ein großer Umsatz bringt großen Gewinn. Er macht reich.

Ein starkes Vertrauen fällt uns also nicht in den Schoß. Es wird gemacht. Es ist keine Ressource, die sich verbraucht, sondern eine, sich durch ihren Gebrauch *vermehrt*. Eine »kritische Masse« an Akteuren, vor allem unter den Führungskräften, ist dafür überaus hilfreich. Auf sie kommt es vorrangig an. Sie sind die Saatkörner, die mit ihrem Wachstum eine Vertrauenskultur entwickeln können. Sie müssen über jenen Mut verfügen, der sich aus Selbstvertrauen speist. Wenn sie bereit und fähig sind, *dennoch* zu vertrauen, Vertrauen als Vorleistung zu geben, im klaren Wissen, dass es enttäuscht werden kann. Das gilt auch für die Personalauswahl:

> *Vertrauensfähige Führungskräfte*
> *sind von vertrauensfähigen Mitarbeitern umgeben.*

Die Bereitschaft des Einzelnen, Vertrauen zu platzieren und zu honorieren, wird jedoch wiederum wesentlich von den institutionellen Rahmenbedingungen des Unternehmens bestimmt. Wird Vertrauen als soziale Norm gelebt? Oder nur behauptet? Wie vollständig beziehungsweise wie unvollständig sind die Verträge? Wie hoch ist die Verregelungsdichte? Vor allem aber: Lohnt sich Vertrauen als Strategie? Oder wird es sogar bestraft?

Wenn Ihnen Vertrauen wichtig ist, dann sollten Sie sich mit Ihren Kollegen zusammensetzen und folgende Fragen beantworten:

- Was tun wir (als Managementteam), um in unserem Unternehmen Vertrauen zu fördern?
- An welchen Kriterien, Verhaltensweisen, Daten können wir eine Vertrauenskultur erkennen?
- Was und wo sind die kritischen vertrauensrelevanten Themen und Gegenstände?
- Was sind die größten Hürden, um Vertrauen in unserem Unternehmen aufzubauen?
- Welche unserer Spielregeln stehen im Gegensatz zu Vertrauen?
- Was tun wir, um *unter uns* (als Managementteam) Vertrauen zu fördern?

Vertrauen ist keine Frage von Leitbildern und Missionstatements. Die Nagelprobe: *das konkrete Verhalten der wertsetzenden Person im Konfliktfall.* Dieses Verhalten entscheidet darüber, ob sich eine

Vertrauensatmosphäre entwickeln kann. Diese wertsetzende Person ist für das Unternehmen sicherlich der CEO, Vorstand, Geschäftsführer oder Inhaber. Die wertsetzende Person für *Ihren* Verantwortungsbereich allerdings sind *Sie*! Denn eine Vertrauens*kultur* gibt es, wenn überhaupt, nur unvollständig. Sie ist ein mikrokosmotisches Phänomen zwischen Ihnen und Ihrem Mitarbeiter, zwischen diesem Menschen und jenem Menschen. So wie Sie sich verhalten, nicht bei Sonnenschein, sondern wenn es eng wird. Ihr konkretes Verhalten in schwierigen Situationen wird von den Menschen seismographisch sensibel registriert, verallgemeinert – und das ist die Spielregel, an der sich alle tatsächlich orientieren. Zum Beispiel bei Fehlern: Reagieren Sie handelnd, oder klagen Sie an? Zum Beispiel bei kritischem Feedback: Bedanken Sie sich für die Offenheit, oder rechtfertigen Sie sich? Gehen Sie gar zum Gegenangriff über? Widerspruch ist nur für kleine Geister belebend. Geben Sie einen Vertrauensvorschuss? Wie groß ist der? Machen Sie sich wirklich verwundbar? Erschlagen Sie jedes Gestaltungsproblem mit einer Richtlinie? Fühlen sich Ihre Mitarbeiter ermutigt, abweichende Meinungen zu äußern? Respektieren Sie die Sichtweise der anderen? Erleben Sie sie als Bereicherung? Suchen Sie den Input Ihrer Mitarbeiter? Welche Menschen fördern Sie, machen Sie ihrerseits zur Führungskraft? Die Misstrauischen? Oder die Vertrauensfähigen? Die Ja-Sager? Oder die unabhängig Denkenden? Vor allem aber – und das scheint mir in seiner Strahlkraft besonders wichtig – müssen Sie im Unternehmen das Alter als Alter ehren, sonst bricht der Vertrauenskonsens. Nicht nur, dass ich zunehmend skeptischer geworden bin, ob das karriereorientierte »Window Dressing« junger MBA-Jophopper richtungsgleich ist mit den Überlebensinteressen des Unternehmens. Aber gerade Führungsaufgaben hat man über Jahrtausende hinweg vor allem den Älteren »anvertraut«. Dafür haben wir anthropologisch gut belegte Gründe. Viele Führungskräfte steigen viel zu schnell auf. Und viele Ältere steigen viel zu schnell aus.

Als Führungskraft müssen Sie die Vertrauenswirkungen jeglichen Managementhandelns mitbedenken. Zudem können Sie Kontexte schaffen, die Entstehung und Ausbreitung von Vertrauen im Unternehmen erleichtern. Beseitigen Sie alle kontraproduktiven Strukturen. Schwächen Sie das innerbetriebliche Gegeneinander. Stärken Sie nicht nur das Miteinander, sondern auch das Füreinander. Das ist das Grundsätzliche: Zeigen Sie, dass Sie Ihren Mitarbeitern vertrauen! Dass Sie davon ausgehen, dass Ihre Mitarbeiter einen eigenen Qualitätsanspruch an ihre Arbeit haben, nicht nur einen fremdgesetzten. Dass sie sich weitgehend selbst organisieren können. Dass sie ihre Zeit selbst managen können. Bringen Sie Menschen in die Verantwortung. Sie müssen spüren: »Es kommt auf mich an! Ich bin vielleicht ersetzbar, aber dann würde etwas Wichtiges fehlen. Und wenn ich versage, dann erwächst meinem Chef, uns allen daraus ein Problem. Ich mache einen Unterschied. Und dieser Unterschied ist hier gewollt.« Wenn Sie vertrauen, dann heißt das auch, nicht über lange Zeitspannen hinaus zu planen, sich gegen alle und jede Fälle abzusichern. Das heißt, mit Störungen lokal, zeitnah und auf niedrigem Niveau umzugehen, anstatt jeden Zufall zu bannen, allen Zweifel wegzuarbeiten. Wie sollte sonst das Neue in die Welt kommen? Anderen Menschen zu vertrauen, ermutigt sie, uns zu vertrauen. Wenn wir anderen misstrauen, beginnen sie, uns zu misstrauen. Also: Karten auf den Tisch! Seien Sie ehrlich. Auch wenn Sie misstrauen.

In seinem persönlichen Umfeld kann *jede* Führungskraft, können *Sie persönlich* sich um ein Mehr an Vertrauen bemühen. In Ihrem unmittelbaren Einflussbereich können Sie sich auch von den Misstrauensinszenierungen der Zentralen und Kontrollinstanzen abkoppeln. Viele verantwortungsvolle Führungskräfte leben ja eine oft extrem loyale Reparaturintelligenz »von unten«. Sie bauen Widerstandsnester, die *trotz* misstrauensinduzierten Sperrfeuers Enklaven wechselseitiger Verwundbarkeit sind. Partisanen des Vertrauens. Die Leistungen dieser Menschen sind um so bemerkenswerter, betrachtet man die Beschränkungen, unter denen sie sich mühen.

Ein letztes Mal: »Vertrauen ist gut, Kontrolle ist besser.« Für viele Menschen bildet dieser Satz die Basis ihres Menschenbildes. In einem Unternehmen, das auf die Herausforderung der kreativen Kräfte der

Mitarbeiter zielt, wird eher Freiherr vom Stein zitiert: »Zutrauen veredelt den Menschen, ewige Vormundschaft hemmt sein Reifen.« Worin kann die Aufgabe einer *zutrauenden Wirtschaftsgestaltung* bestehen? Ein Unternehmen zu gestalten, das den Menschen von weisungsgebundener Arbeit unabhängig macht. Indem Sie ihnen Entwicklungsmöglichkeiten eröffnen. Gelegenheit für *gemeinsames* unternehmerisches Handeln schaffen – das ist das Ziel. Das ist richtungsgleich mit den Bemühungen mancher Unternehmen, in die »lebenslange Beschäftigungsfähigkeit« der Mitarbeiter als soziale Sicherungsmaßnahme zu investieren.

Das alles heißt für Kooperationen:

> *Wenn Sie mit jemandem zusammenarbeiten,*
> *dann sollten Sie ihm vertrauen.*
> *Wenn Sie ihm aber nicht vertrauen,*
> *dann arbeiten Sie besser nicht mit ihm zusammen.*

Es gibt keinen dritten Weg. Sie können die Fluchtverhinderungssysteme gar nicht so perfektionieren, dass Sie nicht fürchten müssen, permanent hintergangen zu werden. Dieses Vertrauen ist nicht »blind«, aber es wird als Vorleistung »geschenkt« – bis zum Beweis des Gegenteils.

Je komplexer die Umwelt ist, desto wechselwirksamer sind Entscheidungen und Handlungen im Unternehmen. Desto notwendiger ist das Vertrauen in Vertrauen. Der Vertrauensmechanismus senkt nicht nur die Kosten des Zusammenarbeitens, sondern ermöglicht erst Kooperation, die ohne ihn gar nicht oder nur zu prohibitiv hohen Kosten zustande käme. Vertrauen schafft daher in Unternehmen soziales Kapital. Dieses soziale Kapital besteht im Wesentlichen in einer verinnerlichten Vertrauensnorm und damit eines entsprechenden »Gewissens«. Eine durch Vertrauen geprägte Organisation wird damit langfristig Wettbewerbsvorteile haben. Diese Vorteile werden mit dem Grad an Unsicherheit und Häufigkeit der Kooperationen zunehmen, je länger sie dauern und je weniger hierarchische Kontrolle möglich ist. Unternehmen, denen es gelingt, eine Vertrauenskultur aufzubauen, können die erzielbaren Kooperationsgewinne maximieren und die Transaktionskosten senken. Damit macht sich die Investition in Vertrauen »bezahlt«.

Unternehmen, die von Misstrauen geprägt sind, können sich nicht so schnell und umfassend ändern wie der Markt. Überall stehen Unternehmen mithin vor der Notwendigkeit, Teilen des Unternehmens infolge der Beschleunigung des Marktgeschehens größere Autonomie zu gewähren. Wenn es gelingt, die notwendigerweise »unvollständigen« Verträge über den Vertrauensmechanismus zu ergänzen und produktiv zu machen, sind diese Unternehmen am Markt erfolgreich. Gerade in modernen Organisationsformen wie virtuellen Unternehmen oder Netzwerken, deren Erfolg wesentlich auf der Potenzierung eigener Ressourcen durch räumlich und zeitlich »distanzierte« Kooperation beruht, wird Vertrauen als Organisationsprinzip an Bedeutung gewinnen.

Ein Vertrauensmodell

Wir haben nun einen Punkt erreicht, an dem wir auf die wichtigsten Elemente des Vertrauensprozesses zurückblicken können. Zu einem Modell verdichtet ergibt sich nachfolgende Grafik.

Von oben nach unten gelesen: Nur in einer unsicheren und risikoreichen Situation wächst der Bedarf an Vertrauen. Die Vertrauensentscheidung ist dann das Resultat rationalen Kalküls gemischt mit emotionalen Prozessen. Diese Entscheidung erfordert auf der Seite des Vertrauensgebers Selbstvertrauen und ein gutes Auge. Hinzu kommen unternehmenskulturelle Faktoren, die ein allgemein geteiltes »Vertrauen in Vertrauen« enthalten. Hat sich ein Akteur – etwa Sie als Chef – entschlossen, Vertrauen zu schenken, dann erwarten Sie, dass der Mitarbeiter sowohl leistungsbereit wie -fähig ist, Ihnen aber zumindest nicht schadet. Ihren Entschluss für Vertrauen übersetzen Sie in Handeln: Sie verzichten auf Kontrolle und machen sich dadurch verwundbar.

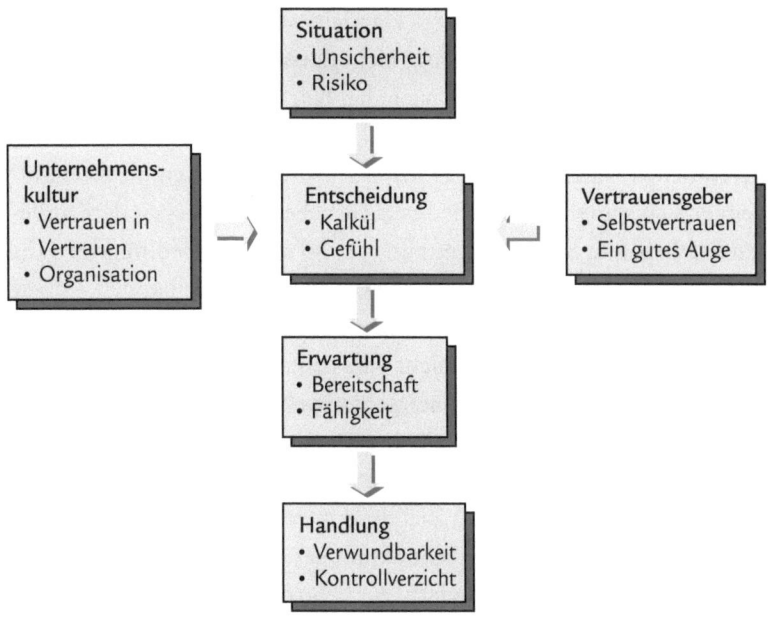

Das Recht auf Vertrauen

Aber ist es unter den realen Bedingungen im Unternehmen überhaupt möglich, mit Vertrauen zu führen? Immer wieder höre ich den Einspruch: »Niemand will doch Geradheit und Verlässlichkeit!« In der Tat, die Umstände sind nicht ermutigend. Gerade in großen Konzernen erdrückt das »Politische« oft jede aufkeimende Ehrlichkeit. »Es gibt kein wahres Leben im falschen«, sagte einst Theodor W. Adorno. Auf die Verhältnisse in Unternehmen übertragen, heißt das: Unter der Bedingung von Macht steht auch die hochherzigste Geste im Verdacht, manipulieren zu wollen. Und das will sie ja auch. Manipulation ist ja nichts Schlechtes, es sei denn, man gibt vor, nicht manipulieren zu wollen. Wenn ich die manipulative Absicht offen lege (»Ich will, dass Sie sich als vertrauensfähig erweisen!«), dann kann ich nichts Unmoralisches daran erkennen. Denn: Vertrauen bedeutet keine Absichtslosigkeit (M. Göpel). Die Tatsache, dass ich ein Vertrauensverhältnis zu jemandem habe, schließt ja keineswegs aus, dass ich von ihm ein ganz bestimmtes Handeln will. Ob meine Absicht dabei das Vertrauen zerstört, hängt nicht davon ab, ob ich eine Absicht habe, sondern davon, *wie* ich sie habe. Betrachte ich den anderen als eine Art Maschine, die ich steuern kann, dann werde ich nicht nur Vertrauen zerstören. Er wird mich auch eines Besseren belehren, indem er sich seiner Freiheit bedient. Gestehe ich hingegen dem anderen Freiheit und Selbstbestimmung zu, so sind die Bedingungen für das Entstehen von Vertrauen günstig. Wie er letztlich handelt – ob er meine kooperatives Verhalten ausbeutet oder nicht, ob er meine Verwundbarkeit ausnützt oder nicht – das entscheidet er, und in dieser Entscheidung steckt ein unhintergehbares Moment der Freiheit. Da es nicht möglich ist, an der Freiheit des anderen vorbeizukommen, ist es klug, sie zu nutzen. Nicht Widerstand zu erzeugen, sondern Freiheit auf dem Weg zu meinem Ziel produktiv werden zu lassen. In diesem Fall ist mein Verhalten nicht darauf gerichtet, die Freiheit des anderen zu beschneiden, sondern zu vergrößern. Seine Wahl- und Handlungsmöglichkeiten nicht zu verkleinern, sondern zu erweitern.

Der Schlüssel zu einer Vertrauenskultur ist mithin die – nicht nur behauptete, sondern tief innerlich empfundene – Einstellung, dass es auf jeden einzelnen Menschen ankommt, dass seine persönlichen Bedürfnisse und Interessen zählen, dass er ein selbstbestimmtes Individuum ist. Keine Managementmethode wird jemals funktionieren, wenn es ihr an authentischem Respekt vor dem einzelnen Menschen fehlt. In Vertrauensbeziehungen beeinflussen sich Partner gegenseitig. Sie führen sich – wie wir gesehen haben – zirkulär. Sie wachsen aneinander. Die hohe Kunst ist: Wir können uns entscheiden, zu vertrauen, obwohl wir zweifeln. Obwohl wir unsicher sind. Diese *Entscheidung für Vertrauen* ist der erste und wichtigste Schritt, zu einer vertrauensvolleren Person zu werden. Wenn Sie diesen Schritt nicht gehen, bewegt sich nichts. Dafür müssen wir die Furcht und den Zynismus in uns bekämpfen. Wir müssen die Welt mit anderen Augen betrachten. Denn letztlich liegt – wie so vieles – auch das Vertrauen im Auge des Betrachters. Wenn Sie fragen: »Wie schaffe ich es, das Vertrauen anderer zu bekommen?«, dann kann die Antwort nur lauten: »Seien Sie selbst vertrauenswürdig!« Vertrauenswürdig zu sein, das ist eines der großen Geheimnisse eines glücklichen Lebens – und gelingender Führung. Vertrauenswürdige Führungskräfte sehen in ihrem Mitarbeiter niemals nur ein Mittel, sondern immer auch einen Zweck. Sie denken immer vom anderen her, beziehen ihn mit ein. Damit liegt die Lösung in jedem von uns. Wir können die Verantwortung für eine ernst gemeinte Vertrauenskultur nicht an ein Programm abtreten, nicht an ein Instrument delegieren. Es hängt an unserer Bereitschaft, in den Vertrauensmechanismus einzusteigen. Uns verwundbar zu machen.

Das ist das »Grundgesetz«:

Jeder Mitarbeiter hat ein Recht auf Vertrauen.

Jeder Mitarbeiter hat ein Recht, als vertrauenswürdiger Mensch anerkannt zu werden. Mit dieser Einstellung wird zwar die polare Spannung zwischen Vertrauen und Misstrauen nicht plötzlich aufgehoben, aber doch so gewendet, dass Vertrauen als Lebenselixier des Unternehmens denkbar wird. Natürlich ist Vertrauen risikoreich. Aber das größere Risiko ist es, keines einzugehen.

Die Kräfte des Misstrauens sind heute stärker denn je. Aber sie sind nicht unbesiegbar. Viele Manager sind müde, den mit Misstrauen verbundenen Sicherungsaufwand zu leisten. Anstatt Misstrauen zu »managen«, sollten wir daher die Energie darauf verwenden, es zu überwinden. Dafür müssen wir eine neue Urteilskraft des Vertrauens entwickeln. Eine vernünftige und überzeugende Position zwischen Übertriebenem und Nichtübertriebenem. Diese Abwägung – das ist eine Aufgabe für Persönlichkeiten. Weil die Abwägung stets eine Distanz zur Norm, zur zentralen Regelung, zum Standard ist, weil sie nur »vor Ort«, im Einzelfall, in Kenntnis der genauen Umstände getroffen werden kann, deshalb muss sie sehr weitgehend der persönlichen Entscheidung vorbehalten bleiben. Woraus erklärt sich denn eine Persönlichkeit, wenn nicht aus ihrer abwägenden Entscheidungskraft, die allein Verhältnismäßigkeit ermöglicht? Der erkennende Geist, der entscheidende Wille, einbindend vielleicht noch das Gefühl, – das kann nicht dem Gleichschritt, der Anordnung unterworfen werden. Hier sollten die Zentralinstanzen ihre Führungskräfte vor Ort immer wieder stärken – und nicht entmündigen. Das Unternehmen muss sich seinen Führungskräften im Wortsinne »anvertrauen«. Wenn nicht ihnen, wem dann? Die zentralistische Hoffnung, dass nur noch Regeln und messbar-maschinelle Abläufe herrschen sollen, ist für immer unerreichbar. Wir müssen uns entwickeln zu persönlichen Strukturen der Abwägung, zu individueller Balancierung von Vertrauen und Misstrauen, zur Berücksichtigung der aktuellen und konkreten Faktenlage. Wir müssen umstellen von einer Normierungs- zu einer Gelingensmoral. Nur dann wird ein Unternehmen zu einer flexiblen, schnellen und wirtschaftlich zukunftsfähigen Verhältnismäßigkeit – vielleicht sollte ich sagen: zurückfinden.

Unvorstellbar: das Unternehmen, das auf Vertrauen gründet? Unvorstellbar vielleicht. Aber es zeugt von verantwortungslosem Kleinmut, nicht daran zu arbeiten. Dazu ist es nicht zu früh und auch noch nicht zu spät.

Ein historisches Nachwort

»Die Voraussicht«, schreibt Rousseau, »ist die wahre Quelle all unseres Elends.« Denn Sicherheit ist eine Illusion. Eine individuelle und gesellschaftliche Fata Morgana. Das Leben ist immer lebensgefährlich. Wenn wir nicht vertrauen, leben wir in permanenter Angst. Ein Leben in Angst zu führen ist die schlimmere Erfahrung, als gelegentlich betrogen zu werden. Dann leben wir in einer Falle, die wir uns selbst gebaut haben. Wenn wir andere ängstlich überwachen, überwachen wir uns schließlich selbst, weil die Mauern, die wir für andere bauen, uns selbst umgeben. Was die anderen ausschließen soll, schließt uns selbst ein. Der Preis für die Schutzillusion ist eingeengte Bewegungsfreiheit. Sie erlaubt uns kaum mehr als durchs Leben zu kriechen.

Aber gottlob arbeiten die genetischen Partituren mit dem Misstrauen nicht zusammen. Denn Vertrauen ist nicht nur effizient, kostensparend und schnell. Es ist auch schlicht *erfreulich*. Es lässt uns aufblühen. Es macht Spaß, in einem Vertrauensklima zu leben und zu arbeiten. Daher stellt sich uns jenseits allen wirtschaftlichen Kalküls immer und unentrinnbar die Frage, unter welchen Bedingungen wir leben *wollen*. Niemand kann uns zwingen, ein misstrauengetränktes Leben zu führen. Selbst bei Treuebruch haben wir immer die Wahl. Wir müssen uns nicht im Sicherheitscontainer verbarrikadieren, wir müssen uns kein Leben als Sicherungskampf aufzwingen lassen, wir müssen unser Leben nicht mit ängstlicher Wachsamkeit beschweren. Auch unter den unerfreulichsten Bedingungen gilt: Die Entscheidung liegt immer bei jedem Einzelnen.

Der ehemalige Bosch-Chef Hans Merkle hat sich in seinen Memoiren *Der steinige Weg* sehr intensiv Gedanken über Vertrauen gemacht. Für ihn ist Julius Caesar die Ikone gelebten Vertrauens unter schwierigen Bedingungen. Caesar weiß seit Jahren, dass man ihn ermorden will. Starke Kräfte halten ihn mit seinen diktatorischen Vollmachten für den Totengräber der »Res Publica«. Sie machen ihn verantwortlich für den Untergang all dessen, was Rom groß und stolz gemacht hat. Aber Caesar sichert sich nicht ab. Er trägt keine Waffen, geht ohne Leibgarde durch die Strassen, verzichtet auf Wachen vor seinem Haus. Überliefert ist, dass er bisweilen von Furcht und Zweifel gebeutelt ist. Aber dennoch hält er an seiner Schutzlosigkeit fest. Die Freunde werfen ihm mangelnde Sorge vor. »Alas! my lord, your wisdom is consum'd in confidence; do not go forth to-day«, läßt Shakespeare Calpurnia, die Gattin Caesars, warnen, – genau an dem Tag, an dem er ermordet wird. In Schlegels Übersetzung: »... in Zuversicht geht eure Weisheit unter.« Nach allem, was uns bekannt ist, wusste Caesar nicht nur um die Gefahr, in der er seit Jahren beständig schwebte – »Wäre ich nicht Caesar, ich wäre Caesars Mörder« (Thornton Wilder) –, er war sogar detailliert in die Pläne jener eingeweiht, die ihm nach dem Leben trachteten. Er wusste auch am Tage seiner Ermordung Täter, Ort und Stunde. Und dennoch geht er ins

Capitol, liefert sich aus, sieht der Gefahr ins Gesicht. Er bewaffnet sich nicht, geht weiterhin unbewacht. Und wird ermordet.

Ein irritierendes Bild, eine verstörende Botschaft. Ist Caesar von Todessehnsucht erfüllt? Ist er ein Kontraphobiker, der das tut, was er fürchtet? Ist sein Vertrauen blind? Nein, es ist das Gegenteil: Es ist sehend. Caesar will sich treu bleiben. Er will nicht auf das Große verzichten, indem er am Kleinen festhält. Er will kein Fluchtwesen sein, das am allgemeinen Sicherheitstreibhaus baut. Verwundbarkeit ist für ihn das Zeichen der Menschlichkeit. Er ist so voller Selbstachtung, so sehr Führungskraft und um die Ausstrahlung seines Handelns bewusst, dass er – ähnlich wie vor ihm Sokrates und nach ihm Jesus von Nazareth – seinen Tod als Symbol gelebter Tugend gestaltet: Nicht nur *an* etwas zu sterben, sondern *für* etwas. Vertrauen zu leben angesichts des drohenden Todes, des sicheren Todes. Ungeschützt zu sein, obwohl er weiß, dass sein Vertrauen missbraucht wird. Ist das fahrlässig? Ist das naiv? Nein, es ist eine *Entscheidung*. Es ist die Entscheidung, dem Misstrauen keine Macht über sich zu geben. Es lebt die unhintergehbare, die höchste Paradoxie, die nur dem menschlichen Willen zugänglich ist: Er vertraut, obwohl er misstraut.

Literatur

Albach, H.: »Vertrauen in der ökonomoischen Theorie«, in: *Zeitschrift für die gesamten Staatswissenschaften*, 1, 1980, S. 2-11.

Anders, G.: »eBay learns to trust again«, in: *Fast Company*, 12/2001, S. 102-105.

Axelrod, R.: *Die Evolution der Kooperation*, München 1991.

Baba, M.L.: »Dangerous Liaisons: Trust, Distrust and Information Technology in American Work Organizations«, in: *Human Organization*, 3, 1999, S. 331-346.

Baier, A.: »Trust and Antitrust«, in: *Ethics* 1986, S. 231-260.

Bastian, T.: »Archaisch und Verdrängt. Der Affekt Scham«, in: *Universitas* 10, 1994, S. 992-998.

Bastian, T. / Hilgers, M.: »Kain. Die Trennung von Scham und Schuld«, in: *Psyche* 44, S. 1100-1112.

Beckert, J. / Metzner, A. / Roehl, H.: »Vertrauenserosion als organisatorische Gefahr und wie ihr zu begegnen ist«, in: *Organisationsentwicklung* 4, 98, S. 56-66.

Bieri, P.: *Das Handwerk der Freiheit. Über die Entdeckung des eigenen Willens*, München 2001.

Bok, S.: *Lying*, New York 1978.

Breen, B.: »Trickle-Up Leadership«, in: *Fast Company*, 11, 2001, S. 70-72.

Deutsch, M.: »Cooperation and Trust«, in: Jones, M.R. (Hg.): *Nebraska Symposium on Motivation*, Lincoln 1962, S. 275-320..

Dickmann, M.: »Führung als Management von Tauschbeziehungen«, in: *Personalführung* 6, 2001, S. 84-87.

Domizlaff, H.: *Markentechnik – Die Gewinnung des öffentlichen Vertrauens*, Hamburg 1929.

Dyer, C.: »Interview« in: *brandeins*, 2, 2001, S. 119-124.

Eberle, W. / Hartwich, E.: »Brennpunkt Führungspotential«, Frankfurt am Main 1995.

Fox, A.: *Beyond Contract. Work, Power an Trust Relations,* London 1974.

Gambetta, D.: »Can we trust Trust?« in: Gambetta, D. (Hg.): *Trust, Making and Breaking Cooperative Relations,* Oxford 1988, S. 213-238.

Geramanis, O.: *Vertrauen – Die Entdeckung einer sozialen Ressource,* Stuttgart 2002.

Gerhardt, V.: *Selbstbestimmung. Das Prinzip der Individualität,* Stuttgart 1999.

Gerhardt, V.: *Individualität. Das Element der Welt,* München 2000.

Glanville, R.: »The Man in the Train – Complexity, UnManageability, Conversation and Trust«, in:. Wüthrich, H. A. u. a. (Hg.): *Grenzen ökonomischen Denkens,* Wiesbaden, 2001, S. 311-352.

Govier, T.: *Dilemmas of Trust,* Montreal 1998.

Granovetter, M.: »The Strength of Weak Ties», in: *American Journal of Sociology* 78, 1973, S 1360-1380..

Guehenno, J.-M., *The End of the Nation-State,* Washington 1995.

Haasnoot, R.: *The New Wisdom of Business,* Chicago 2000.

Hahne, A.: *Kommunikation in der Organisation. Grundlagen und Analyse,* Opladen 1997.

Handy, Ch.:» Trust and the virtual organization«, in: *Harvard Business Review* 5/6, 1995, S. 41-50.

Heimburg, Y. v.: »Führung in virtuellen Teams«, in: *Personalführung* 2, 2002, S. 1-3.

Heuser, U. J.: »Unruhe als Prinzip«, in: *Die Zeit,* Nr. 6, 3.2.2000, S. 22.

Hoff, A.: *Vertrauensarbeitszeit: einfach flexibel arbeiten,* Wiesbaden 2002.

James, G.: *Digitale Elite,* Sankt Gallen 1997.

Kiefer, T. / Müller, W.R. / Eicken, S.: »Befindlichkeit in der chemischen Industrie«, in: *WWZ Forum* 59, Basel 2001.

Kittel, R.: »Vertrauen aus dem Glas«, in: *GDI Impuls* 1, 2002, S. 24-31.

Kouzes, J. M. / Posner, B. Z.: *Credibility. How leaders gain and lose it, why people demand it,* San Francisco 1993.

Kramer, R. M. / Tyler, T. R.: *Trust in Organizations,* New York 1996.

Kramer, R.M.: »Trust and Distrust in Organizations«, in: *Annual Review of Psychology,* 50, 1999, S. 569-598.

Krell, G.: »Vertrauensorganisation als Antwort auf Wertewandel und Technologieschub?«, in: *Zeitschrift für Organisationsentwicklung,* 2, 1988, S. 35-50.

Lamparter, D. H.: »Kulturrevolution auf schwäbische Art«, in: *Die Zeit*, Nr. 36, 30.8.2001, S. 17.

Leadbeater, Ch.: *Living on Thin Air*, Boston 2000.

Levering, R. / Moskowitz, M.: »The 100 Best Companies to work for in America«, in: *Fortune* 1, 2000, S. 82-110.

Littmann, P. / Jansen, St. A.: *Oszillodox. Virtualisierung – die permanente Neuerfindung der Organisation*, Stuttgart 2000.

Luhmann, N.: *Vertrauen: Ein Mechanismus der Reduktion sozialer Komplexität*, 3. Aufl., Stuttgart 1989.

Malik, F.: »Das Management des Kopfarbeiters«, in: *News-Spezial* 3, 2001, S. 74-75.

Malik, F.: *Führen, Leisten, Leben*, München 2001.

Maxwell, J. C.: *The 21 Irrefutable Laws of Leadership*, Nashville 1998.

McLean Parks, J.: »The Contracts of Individuals and Organizations«, in: *Research in Organizational Behavior* 15, 1993, S. 1-43.

Müller, W. R.: »Welche Welten sollen gelten, oder: Was ist der Mitarbeiter wert?«, in: Bruhn, M. u. a. (Hg.): *Wertorientierte Unternehmensführung*, Wiesbaden 1998.

Oelsnitz, D. v. d.: »Walt Disney – ein Lehrstück in Sachen Management«, in: *Frankfurter Allgemeine Zeitung*, 281, 3.12.2001, S. 28.

Orthey, F. M.: »Dressur der Befreiung. Management zwischen großen Zwängen und kleinen Freiheiten«, in: *Universitas* 643, 1, 2000, S. 54-66.

Preisendörfer, P.:» Vertrauen als soziologische Kategorie«, in: *Zeitschrift für Soziologie* 24, 1995, S. 263-272.

Pothast, U.: *Lebendige Vernünftigkeit*, Frankfurt am Main 1998.

Priddat, B. P.: »Zukunft der Arbeit«, in: *Universitas* 2, 1999, S. 133-141.

Ripperger, T.: *Ökonomik des Vertrauens*, Tübingen 1998.

Risch, S.: »Eine feine Gesellschaft«, in: *managermagazin* 4, 1999, S. 255-275.

Reina, D. S. / Reina, M. L.: *Trust & Betrayel in the Workplace*, San Francisco 1999.

Robinson, S. L.: »Trust and breach of the psychological contract«, in: *Administrative Science Quarterly*, 41, 1996, S. 574-599.

Rousseau, D. M.: *Psychological Contracts in Organizations: Understanding written und unwritten Agreements*, Thousand Oaks 1995.

Rotter, J. B.: »Interpersonal Trust, Trustworthiness, and Gullibility«, in: *American Psychologist*, 35, 1980, S. 1-7.

Rust, H.: »Kampf um die Besten«, in: *managermagazin* 4, 2000, S. 241-258.
Rust, H.: »Die Ewiggestrigen«, in: *netmanager,* 3, 2001, S. 30.
Schäffer, U.: *Kontrolle als Lernprozess,* Wiesbaden 2001.
Scott, D.: »The Causal Relationship between Trust and the Assessed Value of Management by Objectives«, in: *Journal of Management,* 2, 1980, S. 157-175.
Seifert, M.: *Vertrauensmanagement in Unternehmen,* München 2001.
Sen, A. K.: Goals, »Commitment and Identity«, in: *Journal of Law, Economics and Organisation,* 1, 1985, S. 341-355.
Staudt, E.: »Mobilität ist eine Illusion«, in: *Welt am Sonntag,* 42, 21.10.2001.
Sydow, J.: »Virtuelle Unternehmung – Erfolg als Vertrauensorganisation«? In: *Office Management* 7-8/1996, S. 13.
Treml, A.K.: »Zufall, Schlamperei und Sex«, in: *Universitas,* 2000, S. 562-571.
Ullrich, A.: »Vertrauen oder Wissenschaft«, in: *eigentümlich frei,* 17, 2001, S. 34.
Walzer, M.: Mut, »Mitleid und ein gutes Auge«, in: *Deutsche Zeitschrift für Philosophie,* 48 (2000), S. 709-718.
Werner, G.W.: »Das Füreinander Leisten. Wirtschaft als Kultur-Übung«, in: *gdi-Impuls* 50, 2000, S. 46-50.
Werner, J.: »Vertrauen«, in: *Wirtschaftswoche* 11, 2002, S. 62.
Zand, D. E.: *Wissen, Führen, Überzeugen,* Heidelberg 1983.